# LA PIERRE DE LUMIÈRE

## LA PLACE DE VÉRITÉ

# LA PIERRE DE LUMIÈRE




DU MÊME AUTEUR
VOIR EN FIN DE VOLUME

# CHRISTIAN JACQ

## LA PIERRE DE LUMIÈRE

# LA PLACE DE VÉRITÉ

ROMAN

LE GRAND LIVRE DU MOIS

*Que cette histoire soit dédiée à tous les artisans*
*de la Place de Vérité qui furent dépositaires*
*des secrets de la « Demeure de l'Or »*
*et réussirent à les transmettre dans leurs œuvres.*

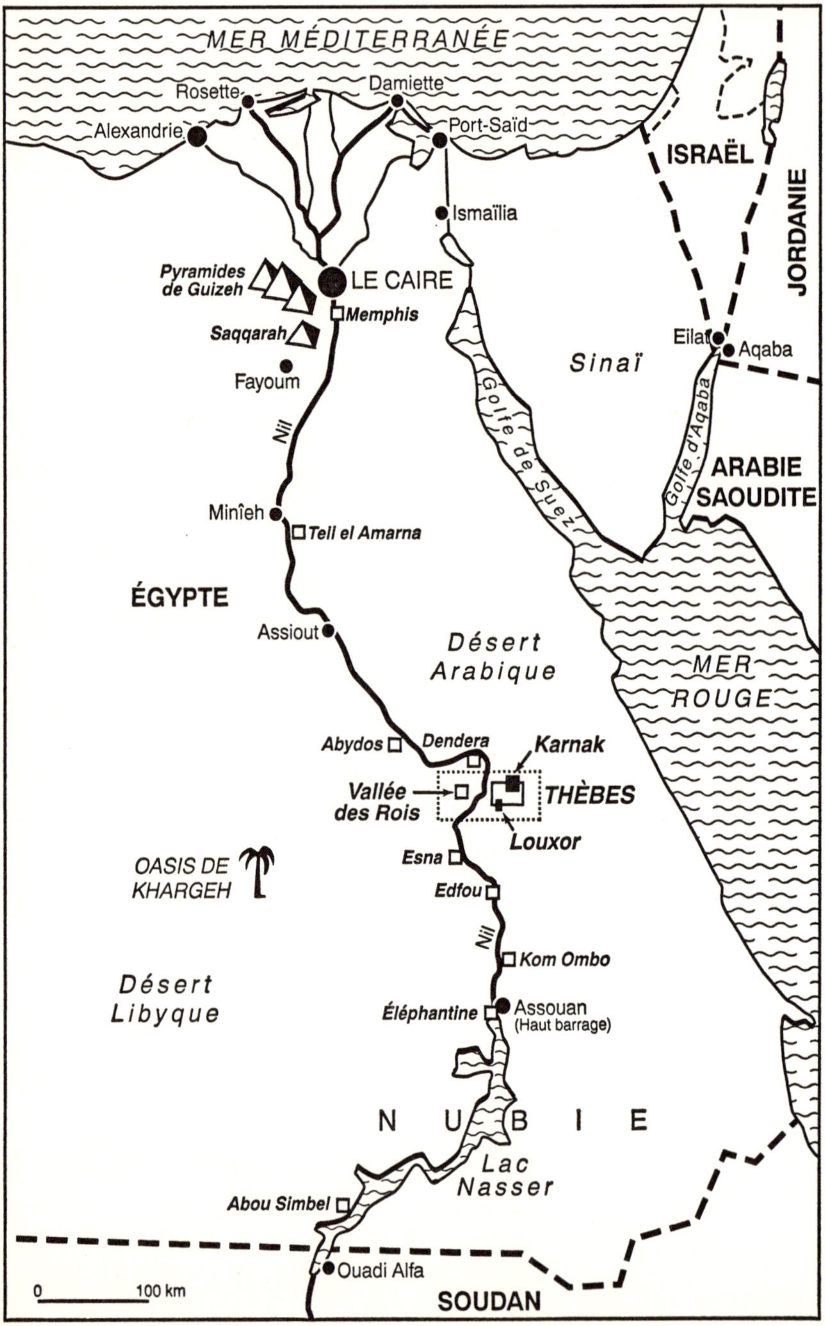
MER MÉDITERRANÉE
Rosette
Damiette
Alexandrie
Port-Saïd
ISRAËL
JORDANIE
Ismaïlia
Pyramides de Guizeh
LE CAIRE
Memphis
Saqqarah
Eilat
Aqaba
Sinaï
Fayoum
Nil
Golfe de Suez
Golfe d'Aqaba
ARABIE SAOUDITE
Minîeh
Tell el Amarna
ÉGYPTE
Assiout
Désert Arabique
MER ROUGE
Abydos
Dendera
Karnak
Vallée des Rois
THÈBES
Louxor
Esna
OASIS DE KHARGEH
Edfou
Nil
Kom Ombo
Désert Libyque
Éléphantine
Assouan
(Haut barrage)
N U B I E
Lac Nasser
Abou Simbel
Ouadi Alfa
0
100 km
SOUDAN

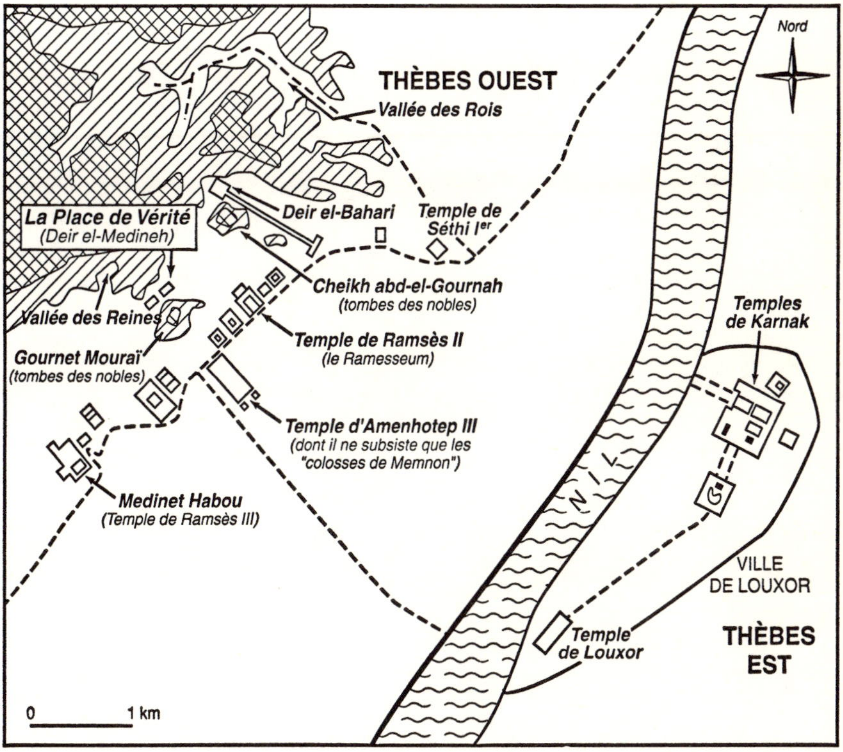

THÈBES OUEST
Vallée des Rois
Nord
La Place de Vérité
(Deir el-Medineh)
Deir el-Bahari
Temple de
Séthi Ier
Cheikh abd-el-Gournah
(tombes des nobles)
Vallée des Reines
Gournet Mouraï
(tombes des nobles)
Temple de Ramsès II
(le Ramesseum)
Temples
de Karnak
Temple d'Amenhotep III
(dont il ne subsiste que les
"colosses de Memnon")
Medinet Habou
(Temple de Ramsès III)
NIL
VILLE
DE LOUXOR
Temple
de Louxor
THÈBES
EST
0
1 km

# 1.

La Place de Vérité, le village secret des artisans chargés de creuser et de décorer les tombes de la Vallée des Rois, était plongée dans l'angoisse. Depuis l'assassinat du maître d'œuvre Néfer le Silencieux, hommes, femmes, enfants et même animaux domestiques comme le chien Noiraud ou Vilaine Bête, l'oie gardienne, redoutaient le coucher du soleil.

Dès qu'il s'enfonçait dans la montagne pour entreprendre son voyage nocturne au cœur du monde souterrain, tous les villageois se terraient dans leurs petites maisons blanches. Bientôt, une ombre maléfique sortirait du sépulcre de Néfer à la recherche d'une proie.

Une adolescente lui avait échappé de justesse, mais nul n'osait importuner Claire, la femme sage, enfermée dans le deuil et le désespoir à la suite de la disparition de son mari. Elle et Néfer avaient été initiés ensemble aux mystères de « la Grande et Noble Tombe des millions d'années à l'Occident de Thèbes », selon l'appellation officielle de la confrérie, et ils étaient devenus le père et la mère de la petite communauté qui regroupait une trentaine d'artisans, « ceux qui avaient entendu l'appel », et leurs familles.

– Ça ne peut plus durer ! s'exclama Paneb l'Ardent, un colosse aux yeux noirs dont la colère figea sur place Ouâbet la Pure, sa jolie et frêle épouse. Nous nous cachons comme des rats et nous n'avons plus aucune joie de vivre !

– Ce spectre finira peut-être par s'en aller, avança Ouâbet qui s'assura que Séléna, sa fillette de deux ans, dormait paisiblement dans son lit.

Son insupportable fils de quinze ans, Aperti, dessinait des caricatures sur un morceau de calcaire pour tenter d'oublier la peur.

– Seule la femme sage pourrait apaiser l'âme de son époux défunt, estima Paneb, mais elle n'en a plus la force... Et l'on finira par m'accuser de nouveau, tu verras !

Fils adoptif de Néfer le Silencieux et de Claire, la femme sage, deux êtres qu'il vénérait, Paneb avait été choisi comme « chef de l'équipage de droite » sur le bateau symbolique qui permettait à la confrérie des Serviteurs de la Place de Vérité de voguer vers la connaissance et l'accomplissement du Grand Œuvre. Et le pire des êtres, un traître et un meurtrier caché au sein même de la communauté, avait tenté de faire passer Paneb pour l'assassin de son père spirituel.

Innocenté par la femme sage en personne, le colosse sentait pourtant des regards suspicieux peser sur lui.

– Je dois régler cette affaire moi-même, décida-t-il.

Aussi menue que son mari était fort, Ouâbet la Pure se jeta dans ses bras.

– Ne prends pas un tel risque, supplia-t-elle ; l'ombre de Néfer est particulièrement dangereuse !

– Pourquoi la redouterais-je ? Un père ne frappe pas son fils.

– Ce n'est plus qu'un fantôme avide de vengeance... Il s'introduit dans les corps par n'importe quel canal et il empêche le sang de circuler. Personne, pas même toi, n'est capable de le vaincre !

À quarante et un ans, jamais Paneb n'avait été aussi puissant et, jamais encore, il n'avait rencontré d'adversaire à sa taille.

– Je refuse de me comporter comme un prisonnier dans mon propre village ! Nous devons continuer à y circuler librement, de nuit comme de jour.

– Tu as deux enfants, Paneb, et une belle maison de chef d'équipe ! Ne livre pas un combat perdu d'avance.

Le colosse prit son épouse par la main et il l'emmena dans la deuxième pièce de leur demeure qu'Ouâbet avait su rendre pimpante, traquant sans cesse le moindre grain de poussière.

– Contemple cette stèle que j'ai sculptée moi-même et que j'ai encastrée dans ce mur. Elle représente l'esprit efficace et lumineux de Néfer, son âme immortelle qui voyage dans la barque du soleil et répand sur nous ses bienfaits. Le maître d'œuvre a fait vivre cette confrérie, il ne peut pas lui donner la mort.

– Mais ce spectre...

– Le nom secret de mon père est Néfer-hotep. Hotep signifie « le couchant, la paix, la plénitude »... Si cette ombre se manifeste, c'est parce que l'un des rites funéraires n'a pas été correctement accompli. Nous étions tous si bouleversés par son assassinat que nous avons dû commettre une erreur grave. Et l'âme de Néfer se manifeste ainsi pour réclamer la paix à laquelle elle aspire.

– Et s'il ne s'agit que d'un spectre avide de sang ?

– Impossible.

Paneb vérifia qu'il portait bien sur lui deux amulettes indispensables pour se lancer dans une aventure aussi dangereuse :

un œil et un scarabée. L'œil en stéatite était un cadeau de Ched le Sauveur, le maître qui lui avait révélé les secrets du dessin et de la peinture. Ce précieux talisman avait été animé par la puissance céleste et la femme sage; grâce à lui, le regard de l'Ardent discernait des aspects de la réalité qui échappaient aux autres hommes. Quant au scarabée, taillé dans la pierre de lumière, le principal trésor de la Place de Vérité, il incarnait le cœur juste, l'organe de perception de l'invisible et des lois éternelles d'harmonie.

– Mon nom est-il bien visible?

Ouâbet s'assura que les mots « Paneb l'Ardent », écrits à l'encre rouge sur l'épaule droite du colosse, étaient correctement tracés.

– Une dernière fois, implora-t-elle, je te supplie de renoncer.

– Je veux prouver définitivement mon innocence et celle de Néfer.

Un vent étrange s'était levé, il pénétrait dans les demeures pourtant bien calfeutrées et sa voix lugubre semblait proférer des menaces.

Affolé, Aperti tenta de se dissimuler dans un panier à linge; mais sa corpulence, qui faisait de lui le plus costaud des adolescents du village, ne lui permit de dissimuler que son buste.

Paneb l'attrapa par les hanches et le remit brutalement sur pied.

– Tu es grotesque, Aperti! Prends exemple sur ta sœur qui dort tranquillement.

Ce fut le moment que choisit Séléna pour éclater en sanglots. Sa mère la calma en la berçant.

– Je reviendrai, promit Paneb.

La nuit de nouvelle lune était obscure, la Place de Vérité silencieuse. Bien à l'abri derrière de hauts murs, le village semblait ensommeillé. Mais en passant dans l'artère principale, orientée nord-sud, Paneb entendit des bribes de conversations, des murmures et des plaintes.

Située à cinq cents mètres des limites des plus fortes crues, la petite agglomération occupait tout l'espace d'une vallée désertique, un ancien lit de torrent bordé de collines qui barraient la vue.

Isolée de la vallée du Nil, à égale distance du temple des millions d'années de Ramsès le Grand et de la butte de Djémê où reposaient les dieux primordiaux, la Place de Vérité vivait à l'écart du monde profane ; elle disposait de son propre temple, de chapelles, d'oratoires, d'ateliers, de citernes, de silos, d'une école et de deux nécropoles où étaient enterrés les artisans et leurs proches.

Paneb s'immobilisa.

Il avait cru voir quelqu'un se faufiler dans une ruelle secondaire.

Insensible à la peur, il observa les demeures d'éternité de la nécropole de l'ouest, la plupart surmontées de petites pyramides pointues en calcaire blanc. Lorsque Râ était visible dans le ciel, elles étincelaient d'une lumière parfois aveuglante. Des stèles aux couleurs vives, des jardinets plantés de fleurs et d'arbustes, des chapelles accueillantes aux façades blanches ôtaient tout caractère funéraire au site paisible dans lequel les ancêtres de la confrérie veillaient sur leurs successeurs.

Mais cette nuit-là, sur le sentier menant à la tombe de Néfer le Silencieux, Paneb perçut une présence hostile.

Et s'il ne s'agissait que du traître qui jouait les fantômes pour mieux l'attirer dans un traquenard et le supprimer ? À cette idée, le colosse se réjouit ; quel plaisir il prendrait à fracasser le crâne du parjure !

La dernière demeure de Néfer le Silencieux était aussi vaste que splendide. Devant l'entrée de la chapelle accessible aux vivants, Claire avait planté un perséa qui croissait avec une rapidité extraordinaire, comme si l'arbre avait hâte d'étendre son ombre bienfaisante sur la cour à ciel ouvert où l'on viendrait banqueter en l'honneur du défunt.

Paneb franchit le pylône qui ressemblait à celui d'un temple et s'immobilisa de nouveau, au milieu de cette cour. La présence hostile s'affirmait et se rapprochait. Mais d'où le spectre surgirait-il, sinon de la fente aménagée dans la paroi de la chapelle pour laisser à la statue vivante de Néfer la possibilité de regarder le monde terrestre ?

Le colosse s'en approcha à pas comptés, comme s'il découvrait un lieu qu'il connaissait pourtant mieux que quiconque, puisqu'il avait lui-même entièrement décoré la demeure d'éternité de son père spirituel.

S'il s'était précipité, comme à son habitude, Paneb n'aurait pas vu l'ombre rouge jaillir du puits funéraire, pourtant bouché par des pierres. Le spectre tenta d'étrangler l'Ardent qui se dégagea juste à temps et le frappa à la face.

Mais son poing se perdit dans le vide.

Ondulant à la manière d'un serpent, l'ombre rouge cherchait un angle d'attaque. Paneb courut jusqu'à la chapelle où une torche se consumait lentement. Il l'aviva puis marcha droit sur son ennemi.

– Je parie que tu ne dois pas aimer la lumière !

Le visage de l'ombre rouge n'était pas celui de Néfer. Il grimaçait sans cesse, comme en proie à d'atroces souffrances.

À peine le feu l'eût-il frôlé que le spectre disparut dans le puits.

– Tu ne vas pas te cacher là-dedans, mon gaillard !

Le colosse ôta deux dalles entre lesquelles il cala la torche et commença à vider le puits pierre par pierre, bien décidé à atteindre le repaire de l'ombre maléfique.

# 2.

Après avoir assumé la fonction symbolique d'Isis la veuve lors de la célébration des mystères, Claire, la femme sage de la Place de Vérité, vivait cette terrible épreuve dans sa chair. Néfer le Silencieux avait été son unique amour, et il le resterait.

Depuis sa mort, Claire n'avait plus envie de vivre. Redoutant le pire, Noiraud ne la quittait pas un instant. Vigilant comme jamais, le chien noir à la tête allongée et au pelage court ne dormait que d'un œil. Du regard, il guettait sans cesse sa maîtresse et participait à son deuil en ne réclamant ni jeux ni promenade.

Claire accomplissait un minimum de tâches pour entretenir la demeure où elle avait connu un bonheur intense et quotidien en compagnie de Néfer. Le magnifique mobilier était un présent des artisans qui avaient ainsi honoré leur maître d'œuvre dont l'autorité naturelle, la fermeté de caractère et les compétences exceptionnelles les avaient toujours conduits au succès.

À quarante-huit ans, Claire était une femme ravissante, au corps mince et souple, aux traits purs et à la chevelure soyeuse aux reflets blonds. De son visage émanait une lumière douce et rassurante, sa voix était mélodieuse et ses yeux bleus un enchantement. Les villageois la vénéraient, d'autant plus qu'elle les avait tous soignés, un jour ou l'autre, avec un dévouement exemplaire.

Mais la femme sage n'avait plus la force de remplir sa fonction. L'absence de Néfer absorbait sa propre vie, et elle se laissait glisser vers la mort, avec le désir de le rejoindre.

La chambre n'était éclairée que par une seule lampe, un chef-d'œuvre qu'avait sculpté le charpentier de la confrérie, Didia le Généreux; sur une colonnette en forme de papyrus, fichée dans une base en calcaire, était disposé un récipient en bronze contenant de l'huile qui alimentait une mèche de lin ne produisant pas de fumée, comme celles utilisées dans les tombes.

C'était l'ultime lueur à laquelle Claire se raccrochait, pendant ses nuits sans sommeil; dans la douceur de la flamme, elle croyait apercevoir, parfois, le visage de son mari, mais l'illusion se dissipait vite et la plongeait davantage dans le désespoir.

Noiraud posa la patte sur le bras de la femme sage, comme s'il devinait sa terrible décision. Claire n'irait pas plus loin, elle ne subirait pas plus longtemps cette prostration; en se noyant dans l'au-delà, elle mettrait enfin un terme à son supplice.

Le contact de la patte du chien et la tendresse qu'elle lut dans ses yeux noisette provoquèrent une sorte de miracle : Néfer apparut dans la lumière et il parla. « Si j'échouais ou si je disparaissais, dit-il, ne laisse pas s'éteindre la flamme de la Place de Vérité. Au nom de notre amour, Claire, promets-moi de continuer. »

Ces paroles, le maître d'œuvre les avait prononcées de son vivant, mais elle les avait oubliées. Et Néfer revenait de l'au-delà pour lui rappeler son devoir et sa fonction, sans lui laisser la possibilité de pleurer sur elle-même.

Des coups violents résonnèrent dans sa tête.

Inquiet, Noiraud courut en aboyant vers la porte de la maison.

Quelqu'un frappait.

– Ouvre, Claire ! Ouvre, je t'en prie !

La veuve reconnut la voix d'Ouâbet la Pure.

Noiraud cessa d'aboyer, Claire ouvrit.

– Viens, c'est grave !

– Explique-toi, Ouâbet.

– Paneb s'est rendu au tombeau de Néfer... S'il s'obstine à combattre le spectre, il mourra. Toi seule peux le persuader de renoncer.

Claire eut un pauvre sourire.

– Crois-tu que je puisse encore aider quelqu'un ?

– Paneb n'écoutera que toi... Et je ne veux pas le perdre !

– Attends-moi.

La veuve du maître d'œuvre se retira dans sa chambre où elle ouvrit un coffret à bijoux décoré de plaques d'ivoire. Pour la première fois depuis la mort de son mari, elle se para d'un collier, de boucles d'oreille et de bracelets avant de se contempler dans un miroir de cuivre dont le manche avait la forme d'une tige de papyrus, symbole de l'épanouissement et de la force vitale.

Elle y découvrit le visage d'une femme épuisée par la douleur qu'il lui fallut maquiller avec soin pour lui redonner une apparence de vigueur et de jeunesse.

La transformation fut si réussie qu'elle éblouit Ouâbet la Pure.

– Tu n'as jamais été aussi belle ! Viens vite...

Précédées par Noiraud et suivies par Vilaine Bête, les deux femmes grimpèrent vers le tombeau de Néfer le Silencieux.

L'orient rougissait ; la brise fit frissonner Ouâbet qui accéléra l'allure.

Après plusieurs heures d'efforts ininterrompus, Paneb avait réussi à vider le puits funéraire. Infatigable, il venait d'atteindre la porte en bois de la chambre de résurrection de Néfer le Silencieux que scellait un cachet d'argile.

Levant les yeux, il aperçut le visage d'Ouâbet la Pure qui se détachait sur fond de ciel rosissant.

– Remonte, Paneb !

– Hors de question.

– Tu n'as pas le droit de violer un tombeau !

– L'ombre s'y dissimule, je vais la chercher.

– La femme sage te l'interdit.

– La femme sage ! Mais...

– Elle est ici.

S'aidant des aspérités des blocs, Paneb grimpa à la vitesse d'un félin. Ne croyant pas Ouâbet, il voulait vérifier par lui-même.

Claire était bien là, vêtue de sa longue robe rouge de supérieure des prêtresses d'Hathor et ornée de ses plus beaux bijoux.

– Tu... Tu m'interdis d'aller plus loin ?

– Je dois descendre avec toi.

– Trop dangereux ! J'ai vu l'ombre rouge, elle est redoutable. Et ce n'est pas Néfer.

– Il ne peut s'agir que d'une force maléfique née d'une erreur de rituel pendant les funérailles.

– Tel est bien mon avis, et je vais la débusquer. Empêche-la de s'enfuir si elle m'échappe.

Paneb redescendit au fond du puits.

Sans hésiter, il brisa le sceau et ouvrit la porte donnant sur le caveau.

Il écarta les outils, les coffres à linge, les paniers contenant des nourritures momifiées et les statues du défunt pour se frayer un chemin vers le sarcophage. À tout moment, l'ombre rouge pouvait surgir de sa cachette et se jeter sur lui. Les sens aux aguets, tel un chasseur sur la piste d'une proie si redoutable qu'il n'était pas certain de la dominer, Paneb déplaçait chaque objet avec lenteur. En dépit de sa puissance physique, le peintre savait se montrer d'une extrême délicatesse et se mouvoir à la manière d'un chat.

Recouvert d'un linceul vert très fin, le sarcophage était placé sur un lit. Autour du cou de la momie, un collier à cinq rangs de fleurs de lotus blanc et de feuilles de saule ; sur la poitrine, un bouquet composé de feuilles de perséa et de vigne.

Un rai de lumière pénétra dans le caveau dont le fond demeurait obscur. L'ombre s'y terrait, mais Paneb ne parvenait pas à la discerner.

Sans doute valait-il mieux ressortir pour aller chercher des torches et illuminer la pièce afin de réduire le spectre à l'impuissance ; mais si le colosse reculait, l'adversaire n'en profiterait-il pas pour frapper ?

Soudain, l'anomalie sauta aux yeux de Paneb : pourquoi le disque de cuivre céleste placé sous la tête de la momie n'émettait-il aucune lumière ? Couvert de textes hiéroglyphiques, il aurait dû l'envelopper d'un nimbe doré qui aurait écarté les démons des ténèbres.

Le colosse s'approcha à le toucher et il constata que le précieux symbole avait été disposé... à l'envers ! Ce n'était pas une erreur, mais un acte de malveillance. Non content d'avoir assassiné Néfer, le traître avait déclenché ainsi l'apparition d'un spectre.

À l'instant où Paneb posa la main sur le disque, l'ombre rouge en jaillit !

La bouche tordue, le front déchiré par une ride verticale, elle tenta une seconde fois d'étrangler l'artisan.

Au lieu de lutter contre cet ennemi qui n'offrait aucune prise, l'Ardent se hâta de retourner le soleil de la momie et de le disposer correctement sous sa nuque.

La prise de l'agresseur était si puissante que, déjà, le souffle lui manquait.

Puis une flamme jaillit du disque et toucha l'ombre rouge dont les yeux s'agrandirent brusquement au point de dévorer sa tête puis son corps entier.

Paneb parvint à respirer, mais une atroce brûlure au cou lui arracha un cri de douleur. D'instinct, il frappa le spectre qui se réduisit à une petite boule de feu avant de disparaître dans le sol.

Pantelant, le colosse tenta de sortir du caveau pour retrouver l'air libre.

Mais les murs du puits funéraire se rapprochèrent, et il sut qu'il allait mourir.

– Remonte, Paneb, hurla Ouâbet la Pure, remonte, vite !

# 3.

Après avoir humé le plat que lui présentait son cuisinier, le général Méhy lui jeta à la figure les côtelettes d'agneau.

– Trop grillées, imbécile !

– Mais j'ai respecté vos exigences et...

– Ta salade de concombres était infecte et tu as osé me servir un vin qui sentait le bouchon ! Disparais et ne remets plus les pieds dans cette demeure.

La colère de Méhy n'était pas feinte, et le cuisinier s'éclipsa. On ne discutait pas les décisions de l'homme le plus puissant de la riche province de Thèbes.

Plutôt petit, le visage rond, les yeux marron foncé, les lèvres épaisses, les cheveux très noirs plaqués sur le crâne, le torse large et puissant, les mains et les pieds potelés, Méhy avait commencé sa carrière dans la charrerie. Sûr de lui et ambitieux, il était devenu le chef des troupes thébaines et l'administrateur principal de la rive ouest dont l'une des fonctions consistait à garantir la sécurité et le bien-être de la Place de Vérité.

La Place de Vérité !... Cette maudite confrérie qui avait osé repousser sa candidature lorsqu'il était adolescent, elle qui possédait un trésor inestimable, la pierre de lumière, dont il devait s'emparer pour devenir le maître du pays !

Cette pierre, Méhy l'avait aperçue, une nuit, du haut d'une colline dominant la Vallée des Rois où les artisans célébraient un rite ; mais il avait été repéré par un policier dont il s'était débarrassé en lui fracassant le crâne.

Son premier crime, suivi de plusieurs autres qu'il avait accomplis lui-même ou commandités pour écarter de son chemin les adversaires qui risquaient de l'empêcher de parvenir au trésor suprême.

– Lave-toi les doigts, mon tendre lion, suggéra Serkéta en présentant à son mari une aiguière en argent pourvue d'un long bec d'où coulait une eau parfumée.

Serkéta, une fausse blonde aux yeux délavés et à la poitrine opulente, toujours préoccupée par son poids. Serkéta, une tueuse-née qu'il avait révélée à elle-même en l'associant à sa conquête progressive du pouvoir. Elle avait approuvé l'élimination de son propre père, tombé dans un traquenard organisé par Méhy afin de capter sa fortune, puis elle avait assassiné elle-même en y prenant un vif plaisir.

Comme Serkéta ne lui avait donné que deux filles dont le sort ne l'intéressait nullement, le général avait songé à la répudier ; mais elle avait deviné ses véritables projets et, pressentant qu'elle pouvait devenir dangereuse, il avait préféré en faire une alliée. Depuis cet instant, ils ne se cachaient rien et ils agissaient en parfait accord.

Méhy but une coupe de vin de palme, très liquoreux, saturé d'aromates et titrant à 18 degrés. Le breuvage assommait la plupart des amateurs, mais le général tenait bien l'alcool et jouissait d'une excellente santé, à l'exception d'une maladie de peau qui se traduisait par l'apparition de petits boutons rouges sur sa jambe gauche lorsqu'il était contrarié.

Et précisément, il commençait à se gratter...

Serkéta s'agenouilla devant lui pour embrasser ses cuisses.

– Pourquoi te soucier ainsi, mon tendre crocodile ? susurra-t-elle d'une voix de petite fille.

– Parce que l'assassinat de Néfer le Silencieux ne nous procure pas les résultats escomptés !

– Un peu de patience... D'abord, notre principal adversaire est bel et bien mort ; ensuite, le traître qui l'a supprimé sur notre ordre nous est définitivement attaché ; enfin, ses dernières informations confirment que la confrérie est en proie à un profond désarroi.

– Peut-être, mais elle existe toujours...

– Dans quel état ? En inversant la position du disque lumineux placé sous la tête de la momie, le traître a provoqué l'apparition d'un spectre qui terrorise le village. Ses habitants sont persuadés que Néfer le Silencieux veut se venger d'eux et ils finiront par se haïr les uns les autres.

– Espérons que tu vois juste ! Mais j'aurais préféré qu'une délégation m'annonçât que les villageois quittaient la Place de Vérité et la remettaient entre mes mains... Nous aurions fouillé les lieux en toute légalité et découvert la cachette de la pierre de lumière.

– Les artisans ne l'auraient-ils pas emportée avec eux ?

– En ce cas, ils auraient été victimes d'une agression que j'aurais déplorée dans les termes les plus émouvants ! Mais ils n'ont pas commis cette erreur... Et ils continuent à se terrer derrière leurs hauts murs dont moi, leur ennemi juré, je dois assurer la stabilité !

– Assassiner Néfer le Silencieux était indispensable, estima Serkéta ; sans lui, cette confrérie n'a plus d'âme. Personne n'est capable de lui succéder. Le chef de l'équipe de gauche n'est qu'un technicien sans rayonnement, le scribe de la Tombe est trop âgé et la femme sage ne se remettra pas de la mort de son mari.

– Tu oublies Paneb, le nouveau chef de l'équipe de droite !

– D'après notre informateur, il est beaucoup trop impulsif pour être désigné comme maître d'œuvre. La perte de son père spirituel le rendra fou, j'en suis certaine. Comme nous l'avions prévu, la Place de Vérité se détruira de l'intérieur, et nous n'aurons plus qu'à récolter ses richesses et ses secrets.

Le général emmena Serkéta dans le luxuriant jardin de sa somptueuse villa de la rive ouest, l'une de leurs propriétés entretenues avec soin par une domesticité nombreuse. Ils s'assirent à l'abri d'un kiosque entouré de sycomores et de caroubiers. Méhy détestait la campagne, la chaleur et le soleil dont il redoutait les morsures.

Un serviteur leur apporta aussitôt de la bière fraîche que Serkéta dédaigna.

– J'ai rencontré ce Paneb il y a bien longtemps, chez un tanneur, rappela Méhy ; il était jeune alors, insolent et déjà puissant comme un taureau sauvage. À l'évidence, un futur militaire ! Pourtant, il a refusé de s'engager et de servir sous mes ordres... Comment imaginer qu'il deviendrait l'un des piliers de la Place de Vérité ?

– L'unique pilier, c'était Néfer le Silencieux. Il orientait l'œuvre et faisait taire les querelles ; sois certain qu'il ne sera pas remplacé. Le spectre fera fuir plusieurs familles, et d'autres calamités accableront bientôt la confrérie.

L'un des gardes chargés de surveiller la villa accourut vers le couple.

– Général, un message de Pi-Ramsès !

Le soldat remit le papyrus scellé à Méhy, puis il retourna à son poste.

– Une lettre du chancelier Bay, constata le destinataire ; le pharaon Siptah et la reine Taousert désirent me voir pour entendre mon rapport sur la situation économique de Thèbes et connaître les résultats de mon enquête sur l'assassinat de Néfer le Silencieux.

– Ils savent pourtant que tu n'as pas le droit de pénétrer dans le village !

– Bien sûr, mais ils tiennent à vérifier que je mets tout en œuvre pour identifier le coupable et assurer la sécurité de la confrérie.

– Et si cette Taousert te tendait un piège ?

– Elle en est capable... Mais sa préoccupation principale ne consiste-t-elle pas à garder le pouvoir en contrôlant son âme damnée, le chancelier Bay qui a réussi à faire monter sur le trône le jeune Siptah, un infirme ? La cour de Pi-Ramsès n'est plus qu'un nid de vipères. Depuis la disparition de Ramsès le Grand, l'autorité pharaonique ne cesse de s'affaiblir... Et c'est notre chance, ma douce ! Quand nous posséderons la pierre de lumière, le pays nous appartiendra. Dommage que je ne puisse pas envoyer mes soldats raser ce village et tuer ses habitants !

À l'idée d'un tel carnage, Serkéta frissonna d'aise.

– Que comptes-tu faire dans l'immédiat ?

– D'abord me rendre dans la zone des auxiliaires pour y rencontrer le scribe de la Tombe et lui demander si son enquête interne a progressé ; ensuite, prendre un bateau pour Pi-Ramsès. Bien entendu, tu m'accompagnes.

Serkéta attendait cette précision. Jamais elle ne laisserait son cher mari jouer son propre jeu sans y être associée de la manière la plus étroite. Et s'il s'avisait de jeter un seul regard sur une jeune beauté, elle étranglerait la traînée avant de châtier Méhy.

Mais son époux était un homme raisonnable. Il avait pris conscience qu'il ne réussirait pas sans le concours actif de Serkéta, volontiers exécutrice des basses œuvres, dépourvue de toute humanité et de tout sens moral. Et comme cette délicieuse compagne, plus dangereuse qu'une vipère à cornes, était aussi ambitieuse que lui, l'avenir s'annonçait riant.

– Ne devrais-tu pas supprimer les livraisons de denrées au village ?

– J'y avais songé, avoua Méhy, et j'aurais fait accuser l'un de mes subordonnés pour le remplacer par un scribe plus zélé. Mais j'ai déjà éliminé les gêneurs et, en notre absence, le vieux scribe de la Tombe causerait un scandale tel que ses retombées m'atteindraient jusqu'à Pi-Ramsès. N'oublie pas que je suis le protecteur officiel de la Place de Vérité et que mon comportement doit paraître irréprochable au pouvoir central. Jusqu'à présent, cette ligne de conduite m'a valu éloges et promotions.

Tout en se remaquillant les yeux avec un fard vert de première qualité qui éloignerait les insectes et la protégerait des poussières, Serkéta paraissait soucieuse.

– C'est la reine Taousert qui te préoccupe ?

– Elle est redoutable, c'est certain, et j'espère que le clan du jeune Siptah parviendra à l'éliminer au plus vite... Non, c'est à Paneb que je pensais. Tu n'as pas tort... Ce colosse doté d'un tempérament de feu sera sans doute tenté de s'imposer et de régner sur la confrérie à la manière d'un tyran.

– D'après ce que nous savons de la règle des bâtisseurs, impossible ! objecta Méhy.

– Paneb ne craint pas de se faire détester et il piétinera les lois du village, quelles qu'elles soient.

Une bouffée d'angoisse serra la gorge du général.

– Mais alors... le traître aurait tué Néfer le Silencieux pour rien ?

– Certainement pas ! À supposer que Paneb prenne le pouvoir, il ne l'exercera pas avec la sagesse de son prédécesseur. Et s'il osait, nous interviendrions pour que son élan soit vite brisé.

– Tu as déjà un plan ?

– Bien sûr que oui, répondit-elle avec un sourire féroce.

# 4.

Les tailleurs de pierre remplissaient à nouveau le puits funéraire de la tombe de Néfer le Silencieux.

– Paneb est forcément mort, affirma Karo le Bourru, un gaillard trapu aux épais sourcils, au nez cassé et aux bras courts et puissants.

– Tu te trompes, rétorqua son collègue Casa le Cordage, campé sur ses énormes mollets. Il est étendu dans la chapelle, et je suis sûr que la femme sage le ramènera à la vie.

– Quand c'est fini, c'est fini, assena Féned le Nez qui n'avait guère engraissé depuis son divorce.

– C'est moi qui l'ai sorti de ce puits, rappela Nakht le Puissant, presque aussi solide que Paneb, et il respirait encore.

Élégant, les cheveux et la moustache très soignés, le peintre

Ched le Sauveur, qui ne participait à aucune corvée, posait un regard désabusé sur ses collègues.

Ouserhat le Lion, le chef sculpteur au poitrail imposant, s'assura que le remplissage s'achevait. Rénoupé le Jovial, au bon gros ventre et à la tête de génie malicieux, assisté du fluet Ipouy l'Examinateur, s'apprêtait à fixer les dalles de couverture.

– L'orfèvre sort de la chapelle ! s'exclama Rénoupé.

Semblant fragile à se briser, Thouty le Savant accourait vers ses compagnons de l'équipe de droite.

– Paneb est vivant !

– Vivant... Comment ? interrogea Féned. Comme une pierre, un légume ou un homme ?

– On ne sait pas trop.

– Allons voir !

Tailleurs de pierre et sculpteurs se dirigèrent vers la chapelle dont trois artisans gardaient l'entrée : Paï le Bon Pain, aux joues rebondies, dont la gaieté habituelle avait disparu ; Gaou le Précis, au visage plutôt laid en raison d'un nez trop long et à la lourde carcasse un peu molle ; Ounesh le Chacal, dont le physique évoquait celui du prédateur.

Quant au charpentier de l'équipe de droite, Didia le Généreux, un grand gaillard aux gestes lents, il aidait Hay, le taciturne chef de l'équipe de gauche, à maintenir droit le buste de Paneb pour que Claire puisse l'ausculter.

Ouserhat le Lion bouscula Ounesh et Paï.

– Il parle ou non ?

– Tais-toi donc, recommanda Gaou ; la femme sage écoute la voix de son cœur.

Les yeux ouverts, mais totalement inerte, Paneb ressemblait à une statue. Sa peau était rouge, comme s'il venait d'être ébouillanté.

Par bonheur, il n'avait perdu ni l'œil ni le cœur ; et Claire frottait les deux amulettes entre ses pouces afin de leur redonner une pleine efficacité.

La femme sage n'avait pas prononcé un seul mot et nulle

lueur d'optimisme ne se discernait dans son regard. Elle avait déjà magnétisé la nuque et les reins du colosse, sans parvenir à faire circuler l'énergie.

Soudain, un énorme chat tacheté de blanc, de noir et de roux, sauta sur les jambes de l'Ardent ; ressemblant davantage à un lynx qu'à un animal domestique, il se disposa en boule et ronronna.

Aussitôt, les yeux de Paneb perdirent leur fixité, et Claire poussa un soupir de soulagement. Incarnant la victoire du soleil sur les ténèbres, le félin avait absorbé les dernières traces des fluides pernicieux projetés par le spectre dans la chair du peintre.

Le colosse se réveilla enfin.

– L'ombre... Les murs... Les murs qui m'étouffent... Où sont-ils ?

– Ce n'était qu'une illusion, dit Claire avec douceur, et te voici revenu parmi nous.

– Je le savais bien, qu'il était indestructible ! s'exclama Rénoupé le Jovial. Ne prétend-on pas qu'une partie du *ka* de Ramsès le Grand est passé dans celui de Paneb ? Grâce à cette énergie-là, il a sauvé la confrérie ! Gloire à Paneb !

L'enthousiasme du sculpteur se révéla communicatif, et ce fut sous les acclamations de ses confrères que le miraculé se releva.

– Laissez-moi passer, ordonna la voix grincheuse et autoritaire de Kenhir, le scribe de la Tombe, âgé de soixante-dix-sept ans.

Représentant du pouvoir central dans la Place de Vérité, il avait renoncé à une brillante carrière à Karnak pour se consacrer à ce village et à ses habitants dont il ne cessait de critiquer les innombrables défauts mais qu'il aimait plus que tout au monde, au point que l'administration avait dû renoncer à le mettre à la retraite.

Corpulent, pataud, Kenhir ne se déplaçait plus qu'avec une canne, sauf lorsqu'il était pressé de parvenir à bon port et qu'il oubliait de se donner l'allure d'un vieillard perclus de douleurs. Chargé de tenir le Journal de la Tombe sur lequel il consignait les grands et petits événements de la vie communautaire, Kenhir apparaissait aux artisans comme un véritable garde-chiourme qui ne tolérait aucun laxisme. Il vérifiait sans complaisance tout motif d'absence au travail et, en cas de maladie, s'assurait auprès de la femme sage que l'artisan était réellement souffrant et incapable de remplir sa fonction.

À lui, également, de veiller sur le bon état des outils, propriété de Pharaon, de les distribuer, de les récupérer et de les faire réparer. Chaque membre de la confrérie était néanmoins autorisé à fabriquer ses propres outils pour son usage personnel, et l'on pouvait compter sur Kenhir pour éviter toute confusion.

– On raconte que l'ombre a terrassé Paneb, avança-t-il d'une voix inquiète.

Le scribe assistant Imouni, à l'allure de rongeur, était prêt à prendre note.

– C'est l'inverse qui s'est produit, déclara le colosse.

Kenhir examina longuement Paneb.

– Tu m'as l'air bien vivant, en effet.

– Paneb a sauvé le village ! affirma Nakht le Puissant. Si l'ombre avait continué à nous terroriser, plusieurs familles l'auraient quitté.

– Il a risqué sa vie pour nous, constata Féned le Nez. Non seulement un tel acte le lave de toute accusation, mais encore il le désigne comme notre seul patron.

Le scribe de la Tombe consulta du regard la femme sage et Hay, le chef de l'équipe de gauche. D'un signe, ils lui donnèrent leur approbation.

Le traître était atterré.

Déjà, en voyant surgir Charmeur, il avait eu un mouvement de recul, car c'était ce chat monstrueux qui l'avait griffé alors qu'il recherchait la pierre de lumière, si bien cachée qu'il n'était pas encore parvenu à en découvrir l'emplacement ; et à présent, après sa victoire sur l'ombre rouge, Paneb devenait le héros de la confrérie qui allait le reconnaître comme maître d'œuvre !

Mais l'essentiel restait toutefois la disparition de Néfer le Silencieux, aimé de tous et dont personne ne contestait l'autorité. En disposant à l'envers le disque de lumière sous la tête de la momie, le traître avait tenté de tuer Néfer une deuxième fois ; et même si l'intervention de son fils spirituel avait anéanti le spectre, le Silencieux ne reviendrait pas.

Le tribunal du village ne céderait peut-être pas à l'enthousiasme du moment en faveur de Paneb l'Ardent et, après mûre réflexion, repousserait sans doute sa candidature. S'il l'élisait, il commettrait une faute irréparable, car Paneb serait un maître d'œuvre exécrable ; il diviserait les artisans et créerait de multiples conflits à l'intérieur du village. Au traître de savoir profiter du désordre.

C'était lui, et nul autre, qui aurait dû diriger la Place de Vérité depuis longtemps ; puisque l'on n'avait pas reconnu sa valeur, sa vengeance était légitime !

Le général Méhy et son épouse lui avaient permis d'accumuler des richesses à l'extérieur, en échange des informations qu'il leur procurait. Il était déjà un homme riche. Restait à s'emparer de la pierre de lumière et à la négocier.

– Grâce à Paneb, précisa Claire, recueillie, Néfer est enfin en paix. La lumière brille sous sa tête, son corps de résurrection accueille la puissance secrète du soleil, et son nom de Néfer-hotep est accompli. Il est devenu l'un des ancêtres bienfaiteurs de notre confrérie, un esprit efficace et rayonnant que nous vénérerons chaque matin dans chacune de nos demeures. Pour lui, les épreuves sont terminées ; et c'est en son honneur et afin de prolonger son enseignement que nous continuerons à lutter pour que vive la Place de Vérité.

Tous sentirent que jamais plus la tristesse ne quitterait le regard de Claire ; mais la femme sage était de nouveau à l'œuvre, elle surmontait son désespoir pour se préoccuper de la petite communauté. Avec l'aide de sa magie, nul obstacle ne serait insurmontable.

– Je souffre d'un mauvais rhume, se plaignit Féned le Nez ; acceptes-tu de me soigner ?

– Mon cabinet de consultation est rouvert, déclara Claire avec un bon sourire.

– Moi, indiqua Casa le Cordage, j'ai une blessure au pied qui ne guérit pas, et c'est beaucoup plus grave que le rhume de Féned !

Claire examina le patient.

– C'est un mal que je connais et que je guérirai.

Thouty le Savant s'adressa à Paneb.

– Quelles sont tes intentions ?

– Je deviens le serviteur du *ka* de Néfer le Silencieux, mon père spirituel, et j'interdis à quiconque de s'approcher de sa tombe. C'est moi, et moi seul, qui apporterai les offrandes et entretiendrai sa demeure d'éternité.

– À ta guise, acquiesça Ounesh le Chacal ; mais désires-tu succéder à Néfer dans toutes ses fonctions ?

– Être chef de l'équipe de droite me suffit amplement. Maintenant, éloignez-vous ; je désire rester seul avec la femme sage pour vénérer la mémoire de l'être irremplaçable que nous chérissons.

Personne ne protesta, et une procession s'organisa.

– Paneb sera un excellent maître d'œuvre, suggéra le traître au scribe de la Tombe.

– Au tribunal d'en décider, répondit Kenhir.

À peine ce dernier franchissait-il le seuil de sa demeure que sa jeune épouse, Niout la Vigoureuse, avec laquelle il avait conclu un mariage blanc, lui sauta à la gorge.

– Le général Méhy se trouve à l'entrée principale du village et il désire vous voir d'urgence !

# 5.

À chacun des cinq fortins disposés sur le chemin qui menait à l'entrée principale du village, le général Méhy avait dû décliner son nom et ses titres. Les policiers nubiens ne plaisantaient pas avec la discipline imposée par le chef Sobek, et tout visiteur, quel que fût son rang, devait respecter le règlement.

Au cinquième fortin, c'était Sobek en personne qui avait accueilli Méhy.

Incorruptible, le solide Nubien était hanté depuis vingt ans par une énigme : qui avait tué l'un de ses hommes sur l'une des collines dominant la Vallée des Rois ? Le drame était lointain, les investigations interrompues ; et l'assassinat de Néfer le Silencieux semblait reléguer ce crime-là au second plan, mais Sobek restait persuadé que l'on complotait depuis longtemps contre la confrérie et que les deux affaires étaient liées.

Le Nubien n'aimait pas Méhy. Il le jugeait prétentieux, imbu de lui-même et arriviste, mais il n'avait aucune raison de lui refuser l'accès à la zone des auxiliaires où « les hommes de l'extérieur », sous la direction de Béken le potier, travaillaient au bien-être de la confrérie.

– Aucun problème à signaler, Sobek ? demanda Méhy avec morgue.

– En ce qui me concerne, aucun.

– N'hésite surtout pas à m'alerter. Je tiens à l'excellence de ma gestion.

– Les auxiliaires reçoivent de bons salaires, ils apprécient leurs conditions de travail et le village ne manque de rien, semble-t-il.

– Fais prévenir le scribe de la Tombe que je désire le voir d'urgence.

Pendant que le policier s'acquittait de sa tâche, Méhy contempla les ateliers des auxiliaires qui, à la tombée du jour, regagnaient leurs demeures, à la lisière des terres cultivées. Le travail était organisé avec rigueur, de manière à éviter aux artisans un maximum de corvées et à leur permettre de se concentrer sur leur raison d'être : faire rayonner dans leurs œuvres la pierre de lumière et incarner les mystères de la Demeure de l'Or.

Bientôt, ce domaine appartiendrait au général, et il serait le seul à y donner des ordres.

Marchant d'un pas hésitant, Kenhir se dirigeait vers le visiteur. Face à Méhy, le vieux scribe s'appuya sur sa canne.

– Comment évolue votre santé, Kenhir ?

– Mal, très mal... Le poids des ans m'accable chaque jour davantage.

– Ne devriez-vous pas songer à une retraite bien méritée ?

– Il me reste encore trop à faire, surtout après le drame qui nous touche.

– C'est précisément à cause de l'assassinat de Néfer que je suis ici. Le roi m'a convoqué dans la capitale et il veut connaître les résultats de mon enquête... Mais le seul autorisé à enquêter dans le village, c'est vous !

– En effet, général.

– Avez-vous identifié le coupable ?

– Malheureusement non.

– Des soupçons ?

Kenhir parut gêné.

– Je vais vous dire la vérité, général, à condition que vous me promettiez de garder le silence.

Méhy se raidit. Le vieux scribe avait-il démasqué le traître ?

– Vous m'en demandez beaucoup, Kenhir... Je ne peux rien cacher à Sa Majesté.

– Le roi Siptah est un adolescent qui vit à Pi-Ramsès, bien loin de la Place de Vérité que vous et moi avons le devoir de protéger. À l'intention du roi, je rédigerai un rapport circonstancié sur l'enquête en cours, et vous le rassurerez en indiquant que la confrérie continuera à œuvrer comme si rien ne s'était passé.

Les muscles du général se contractèrent, sa jambe gauche le démangea.

Ainsi, la disparition de Néfer n'avait pas réussi à briser les reins des artisans !

– Entendu, Kenhir. Je vous promets de garder le silence.

– Nous sommes presque certains que le coupable est l'un des membres de la confrérie.

– Cela signifierait... qu'il y a un traître parmi vous ?

– Je le crains, déplora le vieillard d'une voix lasse.

– J'ai du mal à y croire... Mon hypothèse me paraît beaucoup plus plausible.

– Puis-je la connaître ? demanda Kenhir, intrigué.

– À mon avis, l'assassin du maître d'œuvre ne saurait être qu'un auxiliaire.

– Un auxiliaire... Mais l'accès au village leur est interdit !

– Le coupable aura réussi à s'y faufiler sans être repéré par le gardien, sans doute avec l'intention de dérober des objets précieux chez Néfer. Ce dernier l'a surpris, le voleur l'a tué.

– Un auxiliaire... murmura le scribe de la Tombe, une lueur d'espoir dans un regard dont la vivacité demeurait intacte.

– Je vous conseille de les interroger. Si les résultats sont décevants, je les interpellerai chez eux, hors du territoire de la Place de Vérité, et mes spécialistes les feront parler. Et si l'assassin est bien l'un d'eux, il avouera.

– Je proposerai votre stratégie au tribunal.

– Je dirai donc au roi que nous conjuguons nos efforts pour découvrir la vérité.

– Dites-lui surtout que nous attendons ses directives pour la construction de sa demeure d'éternité et de son temple des millions d'années.

– Dès mon retour, nous nous reverrons pour faire le point ; j'espère que vous aurez confondu l'assassin.

– Je l'espère aussi, général.

Réussissant à contenir sa rage, Méhy remonta sur son char sans avoir posé la question essentielle : qui avait succédé à Néfer le Silencieux, sinon Paneb l'Ardent ? Seul le colosse avait pu sauver la confrérie de la débandade. Le traître ne tarderait pas à le confirmer, et Serkéta avait eu raison d'envisager un plan pour se débarrasser de ce gêneur.

– Un auxiliaire ? s'étonna le chef Sobek après avoir écouté avec attention le scribe de la Tombe.

– Pourquoi pas ?

– Le gardien l'aurait vu s'introduire dans le village.

– Le meilleur des gardiens ne peut pas être attentif à chaque seconde... Et l'assassin aura trouvé le moyen d'escalader un mur sans se faire remarquer.

– À l'intérieur, il aurait vite été repéré, objecta Sobek.

– Le craignant, il a redoublé de précautions.

– Et un auxiliaire aurait été assez fou pour tuer le maître d'œuvre...

– Il a agi sous l'emprise de la panique.

– J'aimerais que Méhy ait raison, concéda le policier, et que tous les artisans soient innocents, mais je demeure perplexe.

– Interroge les auxiliaires, Sobek, recoupe leurs témoignages et tâche de découvrir un indice.

– Comptez sur moi.

Pendant que le vieux scribe regagnait le village, le Nubien se posait une question : pourquoi le général Méhy, sachant que l'enquête lui serait forcément confiée, ne lui avait-il pas fait part de son hypothèse ?

Paneb avait terminé une table d'offrandes en albâtre qu'il déposerait dans la chapelle de la tombe de Néfer le Silencieux, au pied de la porte en pierre, couverte de hiéroglyphes, qui donnait accès à l'autre monde. À l'intérieur de la forme rectangulaire, il avait sculpté une patte et des côtes de bœuf, un canard, des oignons, des concombres, des choux, des figues, du raisin, des dattes, des grenades, des gâteaux, des pains, des cruches de lait, de vin et d'eau.

Animée magiquement par la femme sage, cette table d'offrandes fonctionnerait d'elle-même, hors de toute présence humaine, en donnant au *ka* de Néfer les essences subtiles des nourritures incarnées dans l'albâtre. Ainsi, même lorsque les proches du maître d'œuvre auraient disparu, la pierre vivante continuerait-elle à le nourrir.

Mais le fils spirituel du maître d'œuvre assassiné ne se contentait pas de cet hommage rendu à tous les défunts ; lui, le peintre, s'aventurait dans de nouvelles techniques qu'il appliquait après avoir scruté le travail des sculpteurs. Comme lors de ses précédentes explorations dans le monde de la matière, Paneb constatait que la main était esprit.

Guidé par les conseils de la femme sage, l'Ardent avait décidé de façonner une statue de Néfer dotée d'yeux exceptionnels, correspondant à la réalité anatomique qu'avait déchiffrée la médecine égyptienne en découvrant les diverses parties de l'œil : une cornée en cristal de roche pour souligner l'acuité du regard, une sclérotique en carbonate de magnésium contenant des oxydes de fer qui traduisaient la présence des veinules, la pupille perforée dans le cristal de roche et l'iris matérialisé par de la résine brune, tout en imprimant les dissymétries nécessaires entre pupille et cornée*.

L'aube naissait lorsque Claire pénétra dans l'atelier où le miniaturiste venait de poser ses outils. Un rayon de soleil éclairait la statue dont le regard contemplait l'éternité.

L'épouse du défunt ne put retenir ses larmes.

Grâce au génie de son fils spirituel, Néfer était vivant, hors de portée de la décrépitude et de la mort. Debout, le pied droit en avant, les bras le long du corps, il marchait sur les beaux chemins de l'Occident et il continuait à guider la confrérie vers l'Orient.

Claire faillit s'agenouiller devant la statue, mais Paneb la retint.

– Son *ka* subsistera dans la pierre, lui dit-il, mais c'est en toi qu'il vit, et c'est toi qui es dépositaire de sa sagesse. Toi qui es la souveraine de la Place de Vérité, ne nous abandonne pas.

* Cette description se fonde sur une récente étude scientifique des yeux du célèbre « scribe du Louvre ». Elle a prouvé les connaissances remarquables des ophtalmologistes de l'ancienne Égypte.

# 6.

Ni Méhy ni Serkéta ne prêtèrent la moindre attention aux splendeurs de Pi-Ramsès, la capitale créée par Ramsès le Grand dans le Delta, à proximité du couloir d'invasion du nord-est. Ainsi Pharaon intervenait-il rapidement à la moindre alerte. Desservie par un port qui permettait l'accostage de bateaux de charge, « la cité de turquoise » était parcourue de canaux bordés de vergers, de jardins et de villas luxueuses ; douce à vivre, la ville abritait cependant une garnison d'élite et un arsenal d'où sortaient les armes destinées à équiper les troupes chargées de surveiller la frontière.

Le général et son épouse furent conduits au palais sur les murs duquel se lisaient les noms de Ramsès, inscrits dans des ovales symbolisant l'univers que parcourait à jamais l'âme royale.

Le chancelier Bay les reçut aussitôt dans son bureau dont les armoires à papyrus croulaient sous le poids des documents. Petit, fluet, nerveux, les yeux noirs très mobiles, le menton orné d'une barbichette, le chancelier était un homme de l'ombre qui tenait avec fermeté les rênes de l'administration, au service de la reine Taousert qu'il admirait et du jeune pharaon Siptah qu'il avait fait monter sur le trône afin d'étouffer querelles et intrigues.

– Heureux de vous revoir, général... Et je suis également ravi de pouvoir saluer votre charmante épouse. Le voyage ne fut pas trop fatigant, j'espère ?

– Pour moi, ce fut un moment de repos.

– Tant mieux, tant mieux... Vous logerez dans un appartement du palais, et j'ai donné des ordres pour que votre séjour dans la capitale soit des plus agréables. Je suppose que votre épouse éprouve le besoin de se rafraîchir et de se reposer.

Deux servantes apparurent, et c'est une Serkéta pincée qui fut invitée à les suivre.

Quand la porte du bureau se referma, l'amabilité forcée du chancelier s'estompa. Méhy se retrouva face à un chef de gouvernement inquisiteur et sévère.

– Que se passe-t-il exactement à Thèbes, général ?

– La situation est tout à fait normale, rassurez-vous ; et je puis déjà vous annoncer de fabuleuses récoltes et d'excellentes rentrées fiscales.

– Nul ne doute de vos remarquables qualités de gestionnaire, mon cher Méhy, mais que penser de l'assassinat de Néfer le Silencieux ?

– Ce drame épouvantable m'a bouleversé. Le scribe de la Tombe et moi-même conjuguerons nos efforts pour identifier le coupable.

– J'en suis heureux... Mais tenez-vous une piste sérieuse ?

– Seul Kenhir peut mener l'enquête à l'intérieur du village, chancelier. S'il a besoin de mon intervention à l'extérieur, je lui fournirai autant d'hommes que nécessaire.

– J'ai l'impression que vous avez des soupçons précis, général.

– Précis, non… Mais je suis persuadé que le criminel est l'un des auxiliaires.

Bay consulta un papyrus.

– C'est ce que m'a écrit Kenhir, en effet, et il n'est pas loin de partager votre avis.

Méhy se sentit mortifié. Continuant à communiquer directement avec le pouvoir central sans avertir le général, le scribe avait adressé un message au chancelier par bateau spécial.

– Kenhir m'a assuré que la confrérie continuerait à travailler avec la même rigueur et que Pharaon pouvait compter sur elle pour assumer la totalité de ses devoirs.

– D'après sa lettre, ajouta le chancelier, un spectre aurait tenté de troubler la sérénité du village, mais le courage de Paneb, le nouveau chef de l'équipe de droite, a fait fuir cette force des ténèbres et rétabli la quiétude. Le maître d'œuvre Néfer repose à présent en paix, et les artisans se préparent à créer les monuments indispensables au plein rayonnement du règne.

– Le pays entier s'en réjouira, affirma Méhy avec un maximum de conviction.

– Encore faut-il que l'assassin soit châtié et que la confrérie soit rassurée quant à sa sécurité extérieure.

– C'est l'une de mes missions, chancelier, et j'entends bien la remplir !

– Comprenons-nous, général : vous et moi avons déjà réussi à éviter une guerre civile, et nous devons à présent conforter l'autorité du pharaon Siptah et de la reine Taousert.

– Insinuez-vous… qu'ils sont en péril ?

– Ne jouez pas les naïfs, Méhy. Siptah est doté d'une intelligence exceptionnelle, mais il ne possède aucune expérience du gouvernement, et sa santé est fragile ; sans l'appui de Taousert, il serait incapable de supporter le poids de sa fonction. La reine elle-même doit compter avec de redoutables adversaires…

Une partie de la cour ne lui pardonne pas d'être une femme, et l'autre la veuve de Séthi II.

– Sa Majesté possède une personnalité fascinante qui a beaucoup impressionné les Thébains... À mon sens, elle a aussi l'envergure d'un pharaon.

– Sans nul doute, mais la caste militaire de Pi-Ramsès souhaite voir à la tête de l'Égypte un homme fort, capable de résister à un éventuel envahisseur, voire de déclencher une guerre préventive.

– Cet homme fort... s'est-il déjà manifesté ?

– Il s'appelle Seth-Nakht. Un dignitaire âgé, certes, mais qui connaît parfaitement la Syro-Palestine et a l'oreille des troupes d'élite.

– Au point... de s'emparer du pouvoir par la force ?

– Pas encore, général, pas encore... Mais cette éventualité n'est malheureusement pas à exclure. J'espère que Seth-Nakht est un légaliste et qu'il n'osera pas se lancer dans une aventure destructrice. Être trop optimiste serait une grave erreur, ne croyez-vous pas ?

Méhy prit un temps de réflexion.

Le chancelier Bay ne distillait pas par hasard des informations aussi importantes et il ne l'avait donc pas convoqué à Pi-Ramsès uniquement pour lui parler de la situation économique à Thèbes et de la disparition de Néfer le Silencieux.

Face à ce redoutable stratège, le général était contraint de prendre un risque.

– Votre confiance et vos confidences m'honorent, mais qu'attendez-vous de moi ?

– Excellente question, Méhy... Mes propos, en effet, pourraient être qualifiés de secrets d'État. Des secrets dont vous devenez dépositaire et qui font de vous l'un des dignitaires les mieux informés de ce pays. Ce que j'attends de vous, c'est une collaboration sans arrière-pensée. Bien entendu, vous pourriez avoir l'idée de prêter allégeance à Seth-Nakht dans l'espoir de devenir son premier ministre.

– Chancelier, je vous assure que...

– Je connais bien la nature humaine, général, et je préfère prévenir que guérir. Si vous tentiez de trahir le pharaon légitime, je serais impitoyable.

Méhy et Serkéta comptaient au nombre des invités d'un fastueux banquet que la reine Taousert honorait de sa présence. Ils la jugèrent plus belle et plus dangereuse que jamais, et Serkéta fut jalouse de sa prestance. À la lueur qui troubla son regard, Méhy comprit qu'elle éprouvait des envies de meurtre.

– Calme-toi, ma douce, lui murmura-t-il à l'oreille ; sur son territoire, la reine est hors d'atteinte.

Serkéta sourit à un vieux dignitaire qui n'avait pas prononcé un mot depuis le début du repas.

– Êtes-vous né ici ? lui demanda-t-elle pour tenter de le dérider.

– J'ai eu cette chance, belle dame, et j'ai mené une carrière parfaite sans commettre la moindre faute. Ainsi j'ai eu le privilège de servir de véritables chefs.

– Le roi Siptah n'en serait-il pas un ? s'étonna Méhy.

– Nous respectons tous le pharaon légitime, bien entendu, mais nous redoutons sa jeunesse et son inexpérience. Souhaitons que le temps soit son allié et qu'il apprenne à gouverner.

– N'assiste-t-il jamais à des festivités de ce genre ? interrogea Serkéta.

– Jamais. Il passe l'essentiel de sa journée au temple à étudier les écrits des Anciens après avoir célébré le rituel de l'aube. Une telle ferveur est louable, mais elle risque d'être inadaptée à la situation actuelle.

– Je suis une Thébaine, rappela Serkéta en minaudant comme une fillette, et je connais mal la cour de Pi-Ramsès... Ne tentez-vous pas de nous faire comprendre que la reine Taousert est le véritable maître du pays ?

– Personne n'en doute.

– Cette certitude ne semble pas recueillir votre adhésion, observa Méhy.

D'un revers de main, le dignitaire repoussa une jeune servante qui lui proposait du canard rôti.

– Ne soyez pas trop curieux, général, et contentez-vous de ce que vous possédez. Thèbes est une ville agréable, vous la gouvernez d'une poigne de fer et vos résultats sont appréciés à leur juste valeur. Désirer davantage vous conduirait sur des chemins dangereux où vous ne trouveriez aucun allié.

– Ignorez-vous que le chancelier Bay m'honore de sa confiance ?

– Je n'ignore rien de ce qui se passe dans cette ville et je vous conseille d'en repartir au plus tôt.

Vexé, Méhy se rebiffa.

– Qui êtes-vous, pour oser me parler sur ce ton ?

Le vieux dignitaire se leva, et le couple constata que sa puissance physique était surprenante pour un homme de son âge.

– Mes obligations sont nombreuses, et je n'ai guère l'habitude de fréquenter les banquets officiels, mais celui-là m'a donné l'occasion de vous rencontrer. Avant de regagner ma demeure, je tenais à vous préciser que Seth-Nakht n'a pas besoin de vous et que le premier devoir d'un général consiste à obéir à son roi.

# 7.

À peine Béken le potier, chef des auxiliaires, était-il arrivé dans la zone qui leur était réservée, que Sobek l'interpella.

– Rassemble tes subordonnés devant la forge d'Obed, ordonna le policier nubien.

Teigneux, le potier lui tint tête.

– Qu'est-ce qui ne va pas ?

– Tu le verras bien.

– J'exige des explications.

Sobek gratta la cicatrice qu'il avait sous l'œil gauche, souvenir d'une lutte à mort avec un léopard dans la savane de Nubie.

Pour qui connaissait bien le chef de la police de la Place de Vérité, ce geste trahissait une irritation croissante, préludant à une colère dévastatrice.

– Ne t'énerve pas, recommanda Béken, dont la voix vacillait. Je souhaitais simplement savoir si...

– Rassemble les auxiliaires.

Béken jugea préférable d'obéir, mais il éprouva les pires difficultés à regrouper « ceux de l'extérieur » parmi lesquels figuraient blanchisseurs, bouchers, boulangers, brasseurs, chaudronniers, tanneurs, tisserands, coupeurs de bois, poissonniers et jardiniers, tous nommés pour assurer le bien-être des villageois.

Obed le forgeron fut le premier à protester avec vigueur.

– Tu nous traites moins bien que des bœufs destinés à l'abattoir ! Qu'est-ce qui te prend, Béken ?

– Ordre du chef Sobek... Moi, je n'y suis pour rien !

– N'es-tu pas chargé de plaider notre cause en cas d'abus d'autorité ?

– Plains-toi auprès des responsables.

D'origine syrienne, barbu, court sur pattes, Obed le forgeron était un homme de caractère. Aussi n'hésita-t-il pas à affronter Sobek qui observait la pagaille d'un air impatient.

– Nous sommes des travailleurs libres, déclara le forgeron, et tu n'as aucun droit sur nous.

– Tu manques de mémoire, assena le Nubien ; en cas de faute grave de la part d'un auxiliaire, j'ai le devoir de l'arrêter.

Obed fronça les sourcils.

– Alors, on aurait tous commis une faute grave ? Tu te moques de nous, Sobek, et je vais immédiatement prévenir le scribe de la Tombe !

– J'agis sur son ordre, car vous êtes tous soupçonnés de meurtre sur la personne de Néfer le Silencieux.

Le forgeron demeura bouche bée. Comme par miracle, le brouhaha s'interrompit pour laisser place à un silence pesant.

– Mettez-vous en ligne, ordonna le policier, et tenez-vous tranquilles. Je vous interrogerai un par un dans mon bureau.

– J'exige que Béken soit présent pour me défendre ! intervint le chaudronnier. On connaît tes méthodes... Tu ferais avouer n'importe qui !

Sobek toisa le contestataire.

– Un exemple précis à citer ?

Le chaudronnier baissa les yeux.

– Non, non...

– Il me faudra des réponses claires, et je prendrai le temps nécessaire pour les obtenir. Comme les innocents ont les mains propres, ils n'ont rien à redouter et seront rapidement relâchés. N'essayez surtout pas de me mentir : je possède le flair d'un chien de chasse.

Béken s'approcha du policier.

– Je peux te parler seul à seul ?

– Ça tombe bien... Je comptais t'interroger en premier.

Les deux hommes pénétrèrent dans la forge. L'endroit plaisait à Sobek, car il symbolisait de façon parfaite l'antichambre de l'enfer où brûlerait l'assassin.

– Toi, le potier, tu as des révélations à me faire !

– Il manque un auxiliaire.

– Tu en es sûr ?

– Libou, un blanchisseur, né d'une Libyenne et d'un Thébain. Il est âgé de cinquante ans et travaille dur pour nourrir sa famille. Il vole des étoffes grossières de temps à autre, mais je ferme les yeux.

– Peut-être est-il malade ?

– En ce cas, sa femme m'aurait prévenu. Cette absence est tout à fait anormale, je t'assure !

– Je vais chez lui. En attendant mon retour, reprenez vos activités.

Libou rêvait éveillé.

L'esprit lent, il peinait à comprendre ce qui lui arrivait. Quand une paysanne l'avait abordé, sur le chemin menant à la Place de Vérité, il avait cru qu'elle le prenait pour un autre.

Mais c'était bien son nom qu'elle avait prononcé, et elle connaissait tout de lui, y compris ses menus larcins.

Inquiet, Libou s'était défendu en évoquant sa situation modeste et les besoins de sa famille.

La paysanne l'avait rassuré. Elle était envoyée par ses collègues blanchisseurs qui venaient de recevoir un lot de linges neufs sortis des ateliers du Ramesseum et comptaient procéder au partage discret des meilleures pièces avant de se rendre au travail. Une aubaine à ne pas manquer !

– Je ne te connais pas, toi... D'où tu sors ?

– Je suis une nouvelle nièce de Béken le potier, répondit Serkéta avec une voix aiguë.

– Ah bon... Et il ne te dégoûte pas ?

– Il est si gentil ! C'est grâce à lui que ce partage a lieu.

Serkéta sortit du chemin pour se diriger vers un bosquet de tamaris, en lisière du désert.

– C'est le point de rendez-vous, précisa-t-elle ; l'endroit est tranquille.

– Ça vaut mieux ! Si le chef Sobek nous attrapait, on perdrait notre emploi et on écoperait d'une lourde peine de prison.

– Ne crains rien... Béken a tout prévu.

Libou songeait déjà au troc avantageux que sa femme mènerait à terme grâce aux beaux tissus qu'il lui rapporterait. Même si le métier de blanchisseur était rude, il présentait certains avantages.

L'œil de l'auxiliaire se posa sur les formes avantageuses de la paysanne.

– Il choisit bien ses nièces, Béken... Mais il vient d'en prendre une ! D'habitude, il les garde plus longtemps.

– En ce moment, il a beaucoup d'énergie.

– Quel vieux bouc ! Si j'avais su, je ne me serais pas marié et j'aurais vécu comme lui.

– Tu sais, je ne suis pas tellement farouche... Et quand il y en a pour un, il y en a pour deux.

Libou posa une main calleuse sur les seins de Serkéta.

– Si ma femme savait...

– Qui le lui dira ?

Le blanchisseur pencha la tête pour embrasser les tétons, puis il descendit vers le ventre.

Sa position était parfaite. Serkéta ôta de sa perruque une longue aiguille enduite de poison et elle la planta dans la nuque de Libou avec une précision de chirurgien.

Le corps de l'auxiliaire se tétanisa en quelques instants. Elle le repoussa avec violence et assista, excitée et ravie, à l'horrible agonie.

Puis elle récupéra l'arme du crime, dénuda sa victime et la vêtit d'un superbe pagne qu'elle avait porté sous sa tunique ample. Il appartenait à Néfer le Silencieux et avait été dérobé par le traître.

Après s'être assurée que les parages étaient déserts, la paysanne repartit vers les cultures.

Le doute n'était plus permis : Libou le blanchisseur s'était enfui. Son épouse pleurait, et le chef Sobek avait ordonné à ses hommes de ratisser le territoire de la Place de Vérité et ses alentours. Si ces investigations ne procuraient aucun résultat, il serait contraint de demander à Méhy d'intervenir.

– Il est certain que Libou a commis un délit suffisamment grave pour l'inciter à disparaître et à abandonner sa famille, estima Béken.

– Rien ne prouve qu'il ait assassiné Néfer, objecta Sobek ; a-t-il manifesté de l'animosité envers le maître d'œuvre ?

– Non, mais il s'agissait certainement d'un malencontreux concours de circonstances. Libou était un petit voleur, je te l'ai dit, et il aura tenté un gros coup en s'introduisant chez Néfer qui s'est trouvé chez lui au mauvais moment.

– Et personne ne l'a vu ? Et il n'y a aucune trace du butin chez Libou ?

Les questions du policier troublèrent le potier. Il cherchait des réponses, lorsqu'un policier fit irruption dans le bureau de Sobek.

– Ça y est, chef, on l'a retrouvé ! L'ennui, c'est qu'il est mort.

Le Nubien se rendit aussitôt sur les lieux.

– Vous avez vu le pagne ? interrogea l'un de ses hommes. Du grand luxe ! Il y a même une marque, en hiéroglyphes...

Le cœur et la trachée artère, autrement dit le signe qui servait à écrire le mot « Néfer ». Sobek s'empara du vêtement.

– Bien entendu, aucun témoin ?

– Aucun, chef. Le matin de bonne heure, ce coin-là est désert.

Claire examina le pagne.

– Oui, il appartenait bien à Néfer. Il possédait deux pagnes neufs d'avance, et je viens de vérifier : il en manque un.

– L'affaire est close, conclut Kenhir : c'est bien ce Libou qui a assassiné le maître d'œuvre. Quand il a su que le chef Sobek allait interroger les auxiliaires, il a décidé de prendre la fuite. Mais le destin ne lui a pas permis de demeurer impuni et la mort l'a frappé avant qu'il ne profite de son forfait.

– Telle sera donc la teneur de votre rapport, avança Sobek.

– De *notre* rapport, rectifia le scribe de la Tombe.

– Je ne le contresignerai pas.

– Pourquoi ? demanda Claire.

– Parce que je ne crois pas à la mort naturelle de ce blanchisseur.

– Ce pagne... N'est-ce pas une preuve de sa culpabilité ? insista Kenhir.

– Quelqu'un tente de nous abuser.

– En ce cas, signe le rapport, recommanda Claire. Le monstre qui se cache derrière ce nouveau crime sera convaincu de nous avoir bernés.

# 8.

Grâce à l'activité incessante de Niout la Vigoureuse, la demeure de fonction de Kenhir brillait comme un bijou. Pas un grain de poussière n'offensait un mobilier raffiné, et la jeune femme parvenait même à faire le ménage dans le bureau du scribe de la Tombe sans semer le désordre dans ses archives. Comme elle était aussi une excellente cuisinière, Kenhir aurait dû être le plus heureux des maris et pouvoir, en dehors de ses obligations officielles, se consacrer à son œuvre littéraire dont le fleuron était une « Clé des songes ».

Mais l'attitude de Niout le chagrinait.

– Assieds-toi un instant, je t'en prie.

– L'oisiveté n'est-elle pas le pire des vices ?

– Tu me donnes le tournis, et j'aimerais te parler sérieusement.

La maîtresse de maison prit place sur une chaise paillée.

– Je vous écoute.

– Je suis un vieillard, tu es une jeune femme. Je t'ai épousée uniquement pour te léguer tous mes biens en te précisant que tu étais libre de mener une existence à ta guise. Pourquoi te consacrer sans cesse à cette demeure et à mon confort en oubliant ton propre bonheur ?

– Parce que je suis heureuse de cette manière-là et que tous mes désirs sont comblés. Je vous ai préparé des habits neufs pour le tribunal et j'espère que vous prendrez la bonne décision. La Place de Vérité a besoin d'un véritable chef comme Paneb.

« L'assemblée de l'équerre et de l'angle droit », le tribunal spécifique de la Place de Vérité, se réunit dans la cour à ciel ouvert du temple de Maât et d'Hathor. En faisaient partie la femme sage, le chef de l'équipe de gauche, le scribe de la Tombe, Turquoise et quatre autres jurés tirés au sort : Ched le Sauveur, Nakht le Puissant, Gaou le Précis et une prêtresse d'Hathor.

Huit comme les forces primordiales, les membres du tribunal émettaient des jugements que nulle autorité ne contestait. Chargés de distinguer la vérité du mensonge et de protéger le faible du puissant, ils arbitraient les affaires concernant la vie de la confrérie, depuis les déclarations de succession jusqu'aux conflits entre villageois.

– Une proposition officielle nous est soumise par plusieurs artisans, déclara Kenhir : désigner Paneb l'Ardent comme maître d'œuvre et successeur de Néfer le Silencieux. Je n'ai pas besoin de souligner l'importance d'une telle décision qui ne peut être prise qu'à l'unanimité.

– Paneb a risqué sa vie pour sauver la confrérie, rappela Nakht le Puissant. Je n'apprécie pas son caractère, chacun le sait, mais les faits sont les faits. Quand il faudra nous défendre à nouveau, il sera notre meilleur rempart.

– Quand le fils spirituel est fidèle à son père, interrogea la femme sage, ne doit-il pas lui succéder ?

– Paneb n'est pas seulement un technicien exceptionnel, déclara Hay ; il possède aussi un tempérament de chef. Sa manière de diriger ne ressemblera pas à celle de Néfer, et elle provoquera bien des remous ; mais nous n'avons pas le choix, et je propose de lui faire confiance.

– Une telle attitude ne te ressemble pas, remarqua Kenhir.

– Seule compte la confrérie. Et je suis persuadé que Paneb la servira avec toute sa puissance.

– J'approuve le chef de l'équipe de gauche, appuya Gaou de sa voix éraillée. Je pense, moi aussi, que son manque de diplomatie entraînera des conflits, mais nous avons besoin de son courage et de son énergie.

Turquoise et l'autre prêtresse d'Hathor gardèrent le silence.

– Si je comprends bien, observa Kenhir, personne ne s'oppose à la nomination de Paneb l'Ardent comme maître d'œuvre.

– Tu m'as oublié, intervint Ched le Sauveur.

– Paneb a été ton élève et tu l'as toujours soutenu.

– Justement.

– Explique-toi, Ched.

– Dès le premier instant, j'ai su que Paneb serait un grand peintre ; mais il a fallu de longues années pour le former et permettre à sa main de s'exprimer librement, tout en respectant les règles d'harmonie. Qu'il soit aujourd'hui chef d'équipe, tant mieux ; il a déjà appris à se montrer moins fougueux et prouvé qu'il savait diriger sans trahir l'esprit de la confrérie. Si nous brûlions les étapes, c'est Paneb lui-même qui serait consumé par son propre feu. Laissons-lui le temps de s'installer dans sa fonction et jugeons-le sur ses actes.

– Ce temps, nous ne le possédons pas ! affirma Nakht le Puissant.

– Notre scribe de la Tombe est en excellente forme et il saura nous représenter face aux autorités pendant que les deux chefs d'équipe se consacreront à leurs tâches. Ensuite, nous prendrons une décision définitive.

– S'il ne manque qu'un avis positif, le tien, accepteras-tu de modifier ta position ? questionna Kenhir.

– Ce serait une lâcheté impardonnable. Un feu de la nature de Seth anime le cœur de Paneb, un feu aussi terrifiant que la foudre ; il détruit n'importe quel obstacle sur son chemin, mais il anéantirait l'Ardent si nous exigions trop de lui.

Comme la femme sage ne reprit pas la parole, Kenhir n'eut plus qu'à formuler la décision du tribunal : Paneb ne serait pas nommé maître d'œuvre de la Place de Vérité.

Turquoise ôta le capuchon de lin qui fermait le vase trapu contenant un précieux collyre composé de galène, de pyrite, de charbon végétal, de cuivre et d'arsenic. En tant qu'assistante directe de Claire, supérieure des prêtresses d'Hathor de la Place de Vérité, la somptueuse rousse à la quarantaine légère comme une plume veillait sur les objets rituels utilisés au temple et sur la préparation des produits de beauté qui transformaient de simples maîtresses de maison en servantes de la déesse.

Dans ce village qui ne ressemblait à nul autre, chacun exerçait une fonction sacrée ; les artisans et leurs compagnes étaient leurs propres prêtres et leurs propres prêtresses, et nul célébrant extérieur n'intervenait dans leurs cérémonies. Ils bâtissaient eux-mêmes leur hiérarchie, en toute indépendance, et ne reconnaissaient comme autorité suprême que Pharaon et la grande épouse royale.

Turquoise compta les vases à onguents pour s'assurer qu'il n'en manquait aucun ; trapus, stables et étanches, obturés par des capuchons de lin, ils étaient autant de petits chefs-d'œuvre taillés dans le calcaire, l'albâtre ou la serpentine.

Son inventaire terminé, la prêtresse garnit de bouquets montés les autels du temple dans lequel allait bientôt officier la femme sage. Naguère, elle y pénétrait en compagnie du maître d'œuvre pour célébrer le rite de l'aube pendant que, dans chaque demeure, les villageois présentaient le feu aux bustes des ancêtres et versaient de l'eau sur les fleurs disposées en leur honneur afin d'en dégager le parfum qui enchanterait leur *ka*. Ainsi était assurée la circulation de l'offrande sans laquelle la confrérie n'aurait pas survécu.

Aujourd'hui, Claire serait seule, puisque le tribunal avait repoussé la nomination d'un nouveau maître d'œuvre. Elle serait à la fois le roi et la reine, le maître d'œuvre des artisans et la supérieure des prêtresses.

Parée du collier de grenats que lui avait offert Paneb, au retour d'une expédition dans le désert, Turquoise traversa la cour à ciel ouvert en songeant à l'étrange liaison qui l'unissait au colosse.

Certes, ils continuaient à s'offrir l'un à l'autre un plaisir dont l'intensité ne diminuait pas, et nulle obscurité ne ternissait leur passion. Paneb savait que Turquoise respecterait son vœu de demeurer célibataire et qu'il ne serait jamais autorisé à passer une nuit chez elle. Ce qu'il ignorait, c'est que Turquoise lui transmettait une force magique qu'Ouâbet la Pure ne possédait pas.

Dès leur première rencontre, Turquoise avait pressenti que Paneb l'Ardent jouerait un rôle décisif dans l'histoire de la confrérie et qu'elle devrait l'aider à se forger une âme de chef, capable d'aller au-delà de lui-même et de ses imperfections.

Paneb brûlait d'un feu que seul le Grand Œuvre apaiserait. À Ouâbet de lui offrir l'équilibre d'une maîtresse de maison, à Turquoise de maintenir en lui le dynamisme du désir. Ce que Néfer le Silencieux avait eu la chance de trouver en une seule femme, Paneb le vivait dans l'épreuve de la dualité. Il ne cherchait ni la sagesse ni la sérénité, comme son père spirituel, mais une puissance créatrice qui n'était pas de ce monde.

Parfois, Turquoise elle-même en était effrayée ; mais à la différence de la plupart des humains, Paneb possédait la capacité d'incarner pleinement son destin. À elle, la magicienne, de l'orienter vers l'amour de l'œuvre et de la confrérie en évitant que le colosse ne se perde dans les marais de l'ambition.

Ched le Sauveur avait eu raison de repousser la nomination de l'Ardent. Si nécessaire, Turquoise l'aurait soutenu.

Quand elle s'engagea dans la rue principale, le village dormait encore.

Paneb l'Ardent venait à sa rencontre.

– Déjà levé ?

– Il fait si doux... Et j'avais envie de te voir.

– C'est l'heure des rites, Paneb, pas celle du plaisir.

– Justement... Ne faut-il pas songer à les embellir sans cesse ? Comme un chef d'équipe se doit de connaître toutes les techniques, j'ai beaucoup travaillé avec l'orfèvre Thouty, ces derniers temps. Et j'ai pensé que, dans ta fonction de prêtresse d'Hathor, cette parure ne serait pas inutile.

Les premières lueurs de l'aube se posèrent sur un fin bandeau d'or, d'une incroyable légèreté, orné de rosettes colorées et de deux minuscules têtes de gazelle ciselées à la perfection.

Stupéfaite, Turquoise se laissa couronner par le colosse aux mains de fée qui s'éloigna au moment où les villageois commençaient leur journée en célébrant le culte des ancêtres.

# 9.

Hautes d'une coudée et demie*, ovoïdes, parfaitement étanches, bien cuites dans toute leur épaisseur, peintes en rouge et marquées au nom de leurs propriétaires, les amphores à grain comptaient au nombre des objets essentiels utilisés par les villageois. Fabriquées avec une argile de Moyenne-Égypte, elles étaient à la fois légères et maniables.

Sommé par son épouse d'en remplir deux, le chef sculpteur Ouserhat le Lion se dirigeait à pas lents vers les silos installés au nord-ouest du village. Ses prédécesseurs avaient taillé dans la marne des parois verticales avec des angles droits bien marqués en prenant soin d'assurer l'homogénéité du mortier qui recouvrait le sol rocheux. Les grains étaient répartis dans

* 0,78 m.

plusieurs compartiments, en fonction de leur qualité et de la date de livraison.

Grâce à la gestion rigoureuse du scribe de la Tombe, les silos étaient toujours pleins et, même en période de crise, la Place de Vérité était assurée de ne pas manquer de pain.

Quelle ne fut pas la surprise d'Ouserhat de trouver Hay, le chef de l'équipe de gauche, devant le premier silo, en grande discussion avec les épouses furibondes de Paï le Bon Pain et de Gaou le Précis !

En termes peu flatteurs, les deux maîtresses de maison apostrophaient l'imperturbable Hay qui refusait de les laisser accéder aux réserves de grains.

– Quel est le problème ? demanda Ouserhat, étonné.

– Le vizir a réquisitionné les silos, répondit le chef d'équipe. Il nous est interdit d'y toucher jusqu'à nouvel ordre.

– Cette réquisition est illégale ! tonna Paneb.

– C'est exact, reconnut le scribe de la Tombe, mais ne t'en prends ni à mes murs ni à mon mobilier. Ce n'est pas moi qui ai signé cette lettre, mais un assistant du vizir.

– C'est bien vous qui avez nommé Hay garde-chiourme !

– En attendant d'éclaircir la situation, inutile de faire courir le moindre risque à la communauté. Il nous reste assez de grains pour fabriquer du pain et de la bière pendant plusieurs jours avant d'entamer les réserves des silos.

– Mais vous êtes immobilisé par l'arthrite et une crise de goutte...

– J'accentue le traitement habituel, précisa Claire qui terminait d'ausculter son patient, mais Kenhir ne sera pas sur pied avant deux jours.

– Je me rendrai donc seul chez le général Méhy, décida Paneb ; c'est à lui de mettre fin à cette injustice et d'éviter ce genre d'absurdités à l'avenir.

– Tâche de te montrer un peu diplomate... Il ne s'agit que d'une erreur administrative.

– Lorsque nous créons une peinture ou une statue, rétorqua l'Ardent, nous n'avons pas le droit à l'erreur, nous !

Marchant d'un pas rapide, Paneb était décidé à secouer l'administrateur principal de la rive ouest sans tolérer la moindre justification de sa part. Il déchirerait devant lui la réquisition et réclamerait des dommages et intérêts sous la forme d'une livraison immédiate de cosmétiques de première qualité.

Une langue douce lui lécha le mollet.

– Noiraud ! Je ne t'ai pas demandé de m'accompagner...

De ses grands yeux noisette, le chien adressa au colosse un regard suppliant et complice.

À mi-distance entre la Place de Vérité et les bureaux de l'administration, un quinquagénaire costaud et mal rasé barra le chemin à Paneb.

– Salut l'ami ! Belle journée, non ?

– Ça dépend pour qui.

– J'aimerais avoir une petite conversation avec toi.

– On ne se connaît pas, et je suis pressé.

– Tu n'es pas très aimable...

– Ôte-toi de ma route ; je te répète que je suis pressé.

– Pour être franc, mes camarades voudraient se mêler à notre conversation.

Des champs de blé jaillirent plusieurs hommes qui encerclèrent l'artisan. Paneb en compta neuf et nota qu'ils se ressemblaient : même morphologie, même allure, même front bas.

Et chacun d'eux brandissait un gourdin.

– Tu vois, dit le mal rasé, on devrait tous rester tranquilles et ne pas embêter autrui. Mais toi, tu deviens gênant. Alors, mes camarades et moi, on va t'apprendre à te tenir tranquille. Définitivement tranquille.

– Et si je prononçais un mot, un seul, qui pourrait arranger la situation ?

Le chef de la bande fut surpris.

– Un mot... Mais lequel ?

– Attaque !

Noiraud bondit et planta ses crocs dans l'avant-bras du mal rasé qui poussa un cri de douleur. Paneb fonça sur son acolyte le plus proche, tête en avant, et le percuta en pleine poitrine. Puis, en se jetant de côté, il évita un coup de gourdin et parvint, de ses poings réunis, à fracasser la nuque de son agresseur.

Violemment frappé aux côtes, le colosse faillit chuter. Seule son exceptionnelle résistance à la douleur lui permit de rester debout et, du genou, il brisa la mâchoire de l'adversaire. Mais un autre gourdin s'abattit sur son épaule gauche, et il prit conscience que cette bande-là était formée de vicieux entraînés au combat de près.

Touché au flanc, Paneb se jeta à terre, souleva un lourd bonhomme en lui agrippant les testicules et le lança contre deux de ses camarades qui tombèrent en arrière. Vif comme un fauve, le colosse venait d'écraser du talon le nez de l'un d'eux lorsque la pointe d'un gourdin l'atteignit aux reins.

Lâchant sa proie, Noiraud mordit le mollet de celui qui s'apprêtait à achever Paneb. Surpris, il lâcha son arme dont l'artisan s'empara.

La vue brouillée, couvert de sang, le colosse parvint à se redresser et à faire tournoyer son bâton.

– On s'en va ! cria le chef.

Les valides ramassèrent les évanouis et la bande se dispersa comme une volée de moineaux. Noiraud les aurait volontiers poursuivis, mais il préféra rester auprès de Paneb qui, en reprenant son souffle, le gratifia d'une longue série de caresses.

Les soldats de garde pointèrent leurs épées courtes vers l'espèce de monstre couvert de blessures qui venait de pénétrer dans la cour où s'ouvraient les bureaux de l'administration centrale de la rive ouest. Affolé, un scribe lâcha ses rouleaux de papyrus et se réfugia chez son supérieur.

Noiraud grogna et montra les crocs, prêt à un nouveau combat.

– Je suis Paneb l'Ardent, artisan de la Place de Vérité, et j'exige de voir immédiatement le général Méhy.

La réputation du colosse avait franchi les murs du village, et chacun savait qu'il pouvait vaincre, à mains nues, un nombre considérable d'hommes armés.

– Je le préviens, promit un gradé. Patiente ici et retiens ton chien.

L'attente fut de courte durée. C'est un Méhy vêtu à la dernière mode qui vint lui-même chercher son hôte.

– Paneb ! Mais dans quel état...

– On m'a agressé. Neuf hommes avec des gourdins. Et ce n'étaient pas des paysans.

– Que veux-tu dire ?

– Des professionnels qui savaient se battre.

Le visage de Méhy s'assombrit.

– C'est bien ce que je craignais...

Paneb s'enflamma.

– Vous saviez qu'on allait tenter de me tuer ?

– Non, bien sûr que non, mais des rapports alarmants signalent des bandes de mercenaires libyens qui auraient traversé le désert pour pénétrer dans la région et y commettre des exactions. Je double immédiatement les patrouilles afin que ces bandits soient arrêtés au plus vite. Neuf hommes... Et tu as réussi à les vaincre ?

– Ils se sont enfuis, et certains ont les os brisés.

– Je t'emmène à l'infirmerie.

– La femme sage me soignera. En tant que chef de l'équipe de droite, je dois vous soumettre un problème grave... Étant donné l'importance de ma fonction, soyez moins familier avec moi et cessez de me tutoyer.

– Bien, bien... Allons dans mon bureau.

Comme Noiraud les suivait, Méhy s'immobilisa.

– Ce chien ne devrait-il pas rester dehors ?

– Noiraud est un guerrier noble et courageux. Il m'accompagne.

– Entendu...

Paneb détesta le bureau de Méhy qu'il jugea surchargé de vases prétentieux et de peintures médiocres.

– Asseyez-vous, Paneb.

– Inutile.

– Vous devez avoir soif ?

– Soif de justice, oui.

Le général ouvrit des yeux étonnés.

– De quelle injustice vous plaignez-vous ?

– La réquisition des silos de la Place de Vérité.

– Mais... C'est totalement illégal !

– Nous avons pourtant reçu un document signé d'un assistant du vizir.

Paneb plaqua le document souillé de sueur et de sang sur le bureau de Méhy, qui le lut avec attention.

– C'est un faux, conclut-il. Cet assistant n'existe pas.

# 10.

Ce matin-là, Méhy faisait un véritable massacre de martin-pêcheurs, de huppes et de canards dans la forêt de papyrus où il chassait avec férocité depuis plus de cinq heures. Mais cette tuerie ne suffisait pas à apaiser ses nerfs qu'il avait contrôlés avec peine en écoutant Paneb.

Neuf soldats payés à prix d'or pour se taire, neuf vétérans déjà repartis pour la frontière libyenne... Comment l'artisan, tout colosse qu'il fût, avait-il réussi à les vaincre ?

Le plan de Serkéta avait parfaitement fonctionné : attiré hors du village par la fausse réquisition des silos, Paneb était tombé dans le piège tendu par l'escouade qui avait reçu l'ordre d'intercepter un dangereux malfaiteur et de le supprimer s'il résistait. À un contre neuf, l'Ardent n'avait aucune chance !

Une seule explication : Paneb bénéficiait d'un pouvoir surnaturel, offert par la pierre de lumière. Il se nourrissait de son énergie et déployait ensuite une force contre laquelle nul ne pouvait lutter.

Cette certitude décupla chez Méhy le désir de s'emparer du trésor suprême de la Place de Vérité ! C'était la pierre qui rendait la confrérie capable de résister à l'adversité et d'affronter les pires épreuves sans désespérer. Tant qu'elle la posséderait, les attaques les plus rudes ne produiraient que des dégâts minimes.

Bien entendu, le protecteur officiel de la Place de Vérité avait été au-delà des exigences de Paneb en présentant des excuses officielles au scribe de la Tombe et en offrant à la confrérie des pots d'onguents et des jarres de vin pour faire oublier la lamentable erreur de l'administration.

La beauté et l'élégance de la reine Taousert subjuguaient le chancelier Bay. À toute heure du jour, la souveraine était éblouissante, maquillée avec art et parée de discrets bijoux en or dus au talent de l'orfèvre Thouty. Fidèle au souvenir de Séthi II, Taousert ne s'était pas remariée ; avec autorité mais sans ostentation, elle gouvernait l'Égypte en évitant de heurter les partisans de Siptah.

– La santé du pharaon s'est-elle améliorée, chancelier ?

– Malheureusement non, Majesté ; mais le roi n'émet aucune plainte tant il est heureux de lire les textes des Anciens et de converser avec les sages du temple.

– A-t-il définitivement oublié les affaires de l'État ?

– Il vous accorde pleine et entière confiance.

– C'est ce que tu avais prévu, n'est-ce pas ?

Bay baissa les yeux.

– Le vieux courtisan Seth-Nakht s'agite beaucoup, ces derniers temps, poursuivit la reine. Son nom, « Seth est victorieux », est plutôt inquiétant. Contrôles-tu la situation ?

– Pas complètement, Majesté. La parole de ce dignitaire a

beaucoup de poids, et il estime nécessaire de poursuivre la lignée séthienne qui s'est interrompue à la mort de votre mari.

– Quels sont ses arguments ?

– Il pense que l'Égypte s'affaiblit et que vous ne vous préoccupez pas suffisamment de l'armée. De son point de vue, une démonstration de force en Syro-Palestine serait indispensable.

– Telle n'est pas ma politique, en effet. Le crois-tu assez audacieux pour tenter de s'emparer du pouvoir ?

– Seth-Nakht est un homme pondéré, mais volontaire ; aussi convient-il de le prendre très au sérieux.

– Le nombre de mes ennemis n'a donc pas diminué...

– Malheureusement non, Majesté, et la composition actuelle de la cour ne m'incite pas à l'optimisme. Mais je ne leur laisse pas le champ libre et je renforce sans cesse mon système de défense pour vous permettre de gouverner en paix.

Le sourire de la reine fit rosir le chancelier.

– Je t'avais promis une surprise, te souviens-tu ? Ce monde-ci n'est qu'une infime partie de la réalité, Bay, et nous devons songer à notre demeure d'éternité. La femme sage n'a pas encore déterminé l'emplacement de la mienne dans la Vallée des Reines, mais j'ai pris une décision en ce qui concerne la tienne.

La gorge du chancelier se serra. Tout ce qu'il souhaitait, c'était demeurer auprès de Taousert au-delà de la mort apparente.

– Tu résideras dans la Vallée des Rois, non loin de Séthi II que tu as fidèlement servi.

Le chancelier faillit tourner de l'œil.

– Moi, dans la Vallée des Rois, mais...

– En raison de ton dévouement au service du pays, tu as mérité cet honneur exceptionnel. Demain, tu partiras pour la Place de Vérité et tu confieras sa nouvelle mission à la confrérie : construire le temple des millions d'années de Siptah et deux tombes, celle du roi et la tienne.

– Majesté, comment... Comment vous remercier ?

– En restant toi-même, Bay.

Tremblant d'émotion, le chancelier osa murmurer la requête qui le hantait.

– Quand les dieux vous couronneront pharaon, Majesté, puisse ma demeure d'éternité être proche de la vôtre.

– Le temple sera construit entre celui de Thoutmosis III et le Ramesseum, annonça Hay, le chef de l'équipe de gauche, en présence de la femme sage, de Paneb et du scribe de la Tombe. Quant à la tombe de Siptah, nous avons repéré un bon emplacement, un peu au nord de celle de Séthi II.

Le chancelier Bay approuva d'un signe de tête.

– Puisque vous êtes le serviteur de ces deux rois, poursuivit Hay, la vôtre sera creusée près de celle de Siptah, donc dans le même secteur de la Vallée.

– Je suppose qu'il s'agira d'un simple caveau non décoré ?

– C'est la coutume en ce qui concerne les personnalités non royales, en effet, mais tel n'est pas le désir de la reine Taousert, en accord avec le pharaon Siptah, précisa Kenhir. Voici le plan que nous avons mis au point.

Plusieurs couloirs en enfilade, une salle du sarcophage, des parois à décorer... Bay était abasourdi.

– Mais... On jurerait une tombe royale !

– Tel est le vœu de la reine, confirma la femme sage ; cette demeure d'éternité ne sera pas consacrée comme celle d'un pharaon, mais elle évoquera l'ampleur de la tâche accomplie par son occupant.

Pour la première fois depuis qu'il œuvrait au service de l'Égypte, le chancelier Bay se sentit perdu.

Féned le Nez vérifia une dernière fois l'emplacement choisi dont la femme sage, munie du maillet et du ciseau en or de Néfer le Silencieux, s'approcha avec respect. En portant le premier coup à la roche, elle ne la blessait pas mais révélait sa vie secrète, préservée dans le silence. Et cette vie prendrait la forme de la demeure d'éternité du pharaon Siptah.

Inquiet, Sobek avait doublé la garde à l'entrée de la Vallée des Rois et inspecté lui-même les collines dominant « la grande prairie » où, jour après jour et nuit après nuit, s'opérait la transmutation de l'âme des rois qui y reposaient. L'agression dont Paneb avait été victime le préoccupait au plus haut point ; s'il s'agissait bien de mercenaires libyens, ils n'hésiteraient pas à s'attaquer aux nécropoles avec l'espoir d'y trouver de l'or, et la Vallée des Rois devrait faire l'objet de précautions particulières.

Pouvait-on cependant se fier aux déclarations de Méhy ? Certes, le policier nubien ne prendrait aucun risque, mais il ne pouvait s'empêcher de croire que ce général trop ambitieux déguisait la vérité.

Grâce aux onguents de la femme sage, les blessures de Paneb n'étaient plus qu'un mauvais souvenir. Et ce fut avec une énergie intacte que le colosse brandit le grand pic sur lequel le feu du ciel avait tracé le museau et les deux oreilles de l'animal de Seth.

Par ce simple geste, il transmit à son équipe enthousiasme et désir de mener à bien un nouveau chef-d'œuvre. Les tailleurs de pierre le secondèrent, les autres artisans aménagèrent un atelier pour préparer le programme de sculpture, de peinture et d'orfèvrerie.

Et le miracle se reproduisit : grâce au chant des outils, à la communion des pensées et à la coordination des efforts, la joie régna sur le chantier. À la surprise générale, Paneb ne manifesta aucun autoritarisme ; il veilla sur la tâche de chacun avec placidité, résolut les difficultés sans impatience et montra l'exemple en toutes circonstances.

– Néfer ne s'était pas trompé en le choisissant comme fils spirituel, concéda Karo le Bourru.

– Ne nous réjouissons pas trop vite, recommanda Ounesh le Chacal. Pour le moment, Paneb se contient ; mais le naturel ne tardera pas à reprendre le dessus.

– Tu te trompes, objecta Gaou le Précis ; en tant que chef d'équipe, il est conscient de ses devoirs.

– Tu te fais des illusions, estima Féned le Nez.

– Pas du tout, trancha Nakht le Puissant ; moi qui fus l'adversaire résolu de Paneb, je constate que ses responsabilités l'ont transformé et que nous avons eu raison de lui confier ce poste.

Quand Kenhir s'assit sur le siège creusé dans la roche d'où il observait le déroulement des travaux, il était d'une humeur massacrante. Tourmenté par un cauchemar, il avait passé une mauvaise nuit et il redoutait que la journée ne fût une suite de catastrophes.

La première se produisit au milieu de la matinée lorsque Casa le Cordage fut incapable de se redresser.

– Lumbago, se plaignit-il en grimaçant.

Paneb intervint aussitôt. Utilisant la technique que lui avait apprise la femme sage, il manipula le tailleur de pierre pour rétablir le juste alignement des vertèbres afin que la circulation de l'énergie fût assurée le long de la colonne, l'arbre de vie.

– Plusieurs jours de repos lui seront nécessaires, dit Paneb au scribe de la Tombe.

Quelques minutes plus tard, ce fut au tour de Paï le Bon Pain de cesser le travail.

– Poignet foulé, estima-t-il ; il me faut un bandage.

Kenhir constatait la réalité de la blessure qui enflait, quand le hurlement d'Ipouy l'Examinateur le fit sursauter ; son pied droit venait d'être écrasé par le grand pic qui avait échappé à Nakht le Puissant.

Ses collègues entourèrent le malheureux et l'allongèrent sur un brancard.

– C'est à se demander si ce chantier n'est pas maudit, bougonna Karo le Bourru.

# 11.

Dans sa demeure de fonction, sise à l'angle sud-est du village, Paneb avait achevé de traiter les boiseries en les vernissant avec de l'huile de cèdre, tantôt translucide, tantôt noirâtre pour imiter l'ébène, et il berçait tendrement Séléna, sa fillette aux yeux verts, si fragile dans les bras de son colosse de père.

Le chef de l'équipe de droite était enfin rassuré. À la suite de l'entorse d'Ouserhat le Lion et de la blessure à la joue de Féned le Nez, atteint par un éclat de pierre, il avait requis l'intervention de la femme sage. Au terme d'une nuit de conjurations, elle avait chassé le mauvais œil du chantier.

Redoutant de nouveaux incidents, les Serviteurs de la Place de Vérité avaient pourtant accepté de reprendre le travail. Mais à l'exception d'un panier de débris de calcaire renversé, aucun nouveau drame ne s'était produit; et lorsque Rénoupé le Jovial avait entonné une chanson entraînante à la gloire du fondateur de la confrérie, le bonheur d'œuvrer avait de nouveau animé la main des artisans.

La femme sage avait assigné un impératif à Paneb : terminer au plus vite la demeure d'éternité de Siptah. Sans donner d'explications, elle pressentait que ce chantier serait de courte durée. Comme le colosse avait également commencé à creuser la tombe du chancelier Bay, il devait exiger beaucoup de son équipe sans altérer la qualité du travail et sans rogner sur le temps de repos.

Aussi n'avait-il sollicité que des volontaires pour sacrifier leurs jours de congé réglementaires, avec primes à l'appui; Nakht le Puissant, Ouserhat le Lion, Casa le Cordage et Ounesh le Chacal s'étaient dévoués, en dépit des protestations de leurs compagnes qu'Ouâbet la Pure avait réussi à calmer.

Pour la première fois depuis plusieurs mois, Paneb se reposait quelques heures chez lui et il goûtait la beauté de sa maison décorée de peintures représentant des lotus et des rinceaux de vigne.

Furibonde, Ouâbet sortit de sa chambre.

– Il me manque deux aiguilles pour me démêler les cheveux ! se plaignit-elle. Ce n'est quand même pas toi qui les aurais prises ?

Ouâbet tenait beaucoup à ces petites baguettes de bois et d'os, longues d'une vingtaine de centimètres et dont l'une des extrémités était pointue. Elles lui permettaient soit de se gratter le cuir chevelu, soit d'ôter des nœuds sans déranger ses nattes. De plus, Paneb les avait décorées d'une tête de faucon sculptée avec minutie qui rendait envieuses la plupart de ses amies.

– Tu sais bien que je ne touche jamais à tes affaires.

– Alors, c'est Aperti !

– Où se trouve-t-il ?

– Je l'ignore. Depuis qu'il apprend à faire du plâtre, il se croit déjà maître d'œuvre et devient incontrôlable.

Séléna sourit à son père qui l'embrassa doucement sur le front.

– Tu resteras toute la vie avec moi ?

– Bien sûr que oui... Mais pour le moment, je dois aller chercher ton frère.

– Il a encore fait des bêtises ?

– Espérons que non.

– Aperti ? Il a quitté le chantier il y a plus d'une heure, indiqua l'épouse de Paï le Bon Pain à Paneb. Il travaille plutôt bien et nous aurons une belle façade refaite à neuf, mais quel caractère ! À la moindre remarque, il prend la mouche et devient menaçant. Si tu ne lui courbes pas l'échine, je te promets bien du plaisir !

Le colosse interrogea plusieurs maîtresses de maison, mais aucune ne savait où Aperti était allé. L'épouse d'Ouserhat le Lion tremblait pour son aîné qui le matin même, s'était querellé avec le fils du chef de l'équipe de droite.

C'est en vain que Paneb parcourut le village et ses dépendances. Si Aperti avait quitté le territoire de la Place de Vérité, ne fallait-il pas alerter la police ? Restait encore à jeter un œil sur la décharge, creusée au sud, après l'abandon de celles de l'est et de l'ouest. Là étaient brûlés les déchets divers, réduits en une masse compacte purifiée par le soleil puis enfoncée dans une cavité bordée de murs de pierres liées avec du mortier.

Paneb n'en crut pas ses yeux.

Au sommet du tas de détritus, Aperti torturait le fils aîné d'Ouserhat le Lion en menaçant de lui enfoncer dans les paumes les aiguilles à démêler volées à sa mère.

– Sors de là ! tonna le colosse.

Aperti demeura tétanisé un long moment, et sa victime en profita pour s'enfuir.

– Ce garnement m'avait insulté, expliqua le jeune homme

de dix-sept ans dont la carrure promettait d'égaler celle de son père.

– Pourquoi as-tu dérobé ces aiguilles ?

La question prit Aperti au dépourvu.

– Pour m'amuser...

– Tu n'es qu'un petit voleur sadique, Aperti, et tu utilises de façon déplorable la force que t'ont donnée les dieux.

C'est en tremblant que l'adolescent sortit de la décharge.

– Tu... Tu ne vas quand même pas me corriger ?

– Rends-moi d'abord les aiguilles !

Aperti s'agenouilla.

– Les voici... Mais ne me frappe pas ! Maman ne te le pardonnerait pas et...

La gifle fut si violente qu'Aperti fut projeté au sol.

– Ce village a ses lois, mon garçon, et tu dois les respecter. Il n'y aura plus d'autre avertissement. Soit tu es au travail demain matin à la première heure, soit tu quittes la Place de Vérité.

– Je... je peux rentrer à la maison ?

– Cette nuit, tu dormiras sur le seuil, et sans manger. L'estomac vide, on réfléchit mieux à ses erreurs.

Sa crise de goutte estompée, son arthrite apaisée, Kenhir souffrait à présent du milieu du dos et il ne pouvait plus passer une partie de la nuit à rédiger sa « Clé des songes » ; sur le conseil de Niout la Vigoureuse, il avait trouvé une position qui lui permettait d'oublier la douleur : assis sur un coussin, une jambe allongée, il tendait le bras pour écrire sur une tablette en bois accrochée à un clou planté dans le mur de son bureau. Ses hiéroglyphes étaient de plus en plus illisibles, mais le vieux scribe n'avait rien perdu de ses capacités intellectuelles et il ne laissait à personne le soin de tenir le Journal de la Tombe.

– Vous devriez vous méfier de votre assistant, recommanda Niout.

– Imouni est un technicien compétent et sérieux. Grâce à lui, les inventaires sont d'une exactitude absolue.

– Tant mieux, mais il guigne votre place, et son cœur n'est pas bon.

– T'aurait-il fait du tort ?

– Qu'il ne s'y risque surtout pas ! Non, c'est à vous que je pense...

– Rassure-toi, Imouni n'est pas encore prêt à me succéder. Et il ne le sera peut-être jamais.

– Ne s'aigrira-t-il pas ?

– Si tel est le cas, je l'enverrai poursuivre sa carrière dans une province tranquille. Ou bien Imouni perçoit la chance immense qu'il a de vivre ici, ou bien il deviendra un fonctionnaire banal.

– Votre petit déjeuner est prêt.

Des céréales grillées à point, des figues douces comme le miel et un gâteau fourré aux dattes... Chaque matin, Kenhir se régalait, et il en allait de même au déjeuner et au dîner. Imouni, lui, n'appréciait pas la bonne chère, et ce grave défaut l'empêchait de s'épanouir.

Le petit scribe au visage de fouine demandait audience. Niout le fit patienter jusqu'à ce que son mari eût terminé son repas.

– Un rapport du chef Sobek !

– Pourquoi piailler ainsi, Imouni ?

– Parce que la réputation de la Place de Vérité est en cause ! Nous devons intervenir immédiatement.

– À quel propos ?

– La disparition d'une vache.

– En quoi nous concerne-t-elle ?

– Elle appartenait au Ramesseum et devait incarner Hathor lors de la prochaine fête de la déesse au temple de Deir el-Bahari.

– C'est effectivement ennuyeux, mais qu'y pouvons-nous ?

– La vache s'est enfuie par la faute d'un artisan, la responsabilité de la confrérie est donc engagée ! Le rapport du chef Sobek précise qu'il y a eu des témoins et que nous murer dans le silence ne suffira pas à dissiper le scandale.

– Quel est l'artisan accusé ?

– Le rapport est muet sur ce point.

En plein creusement d'une tombe royale et de celle du chancelier Bay, une véritable catastrophe !

– Donne-moi ma canne.

Assis sur un tabouret au fond de son bureau du cinquième fortin, Sobek semblait accablé.

– C'est vraiment sérieux ? interrogea Kenhir.

– Hélas ! oui. C'est pourquoi j'ai été contraint de rédiger ce texte et de vous sommer de faire toute la lumière sur cette affaire.

– Tu as omis de désigner le présumé coupable.

– Je ne supporte pas la calomnie.

– Tu parles de témoins...

– Des témoins, ça s'achète ! Surtout quand il s'agit d'accuser un chef d'équipe de la Place de Vérité, en l'occurrence Paneb l'Ardent.

# 12.

– En demeurant sur le territoire de la Place de Vérité, tu seras hors d'atteinte, confirma Kenhir à Paneb. J'entamerai une procédure pour tenter de démontrer la nullité des témoignages.

– Je n'accepte pas d'être limité dans mes mouvements pour une faute que je n'ai pas commise ! Entraver mon action, n'est-ce pas affaiblir la confrérie ?

– Je crains que si, mais ton premier devoir est de terminer la demeure d'éternité du pharaon Siptah.

– Ne suffit-il pas de retrouver cette vache ?

– Elle n'a sans doute jamais existé !

– Ce n'est pas l'avis de Sobek, qui a mené une enquête précise sur ce point.

– Tu as échappé à neuf agresseurs, Paneb, et il ne faudrait pas trop défier ta chance.

– Je n'accepte pas de vivre comme un prisonnier, mais je m'en remets à l'avis de la femme sage.

– Accompagne-moi au temple, exigea Claire.

Tout le village savait déjà qu'une nouvelle attaque était portée contre lui, et Paneb fut heureux de recevoir des signes d'encouragement. À sa démarche, chacun comprit que le colosse se préparait à lutter tout en ayant l'intelligence de se laisser guider par la femme sage.

– Lorsque Néfer devait prendre une décision vitale pour l'avenir de la confrérie, il venait ici, révéla-t-elle en franchissant le pylône dont la façade s'ornait de grandes stèles dédiées au *ka* de Pharaon ainsi que de scènes d'offrandes à Maât et à la souveraine de la cime d'Occident, représentée sous la forme d'un serpent à tête de lionne.

Claire et Paneb se purifièrent, s'oignirent de myrrhe, revêtirent des habits de lin fin, chaussèrent des sandales blanches et pénétrèrent dans le sanctuaire où régnait une paix à nulle autre pareille.

– Tu es le temple et tu vis, dit la femme sage dans la pénombre. Tu apaises le vent du sud, tu mets l'ombre bienfaisante à la place du soleil brûlant, tes deux parois sont les montagnes d'Occident et d'Orient, ta voûte est le ciel, et nous sommes nourris de ta lumière.

Ici, le sacré s'accomplissait de lui-même, sans le concours de l'homme qui, pourtant, avait assemblé les pierres, sculpté les scènes et tracé les hiéroglyphes. En participant ainsi à l'harmonie de l'univers, la confrérie avait offert une demeure à la puissance divine qui célébrerait à jamais les rites inscrits sur les parois.

– L'incident est beaucoup plus grave qu'il n'y paraît, estima la femme sage. Si cette vache s'est enfuie, c'est que la protection d'Hathor s'éloigne de nous. Et sans elle, notre magie sera inopérante.

– Ne crois-tu pas qu'il s'agit simplement d'un nouveau traquenard ? On a assassiné Néfer et l'on cherche à me supprimer !

– Tu es en danger, c'est certain, mais cet animal nous donne un avertissement. Si nous le négligeons, nos défenses seront affaiblies, et le pire adviendra. Il faut retrouver cette vache et la conduire auprès d'Hathor.

– Bon... Je m'en occupe.

Appuyé sur sa canne, Kenhir fixa droit dans les yeux le responsable des troupeaux du Ramesseum, un jeune haut fonctionnaire fraîchement sorti de l'école des scribes.

Ce dernier le recevait dans un bureau voûté et agréablement ventilé grâce à la disposition astucieuse de petites fenêtres qui assuraient une bonne circulation d'air. Les papyrus étaient impeccablement rangés, les sièges confortables.

– C'est un très grand honneur... Je ne m'attendais pas à votre visite.

– Vous mettez en cause un Serviteur de la Place de Vérité et vous ne vous attendiez pas à ma visite ! Oubliez-vous que je suis le représentant de l'État à l'intérieur du village et qu'en attaquant l'un de ses habitants, c'est moi que vous attaquez ?

– Vous... Vous désirez sans doute vous asseoir ?

– Pas du tout, mon garçon. Mes jambes m'ont porté jusqu'ici et j'espère qu'elles me porteront longtemps encore.

Plusieurs collègues avaient prévenu le responsable des troupeaux : Kenhir n'était pas facile à manier mais, l'âge aidant, il se montrerait peut-être moins pugnace et plus conciliant.

À l'évidence, ils s'étaient trompés.

– Alors, vos témoins ?

– Le terme est peut-être excessif...

– Excessif... Qu'est-ce que ça signifie ?

– « Témoin » implique un aspect juridique précis, et je ne souhaitais pas...

– Vous me les montrez, ces témoins ?

– Ce sont de simples paysans sans instruction et à la parole plutôt embarrassée. Un juge pourrait considérer que leurs observations sont imprécises et...

– Ont-ils vu Paneb l'Ardent voler une vache dédiée à Hathor, oui ou non ?

– J'émettrais un avis plus nuancé, d'autant qu'il existe un bouvier de grande taille que l'on pourrait confondre avec Paneb.

Le regard du scribe de la Tombe devint tranchant.

– Êtes-vous en train de m'expliquer que votre dossier d'accusation est vide ?

– Il... il n'est pas très fourni, en effet, et croyez-bien que je n'envisageais pas vraiment un procès.

– Et vous avez quand même causé ce tintamarre ! Pour quelle raison ?

Le responsable des troupeaux détourna le regard.

– Une sorte d'opportunité... Vous, un scribe expérimenté, devriez comprendre que grimper les échelons de la hiérarchie est difficile. Alors, j'ai supposé que...

– Vous appartenez à cette catégorie de jeunes prédateurs qui cherchent à faire parler d'eux par tous les moyens pour obtenir l'attention bienveillante de leurs supérieurs, sans vous soucier de la loi de Maât !

– Écoutez, Kenhir, cette vache a bel et bien disparu, et...

– Par votre faute, à l'évidence ! Et vous essayez de faire payer votre erreur par un autre en usant de la calomnie pour mieux vous blanchir.

– Nous devrions... trouver un terrain d'entente, entre scribes. La Place de Vérité n'est quand même pas votre famille.

– Apprenez, mon garçon, que le scribe de la Tombe n'est pas un fonctionnaire comme les autres et qu'il vit une fraternité dont vous n'aurez jamais la moindre idée. Présentez votre démission et quittez la rive ouest le plus tôt possible. Sinon, je m'occuperai personnellement de votre cas.

Brisé, le responsable des troupeaux se laissa lourdement tomber sur un siège bas.

– Et... ma vache ?

– Retrouvez-la vous-même !

Soulagé, Kenhir rentra au village. La marche l'avait un peu fatigué, mais il se sentait guilleret à l'idée d'annoncer d'excellentes nouvelles.

Quand Claire sortit de son cabinet de consultation, le vieux scribe éprouva une émotion comparable à celle provoquée par leur première rencontre : malgré le deuil, elle rayonnait toujours comme un doux soleil de printemps, et sa seule présence suffisait à faire croire au bonheur.

– Tout est arrangé, indiqua-t-il ; c'est un arriviste qui nous cherchait une mauvaise querelle pour nous faire endosser l'une de ses fautes. Il imaginait même m'associer à sa médiocre manipulation ! Paneb peut dormir tranquille.

– Il est parti, révéla Claire.

– Parti... Mais où est-il allé ?

– Chercher la vache d'Hathor.

– Cette affaire ne nous concerne plus !

– Je crois que si, Kenhir. Le fonctionnaire du Ramesseum n'a été que l'instrument du destin ; en croyant nous incriminer, il a traduit l'appel de la déesse.

– On a déjà tenté de tuer Paneb, Claire ! L'envoyer ainsi dans l'inconnu, n'est-ce pas lui faire prendre des risques inconsidérés ?

– Du point de vue des prêtresses d'Hathor, cette mission est essentielle.

Kenhir s'appuya sur sa canne.

– Je commence à comprendre... Vous lui imposez l'une des épreuves qui le conduiront peut-être au sommet, n'est-ce pas ?

Claire se contenta de sourire.

– Cette vache sacrée est réellement en danger.

– Et si Paneb n'est pas capable de la ramener, il ne reviendra pas, lui non plus.

– À la déesse d'en juger.

« La fonction de scribe de la Tombe n'est pas une sinécure,

pensa Kenhir ; mais elle est encore préférable à celle de chef d'équipe de la Place de Vérité. »

– J'ai reçu un message du traître, annonça Serkéta en passant la langue sur ses lèvres gourmandes. La confrérie continue de creuser les tombes du chancelier Bay et du roi Siptah, et de construire le temple de ce dernier sur la rive ouest. Mais sans Paneb...

Méhy sursauta.

– Tu plaisantes ?

– Paneb a quitté le village, nul ne sait où il est allé.

– Ne nous réjouissons pas trop vite...

– Le traître affirme qu'il ne s'agit pas d'un voyage officiel. Et si les nerfs de Paneb avaient craqué ? Après l'agression qui a failli lui coûter la vie, peut-être a-t-il choisi de s'éloigner définitivement de ce village qui ne lui attire que des ennuis.

– Étrange attitude... Mais ce gaillard ne me paraît pas du genre à renoncer si facilement.

– Tout homme a ses faiblesses, mon tendre lion, murmura Serkéta.

# 13.

Grâce aux indications d'un bouvier, Paneb avait pu suivre le chemin emprunté par la vache jusqu'au seuil de la forêt de papyrus hauts de plus de six mètres.

Assis sur un siège en paille, un pêcheur dévorait une galette.

– As-tu vu passer une vache ? lui demanda le colosse.

– Pour ça, oui ! Elle était magnifique, avec de grands yeux doux et un pelage qui ressemblait à de l'or.

– Pourquoi ne l'as-tu pas immobilisée ?

– D'abord, ce n'est pas mon travail ; ensuite, cette vache-là, elle ne ressemble pas aux autres... Dans le coin, on dit que la déesse Hathor la protège et que personne ne doit y toucher. Si j'ai un conseil à te donner, ne t'aventure pas là-dedans. Bon nombre de chasseurs expérimentés n'en sont pas ressortis.

Paneb écarta les premiers fourrés pour pénétrer dans un monde hostile où chaque pas était un danger. Mais la femme sage lui avait confié une mission vitale pour l'avenir de la confrérie, et le chef de l'équipe de droite préférait disparaître plutôt que de ne pas la remplir.

Sangsues, moustiques et autres insectes énormes ne cessèrent de l'attaquer, tandis que des petits carnassiers et d'innombrables oiseaux, dérangés par l'intrus, provoquaient un inquiétant vacarme en faisant vibrer les tiges de papyrus.

Un serpent d'eau frôla ses jambes, mais Paneb ne ralentit pas l'allure.

Si on lui avait tendu un piège, ses agresseurs ne seraient pas mieux lotis que lui. Comme la peur ne l'entravait pas, il se fondit peu à peu dans ce milieu ténébreux où la vie et la mort se livraient une lutte sans merci.

Alors qu'il commençait à désespérer, le colosse l'aperçut.

Une vache d'une incroyable beauté, aux formes parfaites, au visage délicat et au regard d'une infinie tendresse.

Elle se tenait sur un îlot herbeux entouré d'une eau glauque. À son approche, elle ne s'enfuit pas ; mais Paneb sentit qu'elle était inquiète et qu'un péril tout proche l'empêchait de s'enfoncer dans un fourré de papyrus.

Une forme noirâtre, ressemblant à un tronc d'arbre, traçait un sillon en direction de l'îlot. Dans quelques secondes, le crocodile refermerait ses mâchoires sur les pattes arrière de la vache !

Paneb sauta sur le dos du saurien au moment où il attaquait. La bête eut un soubresaut d'une telle violence que le colosse crut avoir les os brisés, mais il ne lâcha pas prise.

La puissance du monstre décupla celle de Paneb, heureux de se heurter à un tel adversaire qui l'obligeait à se surpasser. Poussant un hurlement qui serait cri de victoire ou de défaite, il rassembla ses ultimes forces pour écarter les mâchoires du saurien au point de les déchirer.

Purifiée par des fumigations d'encens, l'œil fardé de noir et de vert, couronnée de deux plumes encadrant un disque d'or, une colonnette de faïence au cou, la vache pénétra dans la cour du temple d'Hathor.

Les prêtresses rendirent hommage à l'incarnation de leur déesse protectrice et chantèrent des hymnes à l'amour mystérieux qui liait entre eux les éléments de l'univers et permettait aux humains de percevoir le message des étoiles.

Après s'être éloignée de la Place de Vérité, Hathor était revenue, quittant les marais pour retrouver son temple et dévoiler à ses servantes l'harmonie de l'origine avant de regagner l'enclos de Deir el-Bahari.

Quand la femme sage oignit d'huile sainte le front de la vache, elle lui sourit.

Et malgré le bandage recouvert d'onguent qui maintenait ses côtes douloureuses, Paneb avait, lui aussi, le sourire aux lèvres.

Sur la demande de Hay, le chef de l'équipe de gauche, la totalité de l'équipage de la Place de Vérité travaillait aux finitions du temple des millions d'années du pharaon Siptah. De dimensions modestes, l'édifice côtoyait celui de l'illustre Thoutmosis III, auteur du *Livre de la matrice stellaire* que les dessinateurs de la confrérie utilisaient pour décorer les demeures d'éternité de la Vallée des Rois, et il bénéficiait de la protection de l'immense Ramesseum.

– Ce petit roi Siptah a beaucoup de chance, estima Féned le Nez. Un emplacement comme celui-là, c'est merveilleux !

– Espérons que l'au-delà lui sera plus favorable que l'ici-bas, grommela Karo le Bourru. D'après ce qu'on raconte, il est toujours malade et il ne vivra pas longtemps.

– C'est Taousert qui a insisté pour que son temple soit construit ici, et le plus vite possible, insista Ouserhat le Lion. Cette reine a de la grandeur d'âme.

– Penses-tu ! protesta Ounesh le Chacal. Elle applique une

stratégie, rien de plus. En ménageant cet adolescent chétif et incapable de gouverner, elle s'attire la sympathie de ses partisans.

– Oublions la politique, recommanda Paï le Bon Pain ; moi, j'aurais aimé que le pharaon Siptah vienne visiter notre village.

– Aucune chance, estima Nakht le Puissant ; il ne sort pas du temple d'Amon, à Pi-Ramsès, et sa seule joie est la lecture des vieux auteurs.

– Mais comment savez-vous tout ça ? questionna Gaou le Précis.

– Par nos épouses ! répondit Rénoupé le Jovial. Elles bavardent avec les gardiens qui, eux-mêmes, parlent avec le facteur et les auxiliaires, et nous sommes aussi bien informés que les habitants de la capitale.

– Buvons un coup et retournons au travail, préconisa Thouty le Savant.

Malgré quelques détails à reprendre, le sanctuaire était prêt à fonctionner, et les prêtres permanents pourraient y résider dès le surlendemain.

Remplissant ses obligations comme ses collègues, le traître observait le moindre des mouvements sur le chantier. La veille, avec les Serviteurs de la Place de Vérité, il avait transporté du lapis-lazuli, des turquoises, de la myrrhe, de l'encens frais, du lin fin, de la cornaline, du jaspe rouge, de l'albâtre et d'autres matériaux nécessaires à la vie du temple. En ouvrant la réserve, le scribe de la Tombe n'en avait-il pas également extrait la pierre de lumière, dissimulée dans le lourd coffre en bois que Paneb, en dépit de ses blessures, avait tenu à porter lui-même sur ses épaules ?

Dissimuler la pierre dans le temple de Siptah... Une excellente idée ! Le traître aurait continué à la chercher en vain à l'intérieur du village. Mais Hay avait commis une erreur en sollicitant l'aide de Paneb et de l'équipe de droite pour une tâche qu'il aurait dû accomplir seul. Et c'était cette erreur qui avait attiré l'attention du traître. Le colosse n'était venu sur ce site que pour y cacher l'inestimable trésor.

À quel endroit précis ? Jusqu'à la fin des travaux, les artisans pouvaient circuler à leur guise dans l'édifice, et le traître en profita pour se rendre dans la crypte creusée sous le pavement où étaient entreposés statues et objets rituels. Il ouvrit les coffrets, sans résultat, et ne tarda pas à rejoindre ses confrères.

– Les sculpteurs ont creusé de légers sillons dans les murs du sanctuaire, indiqua Hay. Ils délimiteront les portions de pierre sur lesquelles nous placerons des plaques d'or qui épouseront le relief et que nous fixerons avec des chevilles à tête dorée.

Ce fut Kenhir qui distribua les plaques. Le traître participa à la pose, persuadé d'avoir déjoué le stratagème conçu par la femme sage et les deux chefs d'équipe : l'une des plaques dissimulerait une profonde cavité dans laquelle serait introduite la pierre de lumière dont le rayonnement se confondrait avec celui de l'or. Mais comment découvrir le bon emplacement ?

La chance lui sourit : il aperçut Paneb et Hay qui se dirigeaient vers l'arrière du temple, portant une plaque d'or plus large et plus lourde que les autres. Méfiants, les deux chefs d'équipe s'acquittaient de leur tâche à l'abri des regards.

Le travail terminé, les artisans de la Place de Vérité s'étaient rassemblés sous un vieil acacia où ils dégustaient une collation apportée par des paysannes affectées au Ramesseum. Les oignons frais étaient croquants à souhait, la bière bien fraîche.

– Ce petit temple est splendide, estima Casa le Cordage ; et comme sa tombe ne le sera pas moins, le pharaon Siptah devrait être satisfait.

– Quelle chance nous avons, constata Didia le Généreux ; en bâtissant, nous vivons le mystère de la création et nous poursuivons sur cette terre l'œuvre de l'architecte des mondes.

– À condition de lui offrir cette demeure qui est la sienne, et non la nôtre, précisa Ounesh le Chacal.

– Quand la lumière du couchant dore les pierres que nous avons assemblées, murmura Ipouy l'Examinateur, le moindre de nos efforts prend tout son sens.

Le soleil entra dans la montagne d'Occident, la campagne s'apaisa et les artisans firent silence.

Certains se détachèrent du groupe pour s'isoler et méditer. Le traître se dirigea vers l'arrière du temple.

Il s'assit près du mur, juste au-dessous de la grande plaque d'or. Personne ne pouvait le voir, mais il patienta un long moment pour être certain de n'avoir pas été suivi.

Avec un ciseau en cuivre, il détacha la plaque.

Aucune lumière ne jaillit de la cavité.

Ce n'était pas la pierre qu'y avaient placée les deux chefs d'équipe, mais une statuette de la déesse Maât, incarnation de la rectitude.

# 14.

La chaleur de cette fin d'avril était accablante. Le scribe de la Tombe avait ordonné que soient doublées les livraisons d'eau et, afin de préserver un peu de fraîcheur, les artisans avaient recouvert les ruelles de grandes palmes.

Karo le Bourru frappa à la porte de Paneb. Ce fut la petite Séléna qui lui ouvrit.

– Tu veux voir mon papa ?

L'agressivité naturelle du tailleur de pierre retomba.

– Il est ici ?

– Il finit sa toilette, avec maman. Tu veux entrer ?

– Ben... oui.

– Alors, tu me racontes une histoire de bons et de mauvais génies.

La fillette prit le Bourru par la main et elle l'invita à s'asseoir sur une solide chaise paillée.

– Tu sais, moi, les histoires...

– Tu en connais forcément, puisque tu travailles dans les lieux interdits, comme mon papa. C'est bien là qu'ils se cachent, les génies ?

Karo tâta son nez cassé pour se donner le temps de réfléchir.

– Il y en a, c'est certain...

L'apparition de Paneb, rasé et parfumé, tira le Bourru d'un mauvais pas.

– Une urgence, Karo ?

Le tailleur de pierre se leva.

– Tu es sorti, ce matin ?

– Pas encore.

– Cette nuit, la chaleur n'a pas diminué. La journée s'annonce torride.

– Sans doute, mais pourquoi te révolter contre la nature ?

– Les paysans ne travaillent plus dans les champs, personne ne voyage à pied, chacun ne pense qu'à se préserver de cette canicule... Et nous, on devrait se ruiner la santé dans la fournaise de la Vallée des Rois ! Mes camarades m'ont demandé d'être leur porte-parole : permets à l'équipe de demeurer au village jusqu'à la fin de cette vague de chaleur.

Karo le Bourru s'attendait à une réaction violente, et il était prêt à requérir l'intervention du tribunal pour trancher le différend entre le chef d'équipe et les artisans.

– Entendu, Karo.

– Comment, entendu... Ça veut dire...

– Ça veut dire que j'accepte ta requête. Rien d'autre ?

– Ah non, rien, vraiment rien...

– Préparez le mobilier funéraire dans les ateliers du village, sous la surveillance de Ched et d'Ouserhat.

– Bien sûr, bien sûr... Mais toi...

– Moi, je vais remplir mon devoir.

Lourdement chargé de sacs contenant des pains de couleur et des pinceaux, Paneb sortit du village sous le regard ébahi du gardien, assis à l'abri d'une toile épaisse tendue entre des piquets.

– Tu ne te rends quand même pas à la Vallée ?

– Mais si, répondit Paneb. Le travail m'attend.

– Les âniers se sont plaints de la chaleur, alors que le soleil était à peine levé, et ils ne reviendront qu'au couchant. Tu risques de mourir, dans la montagne !

– Rassure-toi, je suis dans mon élément.

Le colosse se rendit à l'écurie où Vent du Nord, son âne qui n'obéissait qu'à lui, mastiquait de la luzerne. La veille, Paneb avait taillé ses sabots d'une dureté exceptionnelle et, selon son habitude, l'âne s'était couché en gémissant pour simuler une douleur intolérable. Comme son bourreau lui avait offert une belle quantité d'écorce de saule, une gourmandise de premier choix, Vent du Nord s'était laissé faire.

Le quadrupède au museau et au ventre blancs était devenu un véritable géant, à la musculature impressionnante. Pesant plus de trois cents kilos, il aimait que Paneb l'embrassât délicatement sur ses larges naseaux avant de lui caresser la tête.

– Acceptes-tu de m'accompagner jusqu'à la Vallée des Rois ?

L'œil en amande s'éveilla, les oreilles se dressèrent.

– J'ai beaucoup de matériel, et le trajet sera rude.

L'âne sortit de l'écurie, huma l'air brûlant et s'immobilisa face au sentier qui conduisait à « la grande prairie ». Paneb l'équipa de deux paniers qu'il remplit à moitié, sans oublier des outres d'eau. Vent du Nord prit la tête et donna le rythme.

Vent du Nord et Noiraud : le chef de l'équipe de droite avait au moins deux amis à la fidélité inébranlable, sans compter Vilaine Bête, l'oie irascible qui se cantonnait dans le domaine du gardiennage, et Charmeur, le chat monstrueux qui ôtait les mauvaises ondes de sa demeure.

Certes, les artisans de l'équipe de droite avaient raison : il faisait beaucoup trop chaud pour travailler. Et Paneb n'avait repoussé aucun motif d'absence invoqué par l'un ou l'autre au cours des derniers mois : maladie, fatigue, problème familial ou toute autre difficulté momentanée.

Lui, le chef d'équipe, devait, en toutes circonstances, privilégier l'œuvre.

En gravissant la pente qui menait au col d'où il emprunterait le sentier descendant vers la Vallée des Rois, Paneb ressentit le poids de la solitude. Pourtant, de Ched le Sauveur à Karo le Bourru, il les aimait tous, ces êtres d'élite qui vouaient leur existence à la Place de Vérité, et il éprouvait envers eux un profond et sincère sentiment fraternel. Mais aucun d'eux ne se trouvait à ses côtés, et c'était sans doute bien ainsi. À lui d'assumer sa fonction sans gémir sur son sort et sans se plaindre des insuffisances d'autrui.

Les deux gardes nubiens de la Vallée des Rois furent étonnés de voir arriver un âne et un homme à peine essoufflés. La légende qui vantait la puissance inépuisable du colosse s'enrichirait à coup sûr d'un nouveau chapitre.

Paneb et Vent du Nord pénétrèrent dans la fournaise, passèrent devant la demeure d'éternité de Ramsès le Grand et prirent la direction du chantier. L'artisan s'empressa de décharger son compagnon auquel il donna à boire avant de disposer, à l'ombre, une natte sur laquelle l'âne pourrait se coucher.

Paneb commença par la tombe du chancelier Bay dont la température, ne dépassant pas la trentaine de degrés, lui offrit une agréable fraîcheur. L'équipe n'avait terminé que la salle à piliers; au-delà, ce qui aurait dû former la Demeure de l'Or resterait à l'état de salles grossièrement taillées dans la roche. Le sarcophage du fidèle serviteur de Pharaon y reposerait néanmoins en paix.

Dans le premier corridor, Paneb acheva la scène qui représentait le chancelier derrière le roi Siptah, puis il traça un dieu soleil à tête de faucon que vénérait Bay. Ce dernier n'était pas un souverain, mais il avait vu la lumière présente dans la personne symbolique du monarque, et c'était elle qui le guiderait sur les beaux chemins de l'éternité.

Pris d'une fièvre créatrice qui effaçait toute fatigue, Paneb se rendit ensuite dans la tombe de Siptah où il alluma une dizaine de torches triples dont les mèches ne produisaient aucune fumée. Il y prépara un blanc brillant et un ocre scintillant comme de l'or afin d'évoquer la pureté de l'âme royale et sa transmutation alchimique.

Utilisant, comme Ched le Sauveur, des pains de couleur de dix-neuf centimètres, il obtint des pigments inaltérables à l'air, insolubles dans l'eau et résistants au feu ; et sa palette, que lui avait donnée Gaou le Précis, devint son troisième œil où se mélangeaient les teintes qu'il fixait avec des huiles de lin et de pavot, et de l'essence de pistachier.

Se souvenant de la règle que lui avait révélée Ched, il peignit en se situant de plusieurs points de vue en même temps, sans céder à de trompeuses perspectives. Transmettant à la fois des moments de grâce et des mouvements immobiles, ses pinceaux faisaient surgir la réalité cachée en magnifiant l'harmonie des formes.

Naquirent ainsi une déesse Maât à la coiffe bleue et à la robe rouge, un soleil que façonnaient Isis et Nephtys agenouillées, le pharaon recevant la vie du dieu de la lumière et un Anubis momifiant.

Siptah serait éternellement jeune, son visage serein à jamais illuminé par les forces créatrices à l'œuvre dans sa dernière demeure. Au plafond, des vautours rouges portant une couronne blanche emmenaient son esprit dans le sein de sa mère céleste, à l'abri de toute corruption.

Grâce à la couleur, les personnages s'animaient et les hiéroglyphes parlaient ; quel que fût le destin du petit roi boiteux, il trouverait ici un accomplissement digne des plus grands pharaons.

La touche finale de blanc apportée à la robe d'une Isis protectrice, Paneb sortit de la tombe alors que le soleil se couchait.

Assis sur un tabouret, les mains jointes et posées sur sa canne, Kenhir goûtait les derniers moments du jour.

– Mais... Que faites-vous ici ?

– Comme toi, mon travail. Tu me préciseras le nombre de mèches et de pains de couleur que tu as utilisés.

– Je n'ai pas compté.

– Je m'en doutais ! Encore une corvée qui m'est infligée... Sais-tu au moins combien de temps tu as passé dans cette tombe ?

– Aucune idée.

– Trois jours ! Si je n'étais pas venu nourrir ton âne et lui donner à boire, cette pauvre bête serait morte. Parfois, ta négligence est inexcusable.

– Vous êtes venu jusqu'ici, par cette canicule...

– À mon âge, on aime la chaleur. Et puis il est hors de question qu'un artisan travaille dans la Vallée des Rois sans que j'exerce le contrôle réglementaire. N'as-tu pas soif ?

– Un peu.

Kenhir tendit une gourde au colosse.

– Montre-moi tes peintures.

Le scribe de la Tombe constata que Paneb avait oublié d'éteindre les torches. Mais comment lui adresser le moindre reproche lorsqu'on découvrait les merveilles nées de ses pinceaux ?

# 15.

Ce fut un miracle si le cheval de Méhy, lancé au grand galop, ne renversa pas une fillette jouant sur le bord du chemin. Fou de rage, le général fonçait droit devant lui, en direction de sa villa.

Il abandonna sa monture épuisée à un palefrenier et pénétra en trombe dans la salle de réception où Serkéta bavardait avec de riches Thébaines qui disaient pis que pendre du roi Siptah et ne tarissaient pas d'éloges sur le compte de Seth-Nakht.

Méhy marmonna une formule de politesse puis se retira dans ses appartements.

– Nous vous laissons, ma chère, dit l'une des invitées.

– Rien ne presse !

– Votre mari a l'air bien soucieux.

– La réfection des casernes est beaucoup moins facile qu'il

ne l'avait imaginé, car il se heurte à quantité d'obstacles administratifs.

Les grandes dames eurent un sourire entendu.

– Demain soir est organisé un banquet en l'honneur de la nouvelle année de règne du roi, rappela l'épouse du maire ; bien entendu, vous serez des nôtres.

– Avec plaisir, répondit Serkéta, en minaudant comme une chatte.

Dès que les pimbêches eurent quitté sa villa, elle se précipita dans la chambre où Méhy passait sa colère sur des draps de lin qu'il déchirait à belles dents.

– Assez ! ordonna Serkéta. Cette attitude est indigne d'un futur maître de l'Égypte.

– Veux-tu que je passe mes nerfs sur toi ?

– Si ça te ramène à la raison, n'hésite pas.

Le général piétina les morceaux de drap et se laissa tomber sur son lit.

– À croire que l'assassinat de Néfer le Silencieux aura été inutile ! Sa mort a rendu Paneb invincible, et la confrérie est sortie renforcée de cette épreuve. La Place de Vérité annonce que le temple des millions d'années de Siptah est achevé, et que sa tombe, comme celle du chancelier Bay, est sur le point d'être terminée. Un véritable triomphe pour les artisans ! Et ce maudit traître qui ne parvient pas à découvrir la cachette de la pierre de lumière...

– Ne désespère pas, dit Serkéta en lui massant les épaules ; j'admets que Paneb apparaît comme un vainqueur, mais que serait-il sans la magie de sa communauté ? Et qui est la dispensatrice de cette magie, sinon une veuve affaiblie par la mort de son mari ?

– Tu sais bien que la femme sage est hors d'atteinte !

– Je n'en suis pas si sûre, mon tendre chacal.

Claire avait soigné les oisillons de Féned le Nez, à savoir ses bronches, et le grenier de Paï le Bon Pain, c'est-à-dire ses intestins. Puis les urgences dentaires s'étaient succédé : un grave abcès qu'il avait fallu drainer, un ulcère de la gencive traité avec une pâte formée de lait de vache, de caroubes séchées et de dattes fraîches à mâcher pendant neuf jours, des obturations à effectuer avec de la farine d'épeautre, du miel et des éclats de meule, et même une carie, affection rare sur la terre des pharaons. Aucun de ces maux ne nécessiterait l'intervention d'un spécialiste plus qualifié, et la thérapeute recommandait à tous les villageois une stricte hygiène buccale, fondée sur l'utilisation d'eau aseptisée par du natron et de la pâte dégraissante. Mastiquer des pousses de papyrus légèrement sucrées se révélait aussi excellent.

– Une lettre pour vous, annonça l'épouse de Rénoupé le Jovial qui distribuait les missives apportées par le facteur.

Comme la tête lui tournait, Claire s'assit et ferma les yeux. La multiplication d'interventions délicates l'avait épuisée, et elle ne récupérait plus aussi facilement qu'auparavant, lorsqu'elle parlait de sa journée de travail avec Néfer et partageait avec lui le poids de leurs tâches respectives.

Les souvenirs de leur bonheur lui serrèrent le cœur, et elle regretta de ne pouvoir s'abandonner à un rêve qui la conduirait auprès de lui. Mais, jusqu'à l'épuisement de ses forces, elle devait demeurer dans ce village auquel Néfer avait consacré sa vie.

En lisant la missive expédiée par le médecin-chef de la province thébaine, Claire crut que le ciel lui tombait sur la tête.

– Vous en êtes certaine ? s'étonna Kenhir.

– Lisez vous-même : le médecin-chef me refuse des livraisons de baume, y compris du styrax ! Sans ces produits, il existe quantité de maladies que je ne pourrai plus combattre.

– C'est la première fois que se produit un incident de cette nature ! Mais pour qui se prend cet incapable ?

– Il affirme que sa décision est dictée « par des motifs graves et indiscutables ». De quoi peut-il s'agir ?

– Je me rends immédiatement au palais pour faire rétablir les livraisons, déclara le scribe de la Tombe.

Gras, les jambes trop courtes, de petits yeux noirs luisant souvent de méchanceté, Daktair lissait et parfumait chaque matin sa barbe rousse. Fils d'un mathématicien grec et d'une chimiste perse, il avait bénéficié de l'appui secret de Méhy pour obtenir la direction du laboratoire central et de la caste des médecins. Longtemps, il avait cru pouvoir imposer sa vision, celle d'une science pure, mais la tradition l'avait empêché de mettre ses projets à exécution.

Daktair avait rêvé d'une Égypte débarrassée de ses croyances inutiles et résolument engagée sur la voie du progrès, mais il avait dû déchanter et s'était endormi dans le confort de postes officiels qui lui procuraient aisance et respectabilité. Voilà longtemps qu'il ne croyait plus à l'existence de la pierre de lumière, dont la conquête hantait encore le général Méhy.

Et lui, le conquérant prêt à tout pour régner, qu'était-il devenu, sinon le simple maître de la riche province thébaine, sans aller au terme de ses ambitions ?

Aigri, Daktair s'amusait à créer des dissensions entre les médecins spécialistes attachés au palais et il mangeait de plus en plus, préférant la bonne chère de son cuisinier aux filles de joie qu'il ne fréquentait plus que rarement.

Lorsque Serkéta lui avait proposé de porter un coup fatal à la Place de Vérité en s'attaquant à la femme sage, le savant avait éprouvé un plaisir qu'il pensait à jamais perdu. Lui que l'Égypte et le monde entier auraient dû considérer comme un génie et qui se trouvait réduit à un banal poste d'administrateur tenait une revanche qu'il appréciait avec gourmandise.

Et bien entendu, le scribe de la Tombe venait, en personne, lui demander des comptes.

Entre les deux hommes, l'antipathie fut immédiate et totale.

Pour Kenhir, Daktair était l'exemple parfait de l'arriviste devenu un haut fonctionnaire inutile, incompétent et arrogant.

Pour Daktair, Kenhir incarnait la détestable tradition des scribes, nourrie d'une sagesse périmée.

– Que signifie cette lettre stupide ? interrogea Kenhir.

– Vous oubliez à qui vous parlez !

– Malheureusement non : à un individu répugnant qui se pare d'un titre immérité et doit avoir perdu la raison pour enfreindre les lois régissant la Place de Vérité.

La virulence de l'assaut laissa Daktair sans voix quelques instants, mais la colère lui permit de reprendre l'initiative.

– Je les connais aussi bien que vous, ces fameuses lois !

– Alors, vous savez qu'il vous est interdit d'interrompre la livraison des substances médicinales à la Place de Vérité.

Daktair eut un sourire féroce.

– Sauf dans un cas où mon devoir me contraint d'intervenir.

L'attitude satisfaite de son adversaire inquiéta le scribe de la Tombe.

– Précisez.

– Vous me prenez pour un médiocre, n'est-ce pas ? Eh bien, vous vous trompez, mon cher Kenhir ! En tant que médecin-chef du palais, j'exerce une surveillance constante sur mes subordonnés et je ne tolère aucun laxisme dans leur comportement, et encore moins une faute grave.

– Vous n'êtes expert qu'en paperasse et tout à fait incapable de soigner la maladie la plus bénigne !

Daktair s'empourpra.

– Je vous interdis de me parler sur ce ton !

Ce fut au tour de Kenhir de sourire.

– S'il vous restait un peu de dignité, vous démissionneriez sur-le-champ, mais vous êtes trop lâche et trop attaché à vos privilèges. C'est pourquoi j'enverrai à Sa Majesté un rapport dans lequel j'évoquerai votre abus d'autorité, lequel sera sanctionné d'une révocation attendue de tous les praticiens sérieux.

– À votre place, je ne m'y risquerai pas, menaça Daktair.

– Autant vous l'avouer : vous ne m'impressionnez pas.

– Vous avez tort de traiter ma lettre à la légère, Kenhir. S'il vous restait un peu d'intelligence, vous cesseriez de soutenir la femme sage.

– Tiens donc... Et pour quelle raison ?

– Claire, la veuve de Néfer le Silencieux, a bien été chargée par la confrérie de soigner les malades à l'intérieur du village ?

Le scribe de la Tombe acquiesça.

– Lorsqu'elle détecte un cas grave qu'elle n'est pas capable de traiter, ne doit-elle pas l'adresser à un spécialiste extérieur ?

– C'est le devoir d'une femme sage, en effet.

Les petits yeux de Daktair brillèrent d'une méchanceté triomphante.

– Eh bien, mon cher Kenhir, Claire ne l'a pas rempli. Elle a mis un malade en danger de mort et elle sera donc condamnée avec la plus extrême sévérité. Étant donné son incompétence, j'ai interrompu la livraison des produits médicinaux à une personne incapable de s'en servir.

– Vous racontez n'importe quoi !

– L'importance de ma fonction ne me le permet pas, ironisa Daktair. Je n'agis pas sans preuve.

– Quelle preuve ?

– La plainte de l'artisan malade et si mal soigné.

# 16.

Le dos douloureux, Kenhir s'assit lentement sur une chaise à haut dossier. À sa droite, la femme sage ; à sa gauche, Paneb.

En face d'eux, Casa le Cordage dont le visage carré semblait figé dans une expression de désespoir.

– Nous voulons toute la vérité, exigea le scribe de la Tombe.

– D'accord, d'accord, acquiesça le tailleur de pierre, mais ce n'est pas du tout ce que vous imaginez.

– La semaine dernière, tu t'es bien rendu sur la rive est ?

– Oui, oui... Pour y rencontrer un éventuel client désireux d'acquérir des statuettes funéraires.

– Et tu t'es longuement arrêté à la buvette, sur le quai ?

– Il faisait chaud et j'avais soif.

– Tu as beaucoup bu, n'est-ce pas ?

– J'avais grand soif.

– Tu as longuement parlé à plusieurs personnes de l'abcès qui te faisait souffrir.

– C'est bien possible, admit Casa.

– Et tu as omis de préciser que la femme sage te soignerait.

– Pour être franc, je ne sais plus très bien ce que j'ai raconté.

– D'après les témoignages recueillis par le médecin-chef Daktair, tu t'es plaint d'horribles souffrances et du manque d'intérêt porté à ton cas.

– Je ne me souviens pas...

– Les témoins ont compris que tu étais en danger et ils ont alerté les autorités sanitaires.

– Je n'ai rien exigé de tel !

– En es-tu certain ? questionna Paneb.

– Autant qu'on peut l'être !

– Qui était ton client ?

– À l'adresse indiquée, il n'y avait personne... J'avais trop bu, d'accord, mais je suis certain de ne pas m'être trompé.

– Tu as commis une grave erreur, constata Kenhir, car tu n'aurais pas dû sortir du village sans signaler cet abcès à la femme sage.

– Elle s'occupait d'une fillette, et je ne voulais pas perdre de temps.

– Aujourd'hui, à cause de toi, elle est accusée de négligence et elle risque de ne plus pouvoir exercer son art.

Casa le Cordage baissa les yeux.

– Je m'expliquerai devant les juges, et ce malentendu sera dissipé.

– Daktair a déjà entamé une procédure de destitution pour incapacité dans l'exercice de la médecine.

Le tailleur de pierre serra les poings.

– Je vais lui casser la tête !

– Ne commets surtout pas ce genre d'idiotie, recommanda Kenhir.

– Il ne me reste qu'une seule solution, estima Claire : prouver mes capacités au médecin-chef et aux spécialistes du palais.

Le général Méhy vida d'un trait sa coupe de vin blanc.

– Je sais que tu ne bois que de l'eau, mon cher Daktair, mais tu devrais faire une exception ! Ne convient-il pas de célébrer une belle victoire ?

– La déchéance de la femme sage n'est pas encore prononcée.

– N'a-t-elle pas choisi la pire des solutions ? Elle aurait dû se battre devant les tribunaux... C'est sa prétention qui la perdra.

– Je n'ai pas réussi à corrompre la totalité des spécialistes, avoua Daktair. Certains me sont hostiles, d'autres foncièrement honnêtes. Et pour ne pas entamer ma crédibilité, ce n'est pas moi qui choisirai le malade que la femme sage aura à traiter devant ses collègues, mais l'un d'eux, tiré au sort.

– Un cas difficile, j'espère ?

– Vous pouvez en être certain ! La réputation de la femme sage déplaît à la plupart des spécialistes, mais elle pourrait réussir si je n'intervenais pas de manière décisive.

– Que projettes-tu ?

– Dès que je connaîtrai l'identité du malade, j'empoisonnerai sa nourriture ou sa boisson. Quels que soient les talents de la femme sage, elle ne parviendra pas à le sauver. Et c'est un cadavre qu'elle présentera à ses collègues.

La poitrine de Méhy se dilata d'aise.

– Tu es un remarquable savant, mon ami !

– Pourtant, je demeure cantonné dans un poste sans intérêt où mes facultés intellectuelles s'éteignent à petit feu ! Pourquoi avez-vous abandonné vos grands projets ?

Brusquement dégrisé, le général se leva.

– Qu'as-tu imaginé, Daktair ?

– La Place de Vérité est triomphante, le pays tout entier s'enfonce dans la crise et vous, vous vous contentez de régner sur Thèbes ! Quant aux vieilles traditions qui étouffent l'Égypte, personne ne les combat. Qu'espérer, aujourd'hui, sinon la fin de mes illusions ?

– Je n'ai renoncé à rien, Daktair, et je n'ai pas oublié qui tu étais. Grâce à moi, tu occupes une position de premier plan ; et le seul à s'endormir, c'est toi ! Je mène une guerre depuis plusieurs années et j'ai porté de rudes coups à un adversaire plus redoutable qu'une armée d'élite, car il possède la pierre de lumière.

– Pure illusion, général !

– Je te rappelle que je l'ai vue et que je connais sa puissance ! La confrérie ne survit que par elle, sans oser utiliser ses véritables pouvoirs. Pour s'en emparer, il faut d'abord détruire les défenses qui l'entourent, et la première d'entre elles est la femme sage. C'est pourquoi ton intervention est essentielle.

La chaleur de mai était accablante. Aussi Daktair et les médecins avaient-ils pris très tôt le chemin de la Place de Vérité en empruntant des chars de l'armée que conduisaient des hommes de Méhy. Ils avaient suivi de peu le cortège d'ânes chargés de livrer l'eau au village.

Le chef Sobek en personne accueillit les visiteurs au premier fortin. Bien qu'une enquête approfondie lui eût permis de vérifier les dires de Casa le Cordage, le Nubien demeurait sceptique ; s'il était le traître, le tailleur de pierre n'avait-il pas réussi à donner le change ?

Daktair s'adressa au policier avec arrogance.

– Fais venir la femme sage.

– Vous êtes autorisés à pénétrer dans la zone des auxiliaires où elle vous attend.

Vêtue d'une robe rouge à manches courtes et parée d'un

fin collier d'or, Claire impressionna ses collègues et surtout le doyen, spécialiste des intestins, qui s'inclina devant elle.

– J'espère que vous sortirez victorieuse de cette épreuve, déclara-t-il avec émotion.

– Pas de bavardage, trancha Daktair. Êtes-vous prête à examiner le malade ?

– Conduisez-le dans le bureau réservé au scribe de la Tombe.

Le patient était un homme voûté d'une cinquantaine d'années au visage gris et aux yeux profondément enfoncés dans leurs orbites. Visiblement épuisé, il se laissa guider sans mot dire.

– J'exige la présence d'un témoin pour voir comment vous procédez, déclara Daktair.

– Je n'y vois aucun inconvénient.

Un chirurgien se proposa. Il assista à un long examen médical au cours duquel Claire écouta la voix des différents organes, scruta la peau, étudia le fond d'œil et palpa l'abdomen. Préoccupée, elle analysa l'urine et le sang du patient, prélevé au lobe de l'oreille.

– Avez-vous terminé ? demanda le chirurgien.

D'un regard, Claire fit comprendre à son collègue qu'elle ne désirait pas s'exprimer en présence du malade.

Sentant son trouble, ce dernier osa prendre la parole.

– À Thèbes, on m'a dit que vous m'aideriez...

– C'est exact, je vous prescrirai des remèdes.

– Je suis exténué, j'aimerais m'allonger.

Après avoir confié le patient à Obed le Forgeron qui lui prêta son lit, la veuve de Néfer le Silencieux comparut devant ses juges.

– Pas d'anomalie à signaler ? demanda Daktair au chirurgien.

– Aucune. L'examen a été conduit avec une parfaite rigueur.

– Votre diagnostic, femme sage ?

– Grave affection cardiaque, mais c'est un mal que je connais et que je peux guérir. Malheureusement, il y a beaucoup plus grave.

– Expliquez-vous, demanda le doyen, étonné.

– Un poison circule dans le corps de ce patient.

– Impossible, protesta un cardiologue. Je l'ai examiné ce matin et je l'aurais remarqué !

– Réexaminez-le, insista Claire, et vous aboutirez à la même conclusion que moi.

Les spécialistes étaient troublés, des discussions s'engagèrent.

– C'est une méprisable manœuvre de diversion, jugea Daktair.

Avec calme, la femme sage indiqua les remèdes qu'elle estimait nécessaires.

– Je n'ai rien à ajouter, conclut le cardiologue ; il est évident que les qualifications de notre consœur sont remarquables.

– Je les estime moi-même insuffisantes, estima Claire ; le patient que vous avez amené est en train de mourir, et je suis incapable de le sauver.

– Notez tous ces paroles ! s'exclama Daktair. La femme sage de la Place de Vérité reconnaît devant vous qu'elle ne possède pas les compétences indispensables pour soigner ! Les accusations portées contre elle sont donc tout à fait fondées, et je propose sa destitution immédiate.

# 17.

Les spécialistes à la solde de Daktair approuvèrent vigoureusement les propos du médecin-chef, mais le doyen et le cardiologue les contestèrent avec une égale détermination.

La femme sage ne s'était pas départie de son calme et elle attendit que la querelle retombât.

– Suivez-nous au palais, ordonna Daktair ; en raison du caractère dangereux de vos pratiques et pour éviter de faire courir le moindre risque aux habitants du village, j'estime indispensable de vous placer sous surveillance.

– C'est vous qui allez me suivre, en compagnie de vos collègues.

Daktair s'emporta.

– Ne nous menacez pas et obéissez ! Sinon, je fais appel aux soldats du général Méhy.

– Je ne profère aucune menace, et ma seule intention est de guérir ce malade.

– Vous venez de déclarer publiquement que vous en étiez incapable !

– Par ma seule science, c'est exact. Mais il existe d'autres moyens.

Le doyen entrevit une échappatoire.

– Devons-nous comprendre que, sitôt votre examen terminé, vous l'auriez confié à des spécialistes ?

– Pas du tout, répondit la femme sage avec douceur.

– Vous voyez bien ! s'enflamma Daktair. Non seulement elle persiste, mais encore elle se moque de nous !

– Aussi bien les spécialistes que moi-même sommes impuissants dans ce genre de cas, poursuivit Claire sans se troubler, car le poison a déjà provoqué trop de ravages. Il n'existe plus qu'un ultime recours dont l'issue est malheureusement incertaine. C'est pourquoi je vous demande de me suivre.

– Inutile, jugea Daktair.

– Indispensable, décida Kenhir en martelant le sol de sa canne. Si le médecin-chef refuse la proposition de la femme sage, je le ferai inculper pour non-assistance à personne en danger.

Daktair savait que la plainte aboutirait et que Claire risquait d'être innocentée.

– Bon... Allons-y, mais vite !

– Que le malade soit transporté sur une civière, ordonna la femme sage, et qu'on lui humecte sans cesse les lèvres et le front.

C'était le temps de la moisson, le moment où l'orge se transformait en or comestible, révélant le secret de l'alchimie de la nature à qui avait des yeux pour voir.

À cause de la canicule, le cortège progressa lentement. La femme sage et le scribe de la Tombe marchaient en tête, Paneb et Nakht le Puissant portaient la civière, Daktair suait à grosses gouttes et réclamait sans cesse à boire, excédé par cette expédition champêtre. Comme Méhy, il détestait la campagne et n'accordait même pas un regard aux épis, grains d'or de la terre et chair d'Osiris ressuscité.

À l'extrémité d'un champ magnifique était dressé un oratoire où se trouvait la statue en granit d'un cobra couronné d'un disque solaire. Face à elle, un petit autel.

– Vénérons la déesse des moissons, demanda Claire. Qu'elle protège la récolte et les greniers, elle qui nourrit les êtres de lumière dans l'autre monde et allaite celui qui renaît lors de l'initiation aux mystères. Puissent nos offrandes l'apaiser et la convaincre de nous dispenser son feu guérisseur.

En nage, le souffle court, Daktair haussa les épaules. C'était donc ça, l'ultime recours, une statue de serpent cristallisant les superstitions des paysans !

Turquoise et Ouâbet la Pure s'approchèrent de l'autel, portant les offrandes qu'elles confièrent une à une à leur supérieure pour les présenter à la déesse.

– Je t'offre la première goutte d'eau, déclara Claire, la première goutte de bière, la première goutte de vin, le premier épi de blé et le premier morceau de pain. Reçois aussi cette laitue et ce lotus, et accorde-nous ta magie.

Les offrandes disposées sur l'autel, tous se recueillirent à l'exception de Daktair qui ne supportait pas cette mascarade.

– Êtes-vous capable de guérir ce malade, oui ou non ?

La femme sage se retourna.

– Que respectez-vous, Daktair ?

– La science, pas de stupides croyances !

– Vous avez raison, et je partage sans réserve votre opinion.

Le médecin-chef fut étonné.

– Mais pourtant, vous...

– Je ne crois ni en cette déesse ni en cette statue, mais j'ai appris que le monde visible n'était qu'une infime parcelle de l'invisible où agissent les puissances créatrices. Et seule l'une d'elles, incarnée dans cette pierre vivante, peut guérir le malade.

Daktair éclata de rire.

– J'avais cru un instant que vous renonciez enfin à ces stupidités ! La prison vous remettra les idées en place.

Maniant « le bâton vénérable » en bois précieux plaqué de feuilles d'or, Paneb s'avança vers la statue. De l'extrémité, il en toucha doucement les yeux.

Ceux qui assistaient à la cérémonie eurent un mouvement de recul. L'espace d'une seconde, il leur sembla que le regard de la déesse de pierre avait flamboyé.

– Sors la statue de l'oratoire et pose-la en pleine lumière, ordonna la femme sage au chef de l'équipe de droite.

Avec précaution, le colosse s'exécuta. La pierre était chaude, comme si la vie coulait en ses veines.

– On a empoisonné ce malade, accusa la femme sage, et les remèdes ordinaires ne suffiront pas à le guérir. Ni un spécialiste ni moi-même ne pourrions empêcher une issue fatale. C'est pourquoi je m'en remets à la divinité qui fait naître les épis d'or et nourrit les êtres humains.

Claire versa lentement de l'eau sur les textes hiéroglyphiques qui couvraient le pilier dorsal de la statue. Il s'agissait de très anciennes formules contre les serpents, les scorpions, les insectes venimeux et autres créatures visibles et invisibles qui cherchaient à nuire.

Imprégnée par la magie des textes, l'eau fut recueillie dans une coupe en diorite datant de l'époque des pyramides et qui ne servait qu'à cet usage.

– Buvez, recommanda la femme sage au malade qui respirait avec difficulté.

Paneb aida l'homme à se redresser, et ce dernier but lentement avant de s'allonger à nouveau, le teint grisâtre et les yeux mi-clos.

– Rien d'autre à nous proposer ? railla Daktair.

– C'est mon ultime remède, concéda Claire.

– Inutile de nous attarder ici plus longtemps. Ramenons ce malade au palais où nous tenterons d'atténuer ses souffrances.

Votre incompétence étant démontrée, de justes sanctions vous seront infligées.

Paneb se plaça entre la femme sage et le médecin-chef.

– Écartez-vous ! éructa Daktair. Cette tentative d'intimidation est aussi gratuite qu'inutile. Si vous persistez, vous serez emprisonné, vous aussi !

– Regardez ! s'exclama le doyen des spécialistes. Regardez, il se lève !

Le teint rosé, comme si un nouveau sang irriguait son visage, le malade parvint à se mettre debout. Encore vacillant, il s'appuyait sur l'épaule de Nakht le Puissant.

– Mon cœur... Il bat ! J'avais l'impression que mon souffle avait disparu, mais je respire à nouveau !

Le cardiologue l'ausculta aussitôt. Quant à Claire, elle prit le pouls de l'estomac.

– L'effet du poison se disperse, conclut-elle. L'eau guérisseuse a triomphé.

Les regards des médecins convergèrent vers un Daktair interloqué qui, nerveux, mordillait les poils de sa barbe rousse.

– Grâce au nombre et à la qualité des témoins présents, déclara Kenhir, radieux, je vais rédiger un rapport circonstancié à l'intention de Sa Majesté. Je suis persuadé que le palais de Thèbes aura bientôt un nouveau médecin-chef digne de ce titre.

Daktair trépignait.

Depuis plus d'une heure, il arpentait la salle d'attente de l'administration centrale de la rive ouest, impatient d'être reçu par Méhy. Comme le savant n'avait pas de rendez-vous, le secrétaire particulier du général l'avait fait passer après deux officiers supérieurs et un scribe des greniers.

– Le général Méhy accepte de vous recevoir, l'avertit enfin le secrétaire.

C'est un Daktair furibond qui se précipita vers la grande table sur laquelle l'homme fort de la province de Thèbes déroulait un papyrus.

– Vous devez intervenir en ma faveur, Méhy !

– D'abord, tu n'as pas à me dicter ma conduite ; ensuite, baisse le ton et calme-toi. Sinon, je te fais expulser.

– Je viens de recevoir le décret mettant fin à mes fonctions de médecin-chef !

– Je sais. Si tu l'avais mieux lu, tu aurais constaté que je l'ai contresigné après avoir approuvé sans réserve la décision de Sa Majesté.

Abasourdi, le savant se laissa tomber sur un siège bas qui gémit sous son poids.

– Alors, vous m'abandonnez ?

– Étant donné ton lamentable échec, je n'ai pas le choix. Moi, l'administrateur principal de la province, pourrais-je soutenir un notable incompétent qui, à l'évidence, cherchait une mauvaise querelle à la femme sage de la Place de Vérité ? Il fallait réussir, Daktair. Aujourd'hui, tu n'es plus rien.

– Comment croire que cette ridicule statue avait le pouvoir de guérir ? J'avais bel et bien empoisonné la nourriture de cet homme, et il aurait dû mourir sous les yeux des spécialistes... C'est à n'y rien comprendre !

– Tu as trop méprisé la vieille science des pharaons, et elle a pris sa revanche. Au moins, il te reste encore la direction du laboratoire. Mais si le nouveau médecin-chef te la retire, je ne m'y opposerai pas. Il ne doit exister aucune trace de collusion entre toi et moi.

Daktair pleurnichait.

– Vous n'avez pas le droit de me traiter ainsi... Je peux vous être utile !

– Possible, en effet, mais ce sera à moi d'en juger. Sors d'ici, cet entretien n'a que trop duré.

À voir l'abattement du savant déchu lorsqu'il sortit du bureau du général, chacun comprit que Méhy s'était montré intransigeant et qu'il avait, comme de coutume, suivi le chemin de la justice.

# 18.

Les échos du triomphe de la femme sage étaient parvenus jusqu'à la cour de Pi-Ramsès, bruissant de rumeurs sur l'état de santé du pharaon Siptah et sur l'inévitable prise du pouvoir par la reine Taousert. Au prix d'efforts incessants, le chancelier Bay réussissait à maintenir un semblant de consensus, mais jusqu'à quand ?

Lorsqu'il découvrit, dans son antichambre, le vieux courtisan Seth-Nakht accompagné d'un homme mûr, à la haute stature et au regard d'une profondeur impressionnante, le chancelier pensa que de sérieux ennuis l'attendaient.

– Je n'avais pas demandé audience, attaqua Seth-Nakht, mais je désire vous voir immédiatement.

– Ce matin, j'ai un nombre considérable de dossiers à traiter et je...

– Je patienterai aussi longtemps qu'il le faudra.

Refuser d'écouter le courtisan, chef d'un clan riche et influent, aurait des conséquences désastreuses pour l'avenir de Taousert.

– Entrez, concéda Bay en tâtant sa barbichette.

L'homme qui accompagnait Seth-Nakht demeura immobile. La puissance de sa personnalité était telle que Bay ne se souvenait pas d'en avoir rencontré une semblable.

– Mon fils aîné m'attendra, précisa Seth-Nakht; nous devons parler seul à seul.

Sans y être invité, le visiteur s'installa sur un siège en bois précieux, décoré de lotus stylisés. Ce petit chef-d'œuvre de Didia le charpentier offrait une si agréable sensation de confort que les hôtes du chancelier en perdaient leur agressivité.

– Désirez-vous un bol de lait frais aux aromates?

– Trêve de mondanités, Bay. Je suis ici pour obtenir des informations précises et pour vous en donner, car l'Égypte est en danger. Plus personne ne voit le pharaon Siptah qui reste cloîtré dans le temple d'Amon, et l'on prétend même qu'il serait à l'agonie. Est-ce exact?

– C'est faux.

– Vous prétendez donc qu'il est en bonne santé?

Jusqu'à quel point Bay pouvait-il dissimuler la vérité? Seth-Nakht était intelligent et, s'il le désirait vraiment, il finirait par tout savoir. Aussi le chancelier décida-t-il de ne pas mentir.

– Non, il est gravement malade. Il bénéficie de soins quotidiens et attentifs, mais son espérance de vie est faible.

Seth-Nakht posa les mains à plat sur les accoudoirs.

– Vous me surprenez, chancelier! Je n'espérais pas une telle franchise de votre part. Autrement dit, le véritable pharaon est la reine Taousert?

– Il en est ainsi depuis le couronnement de Siptah qui n'éprouve aucun goût pour l'art de gouverner. Il aura vécu des années heureuses au temple, en compagnie des sages et de leurs écrits ; quant à l'Égypte, elle demeure unie et bien gouvernée.

– Brillante stratégie, Bay, mais elle a des limites ! Je ne nie pas vos succès économiques, mais vous vous bouchez les yeux, de même que Taousert, sur les risques d'invasion. C'est pourquoi, à la mort de Siptah, je m'opposerai à la désignation de la reine comme pharaon. Elle serait incapable de défendre les Deux Terres et nous subirions une nouvelle occupation qui, cette fois, pourrait détruire notre civilisation.

– De quels renseignements fiables disposez-vous ?

– Vous avez accepté de me dire la vérité, Bay ; je vais vous la dire, moi aussi ! Votre ministre des Affaires étrangères est un incapable et votre service de renseignements est composé d'imbéciles qui gobent tout ce que leur font avaler les Palestiniens, les Syriens et les Libyens. Aussi croyez-vous que la Syro-Palestine et la Libye sont devenues nos alliées et qu'elles songent à développer avec nous des relations d'amitié... Grossière erreur, chancelier ! Leur unique but, et il n'a jamais changé, consiste à s'emparer de nos richesses après avoir mis notre pays à feu et à sang. Et il y a sans doute plus grave encore : les principautés d'Asie subissent d'importants bouleversements, l'équilibre obtenu par Ramsès est compromis. Des peuplades guerrières incontrôlables tenteront de s'imposer et elles déferleront sur l'Égypte sans que vos stupides diplomates aient rien vu venir !

Bay ressemblait à un lutteur vaincu et soûlé de coups, mais il prit son second souffle.

– Votre analyse repose-t-elle sur des faits précis ?

– Vous me connaissez mal, chancelier. Je suis un homme pragmatique qui laisse à d'autres le rêve et la fantaisie. C'est mon fils aîné qui a mené une longue investigation avec l'aide d'informateurs locaux, hors de la hiérarchie diplomatique si facile à abuser. Comme il est prudent et sceptique, il a recoupé les informations, trié le bon grain de l'ivraie et abouti aux inquiétantes conclusions que je vous dévoile parce que je ne recherche pas le pouvoir mais la sauvegarde de l'Égypte. Percevez-vous enfin la gravité de la situation ?

– À part vous et votre fils, qui est au courant ?

– Vous, chancelier. Personne d'autre que vous.

– Vous pouvez déstabiliser la cour, et même le gouvernement, en propageant ces nouvelles.

– Je vous répète que mon seul souci est la sauvegarde de l'Égypte. Aussi empêcherai-je Taousert de devenir pharaon.

– À votre tour, vous commettrez une grave erreur.

– Si courageuse soit-elle, une femme n'aura pas l'autorité nécessaire pour défendre le territoire et mener nos armées à la victoire.

– Nous n'en sommes pas là, me semble-t-il ; même si votre vision est juste, Seth-Nakht, vous ne prévoyez pas une guerre imminente...

– Nos adversaires ne sont pas prêts à nous attaquer, je l'admets.

– En ce cas, je compte soumettre à la reine la proposition suivante : faire nommer votre fils ministre des Affaires étrangères et vous-même général en chef, chargé de superviser l'ensemble de nos troupes et de leur armement.

– Mais... Je n'ai nullement l'intention de collaborer avec Taousert !

– C'est le pharaon Siptah qui signera les décrets entérinant vos nominations, et c'est devant lui et la reine que vous serez responsables de vos actes. Puisque vous connaissez ces dossiers mieux que moi et que nous devons travailler ensemble pour le bonheur des Deux Terres, je n'entraverai vos démarches en aucune façon. Et nous nous réunirons en conseil restreint chaque fois que la situation l'exigera.

– Quelle sorte de piège me tendez-vous, chancelier ?

Bay leva légèrement les yeux, comme s'il pouvait déchiffrer l'avenir.

– C'est bizarre, Seth-Nakht, mais j'ai confiance en vous, et je vous avoue que ce sentiment m'était inconnu jusqu'à présent. Depuis que j'occupe un poste important, je n'ai d'autre ambition que de faire monter la reine Taousert sur le trône d'Égypte. Mais aujourd'hui, vous vous dressez sur mon chemin et vous êtes un adversaire de taille. Par chance, vous ne recherchez pas votre profit personnel, et c'est une conviction profonde qui vous anime. Si vous avez raison, l'Égypte vous devra beaucoup. Il me faut donc vous choisir comme allié, être loyal avec vous et tirer profit de vos compétences. De plus, en servant fidèlement la reine Taousert, vous prendrez conscience qu'elle est digne de devenir un nouvel Horus. Je ne vous ai rien caché de mes intentions, Seth-Nakht ; à vous de décider.

– Je dois parler à mon fils aîné de votre surprenante proposition et prendre le temps de la réflexion.

– Sans attendre votre réponse, je m'entretiendrai avec la reine.

– Et si je refuse ?

– L'Égypte sera la grande perdante. Vous poursuivrez votre combat, et moi, je ne trahirai pas Taousert. Forcément, nous nous affronterons en un duel dont le vainqueur lui-même sortira affaibli.

– Merci de votre sincérité, chancelier.

– Puissent les dieux nous permettre d'œuvrer ensemble pour la grandeur de ce peuple et de cette terre que nous aimons tant, vous et moi.

Dérobant une heure à un implacable emploi du temps, Bay s'était rendu au grand temple d'Amon afin d'y converser avec le pharaon Siptah. Il redoutait d'affronter un jeune homme accablé par la souffrance, sans savoir quels termes utiliser pour le réconforter ; mais le monarque arborait un franc sourire qui contrastait avec un visage miné par la maladie.

– Je vous apporte de bonnes nouvelles, Majesté. Les récoltes ont été abondantes, la crue excellente, et les chefs de province m'ont fait parvenir des rapports positifs sur l'économie de leurs régions. Pas un enfant d'Égypte n'a le ventre creux, et les divinités peuvent séjourner parmi nous en toute quiétude.

– Ma demeure d'éternité est-elle terminée ?

– On y achève les peintures, il ne reste plus qu'à y descendre les sarcophages.

– J'ai longuement étudié la symbolique de chaque couloir et de chaque pièce, j'ai lu et relu les *Litanies du soleil*, le *Livre de la matrice stellaire* et le *Livre des Portes*. Nos sages ont vu l'au-delà avec tant de précision que le chemin de l'âme peut être tracé par nos dessinateurs. Quelle merveille, Bay ! Parfois, j'ai hâte de quitter cette terre pour vivre ce voyage où le corps mortel ne nous impose plus ses limites. Ma courte existence n'aura été que solitude, mais je ne regrette rien, puisque j'ai eu la chance de connaître la sérénité de ce temple et de me préparer à une autre vie.

– Majesté...

– Pas de paroles inutiles, mon ami ; j'ai acquis assez de savoir pour n'entretenir aucune illusion sur mon état. Transmets toute ma gratitude à la reine Taousert qui a si bien su exercer les plus hautes responsabilités à ma place et qui sera, j'en suis certain, un grand pharaon.

– Majesté, je...

– Pardonne-moi, Bay, mais parler m'épuise. T'avoir revu fut une immense joie.

La quinte de toux qui déchira la poitrine de Bay, alors qu'il gravissait les marches du palais, ne l'affola pas davantage que les précédentes. Elles se calmaient d'elles-mêmes, et il n'avait pas le loisir de consulter un médecin qui lui prescrirait des remèdes qu'il oublierait d'absorber.

Dans la nuit, il devait mettre la dernière main au projet d'aménagement de nouveaux canaux dans les provinces du Sud et s'assurer que la production vinicole serait correctement distribuée.

Taousert était rayonnante. Ne suffisait-il pas de la contempler pour comprendre qu'elle avait vocation à régner ?

– Tu as mauvaise mine, Bay.

– Une fatigue passagère, Majesté. Je dois vous parler d'une proposition que j'ai faite à Seth-Nakht et à son fils aîné.

– Inutile, chancelier.

– Vous... Vous refusez toute entente avec eux ?

– Par un courrier confidentiel que je viens de recevoir, ils acceptent ta proposition.

# 19.

Comme si la victoire de la femme sage avait libéré des forces bénéfiques, la Place de Vérité avait pu goûter en toute quiétude aux joies de l'inondation. Les grands travaux étant très avancés, Kenhir s'était montré généreux en accordant des congés supplémentaires à l'équipage. Certains artisans étaient restés chez eux, d'autres en avaient profité pour rendre visite à des membres éloignés de leur famille, d'autres encore avaient fabriqué des lits, des sarcophages ou des statues destinés à être vendus à l'extérieur.

Assis sur un muret de pierres sèches, Kenhir contemplait sa tombe, inondée de soleil.

– Le jardin a bien poussé, observa Paneb.

– Pas autant que le perséa de Néfer le Silencieux... Ce n'est vraiment pas un arbre ordinaire.

– Chaque jour, je pense au maître d'œuvre.

– Il est toujours présent parmi nous, affirma le vieux scribe, et il nous protège. Quand nous célébrons le culte des ancêtres, son esprit nous inonde de sa lumière.

– Mais son assassin demeure tapi dans les ténèbres, rappela Paneb ; à celui-là aussi, je pense chaque jour. Et je ne connaîtrai pas la paix tant qu'il sera impuni.

– Je partage ton épreuve et j'attends un rêve qui nous mettrait sur sa piste... Mais il ne vient pas ! Parfois, je me demande si le coupable n'était pas l'auxiliaire retrouvé mort. Depuis ce drame, tout est calme.

– Sobek est plus que sceptique.

– Un policier est méfiant par nature. Mais les faits sont les faits : ou bien le traître est mort, ou bien il a renoncé à nous nuire.

Dubitatif, Paneb aurait aimé croire que Kenhir avait raison.

– Le facteur vous demande, avertit l'épouse de Paï le Bon Pain, occupé à repeindre l'intérieur de sa maison.

Le chef de l'équipe de droite aida le scribe de la Tombe à se lever ; en cette belle journée d'octobre, où les rayons du soleil devenaient caressants, Kenhir accusait son âge.

– Espérons qu'il ne s'agit pas d'une mauvaise nouvelle... La rumeur prétend que le roi Siptah s'éteint lentement et que sa succession donnera lieu à une lutte acharnée entre les partisans de la reine Taousert et ceux de Seth-Nakht. Mauvais, tout ça, très mauvais... Ah, qu'elles sont loin les années bénies du règne de Ramsès le Grand ! Avec lui, nulle inquiétude pour le lendemain. Profitons de cette douce fin d'été, Paneb... L'avenir risque d'être moins tendre.

Possesseur du bâton de Thot, le facteur Oupouty avait toujours le mollet aussi solide. Jamais il n'avait ouvert une lettre, conformément aux obligations de son métier, et sa réputation lui valait d'être chargé de missions confidentielles.

Oupouty sortit de son sac un énorme papyrus.

– Il pèse son poids, celui-là !

– D'où provient-il ? demanda Kenhir.

– Du cadastre de Thèbes.

– Es-tu certain qu'il nous est destiné ?

– Aucun doute. Signez sur cette tablette pour en accuser bonne réception.

Kenhir apposa son sceau, Paneb porta le papyrus jusqu'au bureau du scribe de la Tombe que Niout la Vigoureuse achevait d'épousseter.

– Tu crois qu'il n'y a pas assez d'archives dans cet endroit ! s'exclama-t-elle. Bientôt, Kenhir va envahir une autre pièce.

Le colosse se garda de répondre. Il brisa le sceau et déroula le document.

Une lecture rapide stupéfia les deux hommes.

– Le cadastre ose contester l'étendue de nos terres ! constata Kenhir, indigné.

L'eau s'était retirée, on cueillait les dattes et l'on commençait les semailles, sauf dans les champs qui appartenaient à la Place de Vérité ou à ses Serviteurs qui, comme Kenhir et Paneb, les avaient hérités de leurs prédécesseurs.

Vent du Nord portait le matériel dont Paneb aurait besoin pour rectifier les erreurs des scribes du cadastre. Oubliant ses douleurs, Kenhir avait adopté un rythme nerveux que suivait avec difficulté son assistant Imouni, chargé de papyrus, de pinceaux et de palettes.

Comme chaque année, la crue avait effacé les limites des champs et déplacé les bornes. Projection terrestre du fleuve céleste, l'eau du Nil avait fécondé la terre qui renaissait comme au premier matin. Mais certains esprits pervers se moquaient de cette grandiose répétition de la création et ne songeaient qu'à en profiter pour voler quelques parcelles au voisin. Aussi les agents du cadastre intervenaient-ils pour rétablir l'équité et punir les truqueurs.

Kenhir ne connaissait pas le chef de la délégation de Thèbes-ouest, un homme maigre d'une trentaine d'années au menton en galoche. Ce dernier venait d'être nommé par le général Méhy avec des instructions précises.

– C'est vous, le scribe de la Tombe ?

Kenhir toisa l'adversaire, et ce qu'il vit dans ses yeux ne le rassura pas.

– C'est bien moi.

– Je suis le nouveau supérieur du cadastre et je n'ai pas l'intention d'accorder un privilège à quiconque, fût-ce à la Place de Vérité.

– On ne saurait trop vous en féliciter.

– De plus, je ne permettrai à personne de se croire supérieur à mes techniciens.

– Là, vous avez tort ! Chacun peut se tromper, vous y compris.

– Méfiez-vous, Kenhir ; je suis prêt à vous accuser de diffamation.

– Et moi d'incompétence ! Comment osez-vous diminuer d'un quart les terres qui nous appartiennent et priver ainsi le village d'une partie importante de ses ressources ?

– Parce que tel est le résultat de nos expertises.

Autour de lui, les spécialistes approuvèrent leur chef en hochant la tête.

– Nous allons donc procéder à une contre-expertise, décida Kenhir.

– Mais... Vous n'êtes pas qualifié !

– Lourde erreur, cher collègue. Le cadastre n'est qu'une application de la science des bâtisseurs, et le scribe de la Tombe est habilité à prendre tout type de mesure sur le territoire de la Place de Vérité.

Paneb traça un plan au sol avec les cotes indiquées dans les papyrus que déroulait Kenhir. Il fit un rapide calcul des surfaces que le supérieur du cadastre ne put contester. Puis, des sacs confiés à Vent du Nord, il sortit les éléments d'un instrument de mesure qu'il assembla. Ce dernier se composait de deux morceaux de bois qu'il plaça horizontalement l'un sur l'autre à angle droit pour former une croix. L'ensemble, qui s'appelait *seba*, « l'étoile », fut disposé sur un piquet. À l'extrémité des bras de la croix, Paneb suspendit des poids pour former autant de fils à plomb. Il suffisait que deux d'entre eux soient vus en superposition pour obtenir ou vérifier un alignement.

Ensuite, le colosse s'empara d'une corde à nœuds de cent coudées* que l'âne avait portée sans broncher. Ornée à l'une de ses extrémités d'une tête de bélier, elle était l'exacte réplique de la première corde d'arpenteur léguée aux humains par Khnoum et conservée dans son temple d'Éléphantine. Elle avait servi à arpenter « la tête de la création », la première province de Haute-Égypte.

Compte tenu des indications datant des années antérieures et répétées sur les papyrus administratifs, le colosse procéda à l'arpentage complet des terres du village sous le regard éberlué des scribes du cadastre. Tous pensèrent que Paneb céderait à la fatigue, mais il mena sa tâche à terme.

– Voici la vérité rétablie, jugea Kenhir.

– Je la conteste formellement ! s'exclama le supérieur du cadastre.

– Utilisez les mêmes instruments que Paneb et vous aboutirez aux mêmes résultats.

– Mes expertises me suffisent.

Kenhir considéra le haut fonctionnaire d'un œil acerbe.

– Au début, j'ai cru qu'il s'agissait de l'une de ces aberrations monumentales dont l'administration est coutumière... À présent, je pense que vous êtes l'auteur d'une malversation.

– Vous divaguez !

– Vous espériez obtenir une victoire facile, car vous ignoriez que nous disposions des moyens de vous confondre.

– J'ai la preuve de ce que j'avance !

– Montrez-la donc.

* Soit 52,50 m.

Le supérieur du cadastre fit signe à l'un de ses subordonnés, qui apporta aussitôt une petite borne couverte de hiéroglyphes.

– Nous l'avons trouvée au pied du bosquet d'acacias que vous voyez là-bas, et elle délimite bien votre terrain tel que nous l'avons calculé. Comme elle était profondément enfoncée dans la terre et bloquée par des pierres, elle n'a pas été déplacée par la crue. Mes scribes en porteront témoignage.

– D'abord, vous n'auriez pas dû la déplacer ; ensuite, il s'agit d'un faux.

– Cette borne porte le nom de la Place de Vérité !

– Certes, mais il y manque la marque spécifique de l'artisan qui l'a fabriquée.

– Il l'aura oubliée, voilà tout ! Devant un tribunal, cette preuve vous accablera.

– Et si nous nous en remettions au jugement de l'arpenteur céleste ?

La voix douce de la femme sage fit se retourner les participants au débat.

Bien qu'il ne l'eût jamais vue, le supérieur du cadastre sut aussitôt qui elle était et il n'eut pas la moindre envie de lui déplaire.

– Vous voulez parler... du dieu Thot ?

– De son ibis, précisa Claire, dont le pas mesure une coudée et dont la justesse efface les querelles humaines. Accepterez-vous son jugement comme nous-mêmes ?

– Oui, bien sûr, mais nous ne pouvons attendre que cet oiseau descende du ciel et...

– Puisse le messager de Thot arpenter les terres de la Place de Vérité.

Un grand ibis blanc, au vol majestueux, se posa si près du haut fonctionnaire qu'il recula, effrayé, heurta l'un de ses subordonnés et s'étala de tout son long dans une flaque de boue.

Se livrant au même travail d'arpentage que Paneb, l'oiseau de Thot, pas après pas, confirma les limites tracées par le colosse.

# 20.

– Je suis atterré, déclara le général Méhy. Comment pouvais-je imaginer, mon cher Kenhir, que ce nouveau supérieur du cadastre perdrait la tête dès son entrée en fonction ? Ses états de service étaient impeccables, sa carrière sans tache. Je peux vous montrer son dossier qui fut, pour moi, l'élément déterminant après le départ à la retraite de son prédécesseur.

– Inutile, répondit le scribe de la Tombe. Le plus important est d'éviter, à l'avenir, ce genre d'incident.

– Voici le double du plan cadastral muni du sceau royal. Vous le conserverez au village, et toute contestation sera désormais impossible. Êtes-vous satisfait des paysans qui travaillent sur vos terres ?

– Rien à redire.

– J'en suis heureux ! Le forban qui a tenté de vous nuire

a été muté en Palestine où il passera de longues années à expier sa faute, sans espoir de retrouver un poste important. L'Égypte n'est pas tendre avec ses fonctionnaires incompétents, et c'est bien ainsi. Et je peux vous confier que le pharaon Siptah tient la Place de Vérité en si haute estime qu'il ne tolérera aucune atteinte à son intégrité.

– Les rumeurs alarmantes sur son état de santé ne cessent de s'amplifier.

– Je crains qu'elles ne soient exactes. Mais la reine Taousert est une excellente gestionnaire qui tient le gouvernail d'une main ferme. Et je crois qu'elle aussi attache le plus grand prix à votre travail. Puis-je vous demander une faveur, Kenhir ?

Le scribe de la Tombe se tint sur ses gardes.

– Dites toujours.

– Le mobilier de ma villa de la rive ouest ne me plaît plus. J'aimerais commander à la confrérie plusieurs chaises de grande qualité, des lits et des coffres à bijoux. Peu importe le prix.

– Vous tombez bien, général ; nous sommes dans une période calme où les artisans ont le temps de s'occuper de ce genre de tâche.

– Vous m'en voyez ravi, Kenhir !

En raccompagnant le scribe de la Tombe jusqu'au seuil des bâtiments administratifs, Méhy parvint à jouer l'homme détendu et satisfait. Pourtant, le courrier reçu le matin même le faisait enrager : le roi venait de nommer Seth-Nakht général en chef de toutes les armées d'Égypte, et Méhy devait lui faire parvenir au plus tôt un rapport complet sur les troupes thébaines et leur armement.

Cette précipitation laissait présager une attaque du pays, soit par les Libyens, soit par les Syriens ou d'autres peuplades venues du Nord, et elle réjouissait Méhy qui saurait tirer profit d'un chaos en Basse-Égypte ; en revanche, la personnalité de Seth-Nakht l'inquiétait. Riche, incorruptible, têtu et travailleur, il avait été suffisamment influent pour faire nommer son fils aîné ministre des Affaires étrangères.

Après avoir rencontré Seth-Nakht à Pi-Ramsès, Méhy savait qu'il serait difficile, voire impossible, de le manipuler. Restait à souhaiter que la reine Taousert, soutenue par le chancelier Bay, lui mène un rude combat et crée ainsi des troubles majeurs au sommet de l'État dont Méhy saurait profiter.

Plus que jamais, il lui fallait la pierre de lumière. Et ce maudit traître qui, en dépit de ses investigations, n'avait toujours pas repéré son emplacement !

Méhy et Serkéta s'étaient attaqués à la femme sage et à Paneb, mais ces deux-là avaient remporté la passe d'armes. Cependant, tous les membres de l'équipage ne pouvaient pas disposer de la même force de caractère. Il y avait forcément un maillon faible dans la chaîne, maillon qu'il fallait briser pour discréditer la confrérie.

C'est donc un Méhy guilleret qui rentra chez lui afin d'y rencontrer un prêtre de Karnak qui, à certaines périodes de l'année, s'occupait d'intendance. D'après le rapport établi sur son compte, l'homme était divorcé et versait une lourde pension alimentaire à sa femme, ce qui l'avait obligé à s'endetter. En échange du petit service qu'il rendrait au malheureux, le général deviendrait son bienfaiteur.

Casa le Cordage façonnait un vase d'albâtre pour l'épouse d'un scribe royal ; Féned le Nez, Ounesh le Chacal, Paï le Bon Pain et Didia le Généreux fabriquaient des meubles de luxe pour le général Méhy ; Karo le Bourru et Nakht le Puissant consolidaient les murets de pierre à l'intérieur du village ; Ouserhat le Lion créait une statue de *ka* pour la tombe de Kenhir ; Ipouy l'Examinateur, Rénoupé le Jovial, Gaou le Précis et Ched le Sauveur restauraient des tombes d'artisans datant des premières années du village. Quant à Thouty le Savant, il appliquait des feuilles d'or sur les coffres destinés à la demeure d'éternité de Siptah.

La vie était douce, le travail joyeux, la Place de Vérité heureuse. On voulait oublier l'interminable agonie du pharaon et la période d'instabilité qui suivrait son décès. Seuls Paneb et le chef Sobek demeuraient sur le qui-vive. De leur point de vue, cette quiétude ne serait que temporaire, car l'assassin de Néfer le Silencieux ne renoncerait pas à nuire.

Quand Paneb pénétra dans l'atelier de l'orfèvre, Thouty songeait à son fils disparu dont l'absence continuait à lui ronger le cœur.

– Du travail pour toi, à l'extérieur.

– Je n'en ai pas envie.

– Même à Karnak?

Avant d'être initié dans la Place de Vérité, l'orfèvre avait travaillé pour la cité sainte du dieu Amon où il avait recouvert d'or des portes, des statues et des barques.

– Karnak, c'est différent... De quoi s'agit-il?

– D'une mission ponctuelle et délicate : la dorure d'une porte intérieure du temple de Maât.

– Karnak dispose d'excellents orfèvres.

– Tous sont occupés ailleurs, et l'intendant est pressé. Le tribunal tiendra bientôt sa session dans ce sanctuaire et il souhaite que la déesse de la justice soit honorée comme il convient. Qui y parviendra mieux que l'orfèvre de la Place de Vérité?

– Il me faut l'accord de Kenhir.

– Je l'ai déjà obtenu.

Thouty n'aurait pu recevoir un meilleur accueil de la part de l'intendant qui veilla sur son confort et sur sa nourriture. L'orfèvre refusa les outils proposés, car il n'utilisait que les siens qu'il avait fabriqués lui-même. Pour lui, apposer des plaques d'or sur les vantaux de porte d'un petit temple comme celui de Maât était un jeu d'enfant, mais il prit néanmoins sa tâche avec un extrême sérieux.

En moins d'une semaine, le travail était terminé, et Thouty s'ennuyait déjà du village. Certes, Karnak était un lieu grandiose où la puissance divine imprégnait chaque pierre, mais l'esprit de la confrérie lui manquait, y compris le mauvais caractère de Kenhir.

Alors que Thouty glissait ses outils dans son sac, l'intendant s'extasia.

– C'est magnifique... Et tu as fini beaucoup plus tôt que prévu ! On comprend pourquoi la Place de Vérité t'a choisi... Sais-tu que le poste de supérieur des orfèvres de Karnak sera bientôt vacant ? Si tu posais ta candidature, personne ne s'y opposerait.

– Ce poste ne m'intéresse pas.

– Pourtant, quelle belle fin de carrière !

– Je suis artisan, pas carriériste.

– Pardonne ma curiosité, mais comment la Place de Vérité s'y prend-elle pour retenir un orfèvre aussi talentueux que toi ?

– C'est simple : elle se contente d'exister. Et c'est moi qui la remercie chaque jour de m'accepter en son sein.

– Avant de partir, rends-moi service : vérifie si les plaques d'or les plus anciennes sont correctement fixées. Dans le cas contraire, signale-le à l'atelier. Je te laisse, je dois m'occuper d'une livraison. Que les dieux te protègent, Thouty.

Quand Paneb entra chez Turquoise, peu après les rites de l'aube, elle enduisait son cou d'une pommade composée de miel, de natron rouge, de lait d'ânesse, de graines de fenugrec et de poudre d'albâtre.

Avec délicatesse, le colosse posa les mains sur les seins nus de sa maîtresse et lui embrassa la nuque. Turquoise tenta de contenir son désir.

– Je ne t'attendais pas...

– C'est ainsi que tu m'aimes, non ?

– Et si j'avais une tâche urgente à accomplir ?

– À quoi sert cette pommade ?

– À empêcher la formation des rides.

– Tu n'en as pas besoin, Turquoise, puisque tu ne vieillis pas. Hathor a ordonné aux années de t'oublier.

– On jurerait que tu cherches à me conquérir !

– Tes intuitions me fascinent... Laisse-moi poursuivre ce délicat travail.

Le colosse s'empara du pot en albâtre et, du petit doigt, il préleva un peu de crème qu'il étala doucement sur le délicieux nombril de sa maîtresse.

Les défenses de Turquoise furent vite brisées.

Nue, elle s'allongea sur le dos, et Paneb continua à la faire frissonner de plaisir grâce à l'onguent odorant qui rendait la peau souple et satinée.

– Le pot est vide, déplora le colosse.

– Alors, offre-moi une autre sorte d'onguent.

Comment résister à une invitation formulée avec un sourire aussi envoûtant ? Paneb s'allongea sur Turquoise, et leurs corps s'aimèrent avec la fougue inépuisable qui marquait chacune de leurs rencontres.

Turquoise achevait de se vêtir en passant autour de son cou un collier dont le pendentif avait la forme du fruit de la mandragore lorsqu'on frappa nerveusement à sa porte.

– Qui est là ?

– Rénoupé le Jovial... C'est le scribe de la Tombe qui m'envoie, ouvre vite !

La prêtresse d'Hathor entrebâilla la porte.

– Paneb est encore chez toi ?

– Il était sur le point de partir.

– Qu'il aille immédiatement chez Kenhir... Il se passe quelque chose de grave.

# 21.

– Je n'y crois pas un instant ! s'enflamma Paneb. Pas Thouty... Sûrement pas Thouty ! Nous avons voyagé ensemble, dans le désert, et je connais les moindres replis de son âme. C'est un homme droit et rigoureux. Depuis la mort de son fils, il ne vit que pour son métier. Ce village est sa patrie et sa famille.

– C'est également mon opinion, approuva Hay, le chef de l'équipe de gauche.

– Et la mienne aussi, précisa la femme sage.

Rageur, Kenhir froissa un papyrus de qualité moyenne en l'enroulant trop rapidement.

– Je suis d'accord avec vous, mais l'accusation est formelle : Thouty aurait dérobé deux plaques d'or dans le temple de Maât, à Karnak. Comme il se trouvait en mission officielle, au nom de la Place de Vérité, c'est l'honnêteté de la confrérie tout entière qui est mise en cause.

– Qui est l'accusateur ? demanda Paneb.

– Un intendant chargé de superviser les travaux de réfection du temple.

– Je veux tout savoir sur ce bonhomme !

– Le chef Sobek s'en occupe déjà, mais il n'est pas autorisé à enquêter à l'intérieur de Karnak. J'ai bien peur que ses investigations ne soient vite interrompues.

– Et si Thouty était le traître et l'assassin de Néfer le Silencieux ? avança Hay, embarrassé de formuler une si atroce hypothèse.

– Pourquoi une telle idée ? s'étonna Kenhir.

– En se faisant ainsi accuser, c'est la Place de Vérité qu'il souille, sans doute de manière définitive, en échange d'un jugement clément, voire truqué.

– Ce qui impliquerait des complicités au sommet de la hiérarchie de Karnak... Imagines-tu l'ampleur du complot ?

– J'espère me tromper, Kenhir ; mais le traître n'a-t-il pas prouvé sa capacité à nuire et à manœuvrer dans l'ombre ?

– Je dois rencontrer le grand prêtre de Karnak, annonça Kenhir ; nous déciderons ensemble de la procédure à suivre.

– Avant tout, trancha Paneb, assurons-nous de l'innocence de Thouty.

– Qui se chargera de l'enquête ?

– Moi, en tant que chef de l'équipe de droite. Et je vous jure que s'il est coupable, il parlera.

Paneb crut que l'orfèvre, dont la sensibilité était à fleur de peau, allait éclater en sanglots.

– Moi, un voleur ? Comment peut-on être assez vil pour me traîner ainsi dans la boue ?

– Cet intendant, tu le connaissais ?

– Non, je le voyais pour la première fois.

– Il ne t'a pas paru louche ?

– Louche, non ; condescendant, oui. Il m'a même proposé de postuler pour devenir orfèvre en chef de Karnak, mais ma réponse l'a déçu.

– Il t'accuse d'avoir dérobé deux plaques d'or anciennes.

– Je les ai toutes vérifiées, sur sa demande, et il n'en manquait aucune quand j'ai quitté le temple !

– Qui peut en témoigner ?

Thouty eut un regard de chien battu.

– Personne, malheureusement.

– Je dois fouiller ta maison.

Comme s'il étouffait, l'orfèvre porta la main à sa gorge.

– Toi, tu me crois coupable ?

– Justement pas, mais il faut fournir des éléments indiscutables au tribunal qui te jugera. J'attesterai qu'une perquisition en règle n'a rien donné.

Thouty se tassa contre un mur.

– Fouille, Paneb, fouille partout !

En apposant son sceau sur le rapport rédigé par le chef de l'équipe de droite, le scribe de la Tombe poussa un soupir de soulagement.

– Par bonheur, tu n'as rien trouvé.

– Thouty est effondré, la femme sage le soigne.

– Que t'a-t-il appris ?

– Il est tombé dans un piège.

– Et nous avec lui ! La confrérie est au bord du gouffre, Paneb.

– La justice reconnaîtra notre innocence.

– Ne soyons pas trop optimistes... Tant que je n'aurai pas rencontré le grand prêtre d'Amon, je redouterai le pire. Je lui ai écrit que nous menions notre propre enquête et j'attends sa réponse. S'il refuse une entrevue, notre sort sera scellé.

– Pas question ! objecta le colosse. J'irai chercher moi-même cet intendant et je le ferai avouer !

– Surtout pas d'initiative de ce genre ! ordonna Kenhir. Puisse Maât nous protéger.

Kenhir n'attendit pas longtemps la réponse du grand prêtre, et elle le surprit : le puissant personnage désirait rencontrer le scribe de la Tombe au poste de contrôle du Ramesseum.

Les deux hommes avaient choisi la sobriété : pagne à l'antique et tunique de lin ordinaire. Le grand prêtre d'Amon et Kenhir s'enfermèrent dans le bureau du chef de poste, à l'abri des oreilles indiscrètes.

– Voilà bien longtemps que je n'étais pas venu sur la rive ouest, constata le chef de la hiérarchie de Karnak, et j'aurais aimé que ce court voyage se produisît dans des circonstances moins dramatiques. Qu'en est-il de ta santé, Kenhir ?

– Elle se dégrade chaque jour, mais le travail me permet de l'oublier.

– J'ai entendu dire qu'une jeune épouse se dévouait pour toi...

– C'est une excellente maîtresse de maison, bien qu'un peu trop portée sur le nettoyage... Je la considère comme ma fille, et elle héritera de tous mes biens. Mais toi, grand prêtre, tu résistes mieux que moi à l'usure des ans.

– Ce n'est qu'une apparence, mon ami ; bientôt, je me retirerai dans l'une des petites demeures proches du lac sacré afin de laisser ma place à un prêtre plus jeune, si le roi me le permet.

– Quel roi donne des directives à Karnak, Siptah ou Taousert ?

– Taousert décide, Siptah signe encore les décrets. Je ne redoute pas la reine ; depuis son séjour ici, et grâce à l'intervention des Serviteurs de la Place de Vérité, elle ne considère pas Thèbes comme une ennemie potentielle. Sache que ma hiérarchie et moi-même sommes conscients de ce que nous vous devons.

– Mais aujourd'hui, l'un des Serviteurs de la Place de

Vérité est accusé de vol, qui plus est dans le temple de Maât, notre souveraine et notre guide, et c'est la confrérie entière qui sera jugée coupable !

– Telle est bien la réalité, confirma le grand prêtre.

– Quel genre d'homme est cet intendant qui accuse l'orfèvre Thouty ?

– Un administrateur proche du maire. Il travaille deux ou trois mois par an à Karnak, veille sur l'entretien des édifices et nous a toujours donné satisfaction. Après le départ de Thouty, il a inspecté le temple et constaté l'absence de deux plaques d'or très fines datant de la dix-huitième dynastie. Il a aussitôt appelé des membres du service de sécurité et rédigé un procès-verbal. Une seule personne travaillait dans le sanctuaire, une seule personne a pu dérober les plaques : l'orfèvre de la Place de Vérité.

– Nous avons fouillé sa maison et nous n'y avons rien trouvé.

– L'argument est insuffisant, estima le grand prêtre.

– Le tribunal de la Place de Vérité jugera Thouty.

– Le vol a été commis à Karnak, Kenhir, et ce sera au tribunal de Karnak de juger l'accusé dans le temple de Maât, à l'endroit même où il a perpétré son odieux forfait.

– Avec un retentissement considérable à notre détriment, bien entendu, surtout si la peine de mort est requise.

– Dans un cas aussi grave, elle le sera. Il y aurait peut-être une solution...

– Je t'écoute.

– Laisse les enquêteurs de Karnak pénétrer dans la Place de Vérité et fouiller toutes les demeures du village. S'ils ne découvrent pas les plaques d'or, Thouty sera peut-être disculpé.

Kenhir se renfrogna.

– Impossible ! Ce serait violer pour la première fois l'une de nos règles fondamentales. Ensuite, sous n'importe quel prétexte, n'importe quel dignitaire exigerait le libre accès au village. Et je me dois de privilégier la ruche par rapport à l'abeille.

– Tu as raison, mon ami ; à ta place, j'agirais comme toi. Mais tu condamnes Thouty et tu ruines la réputation de la confrérie.

– Accorde au chef Sobek la possibilité d'enquêter sur cet intendant et permets-lui de l'interroger.

– Tant que ce dernier résidera dans le temple, il est hors d'atteinte d'un policier qui, de plus, n'est pas habilité à travailler sur mon territoire. Et cette démarche irriterait à coup sûr le jury devant lequel comparaîtra Thouty ; on accuserait la Place de Vérité d'avoir engagé une manœuvre de diversion pour tenter d'innocenter l'un des siens.

– Un piège superbe, marmonna Kenhir.

– Il ne te reste plus qu'à charger Thouty et à l'expulser du village, préconisa le grand prêtre.

– Mais il est innocent ! Abandonner ainsi l'un des nôtres serait une lâcheté impardonnable.

– J'aime t'entendre parler ainsi, Kenhir.

– Cet intendant a été acheté par un démon qui veut notre perte, affirma le scribe de la Tombe.

– Qui serait assez fou pour s'attaquer ainsi à la Place de Vérité ? s'étonna le grand prêtre.

– Je l'ignore, mais nous finirons par le savoir.

– Il sera sans doute trop tard pour Thouty, Kenhir.

– Puisque les humains ne pourront pas se prononcer d'une manière équitable, pourquoi ne pas s'adresser aux dieux ?

– Tu songes à consulter l'oracle d'Amenhotep Ier... Mais il ne sauvera pas Thouty puisque les faits se sont produits à Karnak.

– Je ne l'oublie pas. Te souviens-tu que je suis un spécialiste des rêves ?

– Je commence à comprendre... Tu souhaites tenter l'épreuve de l'apparition en songe pour obtenir le nom du coupable !

– Exactement.

– C'est très dangereux, Kenhir, et sans aucune garantie de résultat.

– À mon âge, je n'ai plus rien à craindre.

– En raison de tes compétences dans ce domaine, le tribunal te refusera comme cobaye. Il n'acceptera pas davantage la femme sage dont les capacités de voyance sont connues. Si tu persistes, trouve un candidat assez insouciant pour risquer sa vie.

# 22.

– Au nom de tes deux enfants, Paneb, je te supplie de ne pas prendre un tel risque !

Délicatement parfumée, jolie comme un lotus bleu, Ouâbet la Pure enlaça son mari.

– Je suis le chef de l'équipe de droite et je dois sauver Thouty du piège dans lequel on l'a attiré.

– Tu n'es pas responsable de cette situation ! Et si tu succombes pendant cette épreuve inhumaine, la confrérie sera affaiblie.

– Si nous ne nous défendons pas, sa réputation sera détruite et le village ne survivra pas longtemps.

– Je ne veux pas te perdre, Paneb !

Le colosse serra dans ses bras son épouse si mince et si fragile.

– Ouâbet, tu occupes un rang élevé dans la hiérarchie des prêtresses d'Hathor. Comme moi, tu dois songer en priorité à la Place de Vérité.

– C'est trop dangereux !

– Pourquoi me considères-tu comme vaincu d'avance ?

– Personne ne t'oblige, affirma Nakht le Puissant ; et si tu renonces, personne ne te le reprochera.

– Bien parlé, approuva Paï le Bon Pain.

– Êtes-vous vraiment unanimes ? questionna Paneb en dévisageant les artisans de l'équipe de droite rassemblés devant sa porte.

– Nous le sommes, confirma Gaou le Précis.

– Je ne vois pas Ched le Sauveur.

– Oh, lui ! s'exclama Karo le Bourru, toujours le même ! Il n'a rien dit, mais il est forcément d'accord avec nous.

– J'aimerais quand même l'entendre.

– Il travaille à l'atelier.

Grâce au traitement découvert par Claire après de multiples expérimentations, les yeux de Ched avaient été sauvés ; mais son énergie faiblissait, et il avait abandonné l'essentiel du travail à son disciple Paneb, devenu son patron. Le Sauveur se contentait de fignoler certains détails et de raviver une couleur ici ou là avec une remarquable justesse. Il s'attachait à l'entretien des tombes anciennes, comme si la fréquentation des ancêtres de la confrérie l'intéressait davantage que celle des vivants.

– Ah, Paneb... Tu pars pour Karnak, m'a-t-on dit ?

– Tu n'as pas donné ton avis.

– Quelle importance aurait-il ? Quand tu prends une décision, elle est définitive.

– Tu es opposé à ma démarche, n'est-ce pas ?

– Que risques-tu, au fond ? Tomber dans un traquenard tendu par les prêtres d'Amon ou devenir fou pendant l'épreuve de l'apparition... Ça ne vaut pas la peine de s'en priver, en effet...

– Et si je réussissais ?

– Voici de l'authentique Paneb, pur et sans tache ! Lorsque le chemin n'existe pas, tu le traces. Et jusqu'à présent, tu ne t'es pas trompé de direction. Mais si tu prives la Place de Vérité d'un des plus grands peintres qu'elle a connus, je ne te le pardonnerai pas.

Paneb et la femme sage se recueillirent longuement dans l'un des oratoires de la confrérie dédié à la déesse du silence, la souveraine de la cime. La méditation offrit au colosse des forces nouvelles qu'il se promit de ne pas gaspiller avant d'affronter les ténèbres.

Quand Claire et Paneb sortirent de l'oratoire, le soleil amorçait sa descente vers l'Occident.

– Bientôt, dit-elle, ce sera le moment du *hotep*, la paix du couchant que Néfer portait dans son nom secret. Je l'ai imploré pour qu'il soit présent en ton âme et qu'il te soutienne.

– Si toi, tu me déconseilles de prendre ce risque, je t'écouterai.

– Jamais je ne me remettrai de la disparition de Néfer. Si tu mourais, toi aussi, je n'aurais plus de fils, et même la joie profonde de la confrérie ne dilaterait plus mon cœur. Mais il m'est impossible de ne songer qu'à moi-même... La condamnation de Thouty entraînerait celle de la Place de Vérité, et toi seul peux la sauver. Quand tu entreras dans la chambre des rêves, ne fais surtout pas le vide dans ton esprit, mais ne pense qu'à Thouty. Fixe sans cesse son visage, exige la vérité, et elle seule. Lumière et ténèbres se livreront un terrifiant combat à l'intérieur de toi-même, mais ne te préoccupe que de l'orfèvre. Dès cette nuit, je monterai à la cime et j'invoquerai la déesse pour qu'elle te nourrisse de son feu.

La femme sage et le chef de l'équipe de droite se donnèrent l'accolade, puis il se dirigea vers la porte principale devant laquelle s'étaient rassemblés tous les villageois.

Pas un mot ne fut prononcé, et Paneb s'éloigna sur le chemin de sortie passant le long du Ramesseum.

– Ton nom ? demanda le prêtre au crâne rasé.

– Paneb, Serviteur de la Place de Vérité.

– As-tu pleine conscience du danger ?

– Je ne suis pas ici pour bavarder.

– C'est ta vie qui est en jeu, Paneb.

– Non, celle de ma confrérie.

– Après la purification, tu franchiras cette porte. De l'autre côté, tu seras contraint d'aller jusqu'au terme de l'épreuve.

Le chef de l'équipe de droite tendit ses mains, paumes vers le ciel, afin que le ritualiste les purifie avec de l'eau fraîche provenant du lac sacré. Puis le prêtre lui lava les pieds, et Paneb chaussa des sandales blanches sur le seuil du temple portant le nom de « Ramsès qui écoute les prières », construit à l'orient de Karnak. Là se dressait un grand obélisque où s'incarnait, chaque matin, le premier rayon de lumière que saluaient quatre babouins en pierre dont seuls les dieux entendaient les acclamations.

Paneb suivit un autre prêtre au crâne rasé jusque dans une salle à colonnes dont le sol d'argent évoquait les eaux primordiales où la vie avait pris naissance.

Il s'immobilisa face à une petite porte devant laquelle se tenait le grand prêtre de Karnak.

– Mon ami Kenhir m'a beaucoup parlé de toi, Paneb. On te considère comme un meneur d'hommes et un peintre remarquable. Néfer le Silencieux, ton père spirituel, serait fier de toi. Mais ne te ferait-il pas observer que la conjonction de talents comme les tiens est si rare et si précieuse pour la confrérie de la Place de Vérité qu'il serait dommage de les risquer dans une telle épreuve ?

– J'avais cru comprendre qu'il n'était plus temps d'ergoter.

– On ne m'a pas menti non plus sur ton caractère... À titre exceptionnel, je souhaite t'accorder une dernière chance de réfléchir avant de pénétrer dans la chambre d'incubation.

– Je suis ici pour innocenter Thouty.

Le grand prêtre s'écarta.

– Que ton corps s'endorme si la fatigue l'accable, mais pas ton esprit. Sinon, tu seras perdu à jamais. Puisses-tu atteindre le dieu, Paneb, et te souvenir de tes visions.

Le colosse découvrit une petite pièce fraîchement lavée à l'eau et au natron. Au centre, un piédestal sur lequel reposait une barque en acacia. Dans la barque brûlait une lampe à une seule mèche ; semblable à celles qu'utilisaient les artisans dans les tombes, elle n'émettait pas de fumée.

La porte se referma.

Paneb s'assit en scribe et se concentra sur la flamme tout en pensant à son frère Thouty qui, grâce aux remèdes de la femme sage, dormait d'un sommeil réparateur.

Soudain, la mèche se tordit et le feu dansa, comme s'il tentait d'échapper au contrôle de Paneb. Le peintre s'en approcha et, de ses mains, sans crainte de se brûler, il parvint à l'apaiser pour en former un miroir rougeoyant dans lequel il discerna le visage de l'orfèvre.

– Raconte-moi, Thouty, raconte-moi tout...

Paneb eut le sentiment que son corps brûlait mais il passa outre car une scène s'inscrivait dans le cercle de feu.

L'orfèvre parcourait le temple de Maât et il s'attardait sur chacune des plaques d'or fixées au mur. L'une d'elles retenait plus particulièrement son attention.

– Non, Thouty, non... Tu n'as pas fait ça !

Après avoir vérifié qu'elle était bien fixée, l'orfèvre s'éloigna. Portant sur l'épaule le sac qui contenait ses outils, il sortit du temple.

La flamme lécha le front de Paneb qui n'eut même pas un

mouvement de recul, car un autre personnage apparaissait dans le cercle : l'intendant que Thouty lui avait décrit avec précision.

Après avoir jeté des regards derrière lui pour vérifier que personne ne l'observait, l'intendant descella une plaque d'or à l'aide d'un fin ciseau de cuivre. Une seconde plaque subit le même sort, et le voleur quitta les lieux.

Une brume envahit les yeux de Paneb, et il eut envie de dormir. Y résister exigeait de lui un effort si intense que son corps se couvrit de sueur.

– Où sont... les plaques d'or ? demanda-t-il d'une voix hachée.

Le visage de chacal d'Anubis surgit au centre de la flamme.

– Dors, Paneb, dors... Et tu trouveras la réponse à toutes tes questions.

– Aide-moi, Thouty... Combats avec moi, mon frère !

Les traits de l'orfèvre remplacèrent ceux du dieu, puis des images confuses se succédèrent : le Nil, des bateaux, un quai, des femmes assises, des paniers remplis de victuailles.

– Le marché ! hurla Paneb.

Il tenta de se lever pour pousser la porte, mais il était paralysé.

La flamme s'éteignit, plongeant la pièce dans le noir. Le colosse essaya de résister au sommeil mortel où son esprit s'engluait.

Alors que ses yeux se fermaient, la porte s'ouvrit.

# 23.

Dès que son service au temple fut terminé, l'intendant se rendit au marché comme convenu. C'est là qu'il échangerait les plaques d'or, invendables, contre un lingot d'argent qui lui permettrait de rembourser enfin ses dettes et de connaître une existence plus aisée. Certes, il avait dû commettre un vol et laisser accuser un artisan qui serait lourdement condamné à sa place, mais il ne regrettait rien. Chacun n'avait-il pas son propre combat à mener ?

Dans son sac à dos en cuir, les deux plaques d'or enveloppées dans des papyrus.

Encore le poste de garde principal à passer.

– Ton service est terminé ? lui demanda le chef de poste.

– Je reviendrai dans quelques mois.

– Sale histoire, ce vol...

– Heureusement, c'est très rare. Et puis le coupable a été arrêté.

– Ouvre ton sac.

Les mains moites, l'intendant s'exécuta.

– Qu'est-ce que tu emportes ?

– Comme d'habitude, les listes des réparations effectuées et celles dont j'aurai à m'occuper lors de mon retour. Ce n'est qu'un double, bien entendu ; j'ai remis ce matin l'original à mon supérieur.

– Tu travailles toujours à la mairie ?

– Pour le moment, oui.

– Bon, à la prochaine.

Revêtue de son déguisement de paysanne qui l'amusait tant, Serkéta s'était installée parmi les marchandes de fruits et de légumes avec lesquelles elle n'avait échangé que des banalités avant l'arrivée d'une clientèle nombreuse et décidée à discuter les prix. Plusieurs servantes de ses amies thébaines ne lui avaient accordé que des regards dédaigneux, et Serkéta avait même conversé quelques instants avec une riche propriétaire terrienne, si avare qu'elle faisait ses courses elle-même.

Prenant exemple sur ses collègues, l'épouse du général se montrait tantôt conciliante, tantôt intransigeante, et elle ne vendait pas trop de marchandises pour ne pas exaspérer la concurrence.

Nerveux et mal à l'aise, l'intendant apparut. Il se fraya difficilement un chemin dans la foule des badauds pour s'approcher des marchandes.

Comme prévu, les figues de Serkéta étaient disposées dans trois paniers d'un vert criard. L'intendant ne pouvait pas se tromper d'interlocutrice.

Soudain, tous les sens de Serkéta furent en alerte.

D'ordinaire, deux babouins policiers surveillaient le marché et ils sautaient sur les mollets des chapardeurs. Aujourd'hui, il y en avait quatre. Et plusieurs cerbères armés de bâtons les accompagnaient.

Ou bien l'intendant avait parlé, ou bien on l'avait filé. Quoi qu'il en fût, Serkéta risquait d'être prise dans la nasse.

Il s'immobilisa devant les paniers verts.

– Vends-tu des melons d'eau ?

– Uniquement des figues bien mûres, répondit-elle selon le code convenu. Goûte celle-là.

L'intendant apprécia le fruit.

– Prends une cagette en échange de tes papyrus, murmura-t-elle. La police nous surveille.

– La police, mais...

– Fais vite.

Heureux de se débarrasser de son fardeau, l'intendant obéit.

– Le lingot est caché au fond de la cagette, précisa Serkéta. Achète d'autres fruits à ma voisine et continue ton marché. Surtout, garde ton sang-froid.

La gorge serrée et les mains tremblantes, l'intendant négocia du raisin. Alors qu'il tournait la tête pour voir si sa complice était toujours là, sa vue se brouilla. Un jet d'acide brûla son tube digestif, son cœur s'emballa et il ne parvint plus à reprendre son souffle.

Voyant que son client avait un malaise, la vendeuse se leva.

– Ça ne va pas ?

– Je... Elle m'a...

Les yeux révulsés, l'intendant s'effondra sur une pile d'oignons frais.

– À l'aide ! hurla la femme.

Les policiers se précipitèrent. Le chef Sobek les écarta.

– Cet homme est mort, constata-t-il.

Un début de panique s'empara du marché, mais les babouins aux crocs menaçants rétablirent le calme.

– Où est passée ta voisine ? demanda Sobek.

– La marchande de figues ? Je l'ignore... Je ne l'avais

jamais vue auparavant, et elle a disparu après avoir parlé avec l'homme qui vient de mourir.

– Lui a-t-il acheté des fruits ?

– Ceux qui se trouvaient dans cette cagette renversée.

Sobek l'examina. Elle ne contenait que des figues.

– Comment l'a-t-il payée ?

– Avec des papyrus, je crois.

À tout hasard, le policier inspecta l'endroit où s'était assise la tueuse. Il y trouva les papyrus et, à l'intérieur, les deux fines plaques d'or volées au temple de Maât. Par crainte des babouins, la fausse marchande n'avait pas osé les emporter.

– Comment va-t-il ? demanda Kenhir à Ouâbet la Pure.

– D'après ce qui s'est passé cette nuit, répondit-elle avec un sourire malicieux, il me semble en excellente forme.

– Bon, bon... Je peux le voir ?

Le visage de la jolie blonde se ferma.

– Pas de mauvaise nouvelle, j'espère ?

– Au contraire !

– Alors, entrez.

Paneb jouait avec la petite Séléna pour laquelle il avait fabriqué une poupée articulée et peinte représentant une prêtresse d'Hathor qui faisait offrande d'un miroir. Avec délicatesse, la fillette manœuvrait le bras sous le regard attentif de son père.

– Parfait, chérie... Elle peut aussi marcher, tu sais !

Admirative et concentrée, Séléna suivit les mouvements de la poupée comme si son existence en dépendait.

– Moi aussi, je serai une prêtresse ?

– Tu aimerais un beau miroir comme celui-là ?

– Pas seulement.

– Quoi d'autre ?

– Je veux connaître le secret de la montagne. Et il n'y a qu'une prêtresse d'Hathor qui puisse le demander à la déesse. J'ai questionné maman, mais elle refuse de me le dire.

– C'est normal, Séléna.

– Toi aussi, tu refuses de me donner le secret ?

– Moi, je suis un artisan, pas une prêtresse.

Ce rappel plongea la fillette dans un abîme de perplexité d'où elle ne fut pas longue à sortir.

– Tu pourrais quand même m'emmener à la cime ! Fort comme tu es, tu ne redoutes aucun démon.

– Sois un peu patiente.

Le scribe de la Tombe toussota.

– Désolé de vous interrompre, mais je viens d'apprendre que le tribunal de Karnak a complètement innocenté Thouty. Le grand prêtre a convié notre orfèvre à terminer la décoration du petit temple de Maât et il lui remettra l'équivalent des deux plaques d'or en onguents et en vêtements.

– Comment va-t-il ?

– Beaucoup mieux. La femme sage pense qu'il reprendra le travail dans les prochains jours. Se savoir lavé de toute accusation a redonné à Thouty le goût de vivre. Et toi, comment te sens-tu ?

– Je ne souhaite pas revivre ce genre d'expérience, avoua le colosse en prenant sa fillette dans les bras. Quand le sommeil m'a gagné, j'ai cru que la vision que j'avais eue du marché serait inutile. Puis il y a eu un rayon de lumière, et j'ai retrouvé peu à peu l'usage de mes membres sans jamais cesser de penser à Thouty... La fraternité serait-elle plus forte que la mort ?

Pour masquer son émotion, Kenhir toussota de nouveau.

– L'intendant était très endetté, révéla-t-il ; c'est la raison pour laquelle il a volé les deux plaques d'or, avec la certitude de pouvoir les échanger sur le marché. L'intervention de la police a malheureusement été trop voyante, et sa complice, une marchande de figues, a réussi à s'enfuir en abandonnant son butin.

– Une marchande de figues ? s'étonna Paneb.

– Oui, une paysanne dont aucun signalement précis n'a été établi.

– Ça ne tient pas debout !

– D'après le chef Sobek, elle n'était qu'un intermédiaire dont la mission consistait à recueillir les plaques d'or, sans doute pour les fondre.

– Autrement dit, il existe un véritable gang dont le but consiste à détruire la Place de Vérité ! Et l'un d'entre nous, un homme qui se prétend notre frère, en fait partie !

La fillette se blottit contre son père.

– Ça veut dire que les ténèbres vont manger la lumière ? demanda-t-elle, inquiète.

– Ça veut dire que nous nous battrons pour que l'œuvre se poursuive et que la trahison finisse par étouffer le traître.

# 24.

Réuni sous l'autorité de la reine Taousert, le grand conseil, où siégeaient désormais Seth-Nakht et son fils aîné, n'attendait plus que le chancelier Bay.

– Il n'est jamais en retard, murmura le responsable des canaux. Sa Majesté n'appréciera pas...

La reine échangea quelques propos avec son ministre des Finances, puis elle s'adressa à l'assemblée.

– L'un de vous sait-il où se trouve le chancelier ?

Personne ne répondit.

– Que le chambellan se rende jusqu'à l'appartement de Bay pendant que nous nous mettons au travail. Commençons par le rapport du responsable des canaux.

Le chambellan sortit de la salle du conseil et il courut au bureau du chancelier.

Vide.

Restait sa chambre dont la porte était fermée. Le chambellan frappa.

N'obtenant pas de réponse, il osa la pousser. Le verrou n'était pas tiré.

– Chancelier... Vous êtes là ?

Au pied de son lit, Bay gisait dans une mare de sang.

Quand le chancelier ouvrit les yeux, il crut avoir atteint les champs paradisiaques de l'autre monde. Un parfum de lotus mêlé de jasmin enchantait ses narines, et le merveilleux visage de la reine Taousert se penchait sur lui.

– Bay... Peux-tu parler ?

– Je... je ne suis pas mort ?

– Plusieurs médecins s'occupent de toi. Que s'est-il passé ?

– Je me souviens ! Une quinte de toux, plus violente que les autres... Et puis du sang, un flot de sang, et je me suis évanoui... Mais j'y pense ! Le grand conseil, j'ai manqué le grand conseil !

Bay tenta de se lever.

– Reste alité, chancelier, je te l'ordonne.

– Bien, Majesté, bien... Mais les débats ont-ils abouti ?

– De bonnes décisions ont été prises.

– Tant mieux... Mais il y a encore tant à faire ! Rassurez-vous, je ne souffre que d'une fatigue passagère. Dès demain, je serai sur pied.

– Tu as droit à un peu de repos.

– Est-ce un autre ordre, Majesté ?

– Bien sûr.

– Je suis désolé, pour mon absence au grand conseil... Cela ne se reproduira plus.

– Nous avons suivi tes directives, le Trésor est satisfait.

– Majesté, je voulais vous dire...

La voix du chancelier était à peine perceptible. La reine prit sa main.

– Majesté… Prenez soin de l'Égypte.

Pendant de longues minutes, Taousert demeura immobile. Un médecin s'approcha.

– Majesté, le chancelier est mort.

– Non, docteur, il se repose enfin.

Marchant de plus en plus difficilement à cause de son pied bot, le roi Siptah sortit de la chambre austère qu'il occupait dans le temple d'Amon pour aller à la rencontre de la reine.

Taousert fut frappée par le vieillissement du jeune monarque dont le visage, malgré la souffrance, exprimait pourtant une réelle sérénité.

– Vous désiriez me voir, Majesté ? interrogea Siptah.

– J'ai de mauvaises nouvelles.

– J'aimerais faire quelques pas dans la grande cour à ciel ouvert… Voilà plusieurs jours que je n'ai pas vu le soleil. Grâce à ma canne, je peux encore me déplacer.

Avec un courage digne d'admiration, le monarque réussit à oublier les douleurs qui le rongeaient depuis plusieurs mois pour sortir du temple couvert et respirer à l'air libre.

– Comme ce ciel est splendide ! C'est là-haut que vivent les âmes des rois… Mais vous évoquiez de mauvaises nouvelles ?

– Le chancelier Bay est décédé.

Siptah se plia en deux comme s'il avait reçu un coup de poing dans l'estomac.

– Bay, mon ami et mon bienfaiteur… Il s'est épuisé à la tâche.

– Sa momie reposera dans la Vallée des Rois, près de votre demeure d'éternité.

– Quel magnifique voyage Bay va entreprendre ! Je suis certain qu'il m'accueillera dans la Vallée.

Le roi s'assit sur un banc de pierre.

– Quel piètre monarque je suis ! Vous me parlez de l'Égypte, et je ne songe qu'à moi-même.

– Remplacer Bay sera impossible. Il occupait un poste à

part qu'il avait façonné pour lui-même au prix d'efforts constants, et tous les membres du gouvernement le respectaient. À présent, nous voici seuls, vous et moi, face à eux et aux courtisans.

– Je suis incapable de vous aider, Taousert; vous êtes encore plus isolée que vous ne le pensez. Tout ce que je puis vous offrir, c'est mon appui inconditionnel face aux charognards qui ne manqueront pas de convoiter le trône. Je signerai les décrets que vous prendrez, car je sais que seule compte pour vous la sauvegarde de notre pays.

La reine s'inclina devant Pharaon.

Taousert pénétra dans une immense volière où vivaient des oiseaux bariolés qu'avaient offerts au palais des explorateurs du grand Sud. La reine remplit elle-même de grains les coupelles et versa de l'eau fraîche dans les godets. Une huppe à la crête noire et jaune se posa sur son épaule et l'observa en penchant la tête.

– Désires-tu la liberté? lui demanda-t-elle en montrant la porte largement ouverte.

La huppe s'envola, demeura quelques instants en vol stationnaire, puis retourna au fond de la volière.

– Moi non plus, je ne parviens pas à m'échapper, murmura la reine en regardant venir à elle, d'une démarche plus décidée encore qu'à l'ordinaire, le rugueux Seth-Nakht.

– M'accordez-vous un entretien privé, Majesté, ou dois-je solliciter une audience officielle?

– Puisque vous ne vous êtes certainement pas déplacé pour des broutilles, parlons.

– Ces oiseaux sont bruyants... Allons sous le kiosque.

Ce dernier présentait l'avantage d'être à la fois ombragé et isolé; aucun jardinier n'entendrait la conversation.

La reine et Seth-Nakht s'assirent face à face, de part et d'autre d'une table basse sur laquelle se trouvait une corbeille de raisin.

– Avec la mort de Bay, Majesté, vous perdez l'homme qui réussissait à juguler les factions.

– Nul n'en est plus conscient que moi.

– À mon sens, personne n'est en mesure de le remplacer.

– Vous avez raison.

– Comptez-vous assister à ses funérailles ?

– Elles se dérouleront à Thèbes, et il m'est impossible de quitter Pi-Ramsès.

– Heureux de vous l'entendre dire.

– Auriez-vous tenté de m'empêcher de partir ?

– Puisque vous restez, Majesté, la question ne se pose pas. Dans la situation actuelle, toute autre attitude eût été une faute grave. Chacun sait que le roi Siptah se meurt, et il vous a sans doute confié la responsabilité de régner à sa place. Si le pharaon était parti pour l'étranger, vous auriez été chargée de gouverner, et votre position n'a donc rien d'anormal. Vous n'êtes pas la première régente des Deux Terres et vous incarnez aujourd'hui la stabilité dont elles ont besoin, à condition de ne pas vous éloigner de la capitale. Aussi mon fils aîné et moi-même vous obéirons-nous sans défaillance.

– Heureuse de vous l'entendre dire, ponctua la reine avec un léger sourire.

– Mais je tenais à vous préciser une nouvelle fois que cette obéissance a des limites. À la mort de Siptah, la régente devra s'écarter du trône.

– Pour l'abandonner à qui ?

– À un homme d'expérience qui restaurera enfin le pouvoir pharaonique dans sa toute-puissance. Nous avons subi des règnes d'une inquiétante faiblesse, ces dernières années, et ce n'est pas une femme qui pourra mettre fin à cette dérive.

– Pourquoi vous en croyez-vous capable ?

– Parce que j'en ai la ferme volonté.

– Même au prix d'une guerre civile, Seth-Nakht ?

– Ce serait faire le jeu de nos ennemis et condamner

l'Égypte à mort. Lorsque le moment sera venu, Majesté, retirez-vous et laissez-moi agir.

Quand les villageois apprirent la convocation des membres du tribunal de la Place de Vérité, beaucoup firent grise mine. À quelle nouvelle épreuve seraient-ils confrontés ? Il ne pouvait pas s'agir de l'affaire Thouty, définitivement résolue, et personne n'avait entendu parler d'un conflit récent entre deux artisans.

De multiples rumeurs se répandirent, allant de la condamnation de l'épouse de Paï le Bon Pain pour abus de pâtisseries jusqu'à celle de Karo le Bourru pour excès de jurons, mais aucune ne parut fondée.

– C'est sûrement en rapport avec le décès du chancelier Bay, estima Ounesh le Chacal ; les autorités ont décidé de réduire nos livraisons !

– Moi, affirma Nakht le Puissant, je suis persuadé que les artisans de Karnak nous jalousent et qu'ils veulent nous empêcher de travailler pour l'extérieur.

– Quoi qu'il arrive, annonça Féned le Nez, on ne se laissera pas manipuler.

À la surprise générale, la session du tribunal fut de courte durée ; Kenhir se refusa à toute déclaration, et le village demeura dans l'expectative.

– C'est si grave ? interrogea Niout la Vigoureuse.

– Nous avons pris une décision capitale pour l'avenir de la confrérie, répondit le scribe de la Tombe, et j'espère que nous ne nous sommes pas trompés.

# 25.

Agissant en tant que prêtre du *ka*, le chef de l'équipe de gauche prononça les ultimes formules de résurrection sur le sarcophage du chancelier Bay. Puis il éteignit les lampes et remonta à la surface où l'attendaient les Serviteurs de la Place de Vérité qui avaient apporté étoffes, onguents, mobilier, papyrus et aliments momifiés dans la demeure d'éternité du chancelier.

Étranges funérailles dans la Vallée des Rois, en faveur d'un homme qui n'avait pas été pharaon et que le pharaon régnant, incapable de voyager, n'avait pas honoré de sa présence. Méfiants, les dignitaires thébains avaient préféré s'abstenir, laissant aux artisans le soin de s'occuper de la momie de Bay.

Paneb ferma la porte du tombeau sur laquelle il apposa le sceau de la Place de Vérité.

– Même la reine Taousert n'est pas venue...

– Elle ne peut pas quitter la capitale, estima Hay. Sans le soutien du chancelier, imagines-tu dans quelle tourmente elle se débat ?

– Si elle est capable de régner, voici le moment de le prouver.

– D'après les informations recueillies par Kenhir, la position de la reine se fragilise de jour en jour. Siptah est son dernier rempart ; à sa mort, c'est un clan guerrier qui prendra le pouvoir.

– Un clan pour lequel notre confrérie ne comptera guère !

– C'est à craindre, reconnut Hay.

Les artisans quittaient lentement la Vallée des Rois. Ils passèrent par le col, non sans avoir admiré, une fois de plus, la cime d'Occident et les collines brûlées de soleil à l'abri desquelles reposaient les rois et les reines, ainsi que leurs fidèles serviteurs.

Alors que Paneb allait franchir la porte du village, le scribe de la Tombe lui barra le chemin avec sa canne.

– Désolé, tu ne rentres pas chez toi.

– Pour quelle raison ?

– Ton comportement nous a décidés.

– Décidés... à quoi ?

– Le tribunal de la Place de la Vérité t'a désigné comme maître d'œuvre de la confrérie, chargé de prolonger l'œuvre de Néfer le Silencieux.

Frappé de stupeur, le colosse demeura muet.

– Pour remplir cette fonction et avoir accès aux plus hauts mystères, reprit Kenhir, tu dois vivre une nouvelle initiation. Remets-t'en à la main qui te guide.

Sans plus d'explications, le scribe de la Tombe tourna le dos à Paneb.

– Suis-moi, lui ordonna Hay qui gagna le chemin de sortie longeant le Ramesseum.

Paneb crut que la cérémonie se déroulerait à l'intérieur du temple des millions d'années de Ramsès le Grand, mais le chef de l'équipe de gauche poursuivit sa route jusqu'à l'embarcadère.

– Nous passons sur la rive est ?

– Oui, mais pas avec le bac habituel.

Les deux hommes longèrent la rive jusqu'à un endroit isolé où les attendait un bateau. Au gouvernail, un curieux marin qui avait le crâne rasé et deux yeux peints sur la nuque, comme s'il était capable de voir derrière lui.

– Avez-vous de quoi payer ? demanda-t-il.

– Le prix du passage est l'Ennéade des dieux qui contient et révèle l'unité, répondit Hay en montrant ses dix doigts.

La traversée s'effectua en silence jusqu'au débarcadère de Karnak, vide de toute présence humaine. La cité sainte était plongée dans le silence.

– Ici s'ouvre l'œil du maître de l'univers, déclara Hay, et ce sanctuaire est le lieu où s'exprime son cœur. Ici est reconstitué ce qui était épars.

Après avoir longé l'enceinte, Hay mena Paneb jusqu'au temple de l'Orient.

Le colosse parut réticent.

– Faut-il encore affronter la chambre des rêves ?

– Reculerais-tu devant l'épreuve ?

Paneb regarda droit devant lui.

– Contemple la butte primordiale, recommanda Hay, l'île née de l'océan des origines lors de la première fois. Elle contient l'énergie lumineuse qui permet à la pierre de vivre et à la main des constructeurs de bâtir. Le soleil se lève sur elle chaque matin, il éclaire ceux qui erraient dans les ténèbres, et le chemin sous leurs pas se fait plus sûr.

Paneb s'avança, et la porte du temple s'ouvrit.

– Tes liens sont ôtés, annonça la voix grave d'un prêtre. Les portes du ciel s'ouvrent pour toi, tout t'est donné, tout t'appartient. Tu entres en faucon, tu sortiras en phénix. Que l'étoile du matin t'ouvre la voie et te permette de contempler le maître de la vie.

Paneb suivit un ritualiste qui rythmait sa marche en frappant le sol d'une longue canne en bois doré et il passa devant les colosses de Ramsès avant de vénérer l'obélisque dont le pyramidion d'or reflétait la lumière du soleil.

– Te voici parvenu au lieu d'origine du souffle de Râ, riche en miracles pour sauver celui qui affronte le vide. Nourris-toi de son rayonnement et pénètre dans l'atelier divin.

Le peintre ne fut pas introduit dans la chambre des rêves mais dans une petite salle où deux prêtres, portant des masques d'ibis et de faucon, le purifièrent avant de le conduire au sanctuaire de Thoutmosis III, « Celui dont les monuments étincellent de lumière » *.

C'est là qu'étaient initiés les grands prêtres de Karnak, là aussi que les maîtres d'œuvre recevaient l'illumination nécessaire pour que l'esprit et la main soient indissolublement unis.

– Pour orienter l'œuvre, dit le masque de faucon, il te faut entrer dans la lumière et voir comme elle voit. Que demandes-tu, en ce jour où le soleil brille au cœur de la nuit ?

– Je viens vers toi, souverain de l'espace sacré, car j'ai pratiqué la règle de Maât. Permets-moi de faire partie de ceux qui sont dans ta suite et de connaître ton rayonnement, au ciel comme sur terre.

– Pour accéder à l'état d'être lumineux, transforme le périssable en éternel, assemble les matériaux qui formeront un corps nouveau et inaltérable, sois l'artisan qui donne la vie. Ta main connaîtra les desseins de Dieu et ta bouche prononcera les formules de transfiguration. Alors, tu te déplaceras comme une étoile dans le ventre de ta mère, le ciel, tu brilleras comme l'or et tu accompliras l'œuvre. Et souviens-toi que Maât est lumière fécondante pour qui la pratique.

* L'*Akh-menou* de Karnak dont on peut admirer les vestiges.

Paneb progressa à l'intérieur d'une vaste salle aux piliers décorés d'admirables peintures représentant le pharaon en communion avec les divinités. Des teintes chaudes émanait une clarté qui bouleversa le colosse.

– La lumière est au ciel, la puissance sur terre, déclara le grand prêtre d'Amon en présentant à Paneb une statuette d'Amon en or, haute d'une coudée. Si tu en es capable, parachève l'œuvre commencée par ton prédécesseur, Néfer le Silencieux.

Le grand prêtre s'éclipsa, laissant l'Ardent seul face au dieu.

Paneb ne disposait d'aucun outil, et il jugea la sculpture si parfaite qu'il ne pouvait en modifier aucun aspect. Dans le moindre détail, Néfer avait atteint une telle beauté qu'elle lui dilata le cœur.

Alors lui, le colosse, s'inclina devant la fragile statuette et il vénéra la puissance dont elle était porteuse.

Sur les piliers, les représentations du pharaon semblèrent s'animer, les offrandes se multiplier et se concentrer en un seul rayon qui pénétra dans la tête de la statuette.

Et cette dernière se disloqua pour laisser apparaître une pierre semblable à la pierre de lumière que la Place de Vérité utilisait pour donner à ses œuvres leur pleine efficacité.

Paneb comprit que les éléments composant un matériau pouvaient se dissocier et s'assembler d'une autre manière, et que les artisans étaient capables d'accomplir ces transmutations à condition de savoir utiliser la pierre.

La raison lui eût commandé de fermer les yeux et de se voiler la face afin d'éviter un rayonnement d'une intensité telle qu'il illuminait le temple entier; mais le peintre goûta de tout son être cette énergie venue du fond de l'univers.

– Porte-la, dit la voix du grand prêtre d'Amon, et tu tiendras la lumière entre tes mains.

Le colosse souleva la pierre, à la fois lourde et légère.

– L'initié est une pierre brute, affirma le pontife. Lorsqu'il pénètre dans le temple, il s'affine comme le minéral né dans le ventre de la montagne et il monte des profondeurs pour naître au jour et s'intégrer à la pierre de lumière. Tu as vu le secret, Paneb, et tu dois à présent le construire et le transmettre. Ici, dans ce temple, tes prédécesseurs ont bâti la contrée de lumière où les rites s'accomplissent ; dans la Place de Vérité, la présence des ancêtres, âmes lumineuses, maintient l'efficacité de la pierre des origines. Et toi, maître d'œuvre, tu dois préserver la cohérence de la confrérie.

Une paix profonde emplit le sanctuaire, semblable à celle que dispensait le couchant au terme d'une journée de travail. Mais Paneb sentit que, pour lui, l'heure n'était pas venue de goûter à ce bonheur-là.

Quand il sortit de l'édifice, un immense oiseau bleu, un phénix venu de l'Orient, volait en direction de la Place de Vérité.

# 26.

L'annonce de la nomination de Paneb comme maître d'œuvre de la Place de Vérité et successeur de Néfer le Silencieux se confondit avec la grande fête célébrée en l'honneur du roi Amenhotep Ier, fondateur et maître du village, le vingt-neuvième jour du troisième mois de la saison des semailles. Les villageois portèrent en procession la statue de leur protecteur avant le banquet monumental au cours duquel ils dégustèrent des cailles rôties, du ragoût de pigeon, des rognons, des côtes de bœuf, plusieurs sortes de poissons, des fromages, des baies de jujubier, de la compote de figues et des gâteaux au miel et à l'alcool de dattes.

Les artisans s'étaient occupés de la viande, les femmes des autres plats ; et l'on avait sorti les marmites en serpentine et la vaisselle précieuse offerte par les pharaons, à savoir des coupes et des plats en albâtre, et des gobelets d'or dans lesquels on verserait des crus exceptionnels que Kenhir avait sortis de sa cave.

Quand Ouserhat le Lion brandit le bâton à tête de bélier, symbole du dieu Amon auquel on adressait les réclamations, personne ne prit la parole.

– Il n'y a pas de frère pour celui qui est sourd à la voix de Maât et pas de jour de fête pour l'avide, rappela le scribe de la Tombe. Nous avons la chance de vivre une période d'harmonie et d'avoir à notre tête Paneb l'Ardent qui poursuivra l'œuvre et nous défendra contre nos ennemis. Ensemble, faisons un jour heureux.

Ensemble, c'était ensemble. C'est pourquoi le chien Noiraud, à la tête de son clan composé de Vilaine Bête, l'oie gardienne, du singe vert et de Charmeur, l'énorme chat de Paneb, eut droit, comme ses compagnons, aux mêmes victuailles que les humains. À titre tout à fait exceptionnel, Vent du Nord, l'âne du colosse, fut autorisé à pénétrer dans le village pour participer, lui aussi, aux réjouissances.

Et ses grandes oreilles furent charmées par le concert que donnèrent trois prêtresses d'Hathor. L'une jouait d'un double hautbois, formé de deux tuyaux longs et minces taillés dans des roseaux, l'autre d'une clarinette et la troisième d'une harpe cintrée sculptée dans le tronc d'un acacia. La harpiste n'était autre que Turquoise dont la beauté et les parures attirèrent bien quelques remarques acerbes de la part des maîtresses de maison les moins gâtées par la nature ; mais la musicienne ne se préoccupait que de son instrument et, les yeux fermés, laissait courir ses doigts sur les sept cordes.

– Tu n'as pas l'air très gai, dit à Paneb Rénoupé le Jovial dont la panse menaçait d'éclater.

– Les responsabilités ne réjouissent que les inconscients, affirma Ounesh le chacal.

– Voilà qui est parlé, confirma Gaou le Précis dont le long nez commençait à rougir.

– On verra ça demain, proposa Didia le Généreux ; pour l'heure, honorons ces nourritures de fête et ces amphores de vin vieux.

Casa le Cordage aurait volontiers approuvé le charpentier, mais il ne distinguait plus ce qui l'entourait et il ne parvenait plus à articuler.

Contraint d'être relativement sobre à cause des coups d'œil courroucés que lui lançait Niout la Vigoureuse, Kenhir nota que les prêtresses d'Hathor ne buvaient pas que de l'eau. Sans nul doute, la femme sage aurait beaucoup à faire pour soulager les estomacs et libérer les foies engorgés !

Tout au long de la soirée, Paneb avait semblé absent, comme si la fête ne le concernait pas.

– Tu songes à Néfer, n'est-ce pas ? lui demanda Claire.

– C'est lui qui aurait dû présider ce banquet, pas moi. J'ai vu son chef-d'œuvre, à Karnak, et je ne peux rien y ajouter.

– Dans la même situation, il a prononcé les mêmes paroles. Et il ne songeait qu'à se retirer dans son atelier pour rester seul avec les outils et les matériaux.

– Autrement dit, impossible de renoncer à une mission que vous confie la Place de Vérité...

– C'est ce que ton père spirituel avait compris, en effet. Mais chacun n'est-il pas libre de choisir son destin ?

– Un seul désir m'a toujours animé : appartenir à cette confrérie, peindre le feu de la vie, atteindre la lumière immuable... Mais je ne songeais pas à la diriger !

– Néfer non plus... Sur notre chemin, c'est lorsqu'on se détache du pouvoir qu'il nous est donné. Et c'est alors qu'on mesure son poids.

Rarement fête fut aussi joyeuse. Puisque le village avait de nouveau un maître d'œuvre, les inquiétudes se dissipaient.

La dernière amphore vidée, des torches furent distribuées aux convives. Elles illuminèrent la Place de Vérité qui étincela longtemps dans la nuit étoilée.

Ouâbet la Pure avait utilisé sa coquille à fard, parfaite imitation d'un coquillage du Nil taillée dans l'albâtre, pour se composer un maquillage raffiné. Vêtue de sa plus belle robe, d'un vert tendre, elle était enfin prête. Séléna, elle, s'impatientait.

– Tu viens, maman ?

Ouâbet jeta un dernier coup d'œil à la maison afin de s'assurer qu'il n'y subsistait plus le moindre objet.

Déjà, les artisans transportaient le mobilier jusqu'à la nouvelle demeure du maître d'œuvre, presque aussi grande que celle du scribe de la Tombe. Ouâbet devait leur indiquer l'emplacement de chaque meuble et donner aux domestiques les directives indispensables. Jeunes gens et jeunes filles du village s'étaient bousculés avec l'espoir d'entrer au service de l'épouse de Paneb, qui en avait retenu cinq en insistant sur ses exigences, à commencer par une stricte hygiène.

– Où est Paneb ? demanda-t-elle à Nakht le Puissant, porteur d'un coffre en bois rempli de linge.

– Au temple, pour la remise des outils.

– Fais bien attention, surtout ! C'est mon plus beau coffre.

Ouâbet était à la fois énervée et ravie. Dès leur première rencontre, elle avait senti que Paneb possédait l'étoffe d'un chef et elle se félicitait de sa réussite due à son courage et à son talent. À l'amour qu'elle éprouvait pour le colosse se mêlait une profonde admiration, et elle n'avait d'autre souci que d'être une épouse digne de lui.

– Les paniers à couture, je les pose où ? interrogea Karo le Bourru.

– Suis-moi.

Séléna avait déjà pris possession de sa chambre où elle jouait avec sa poupée. Quant à Aperti, il avait préféré s'entraîner à la lutte avec ses camarades. Redoutant qu'il ne brisât des objets fragiles, sa mère ne s'était pas opposée à cette nouvelle manifestation de paresse.

Ouâbet s'était réjouie de l'attitude de Turquoise. Pas une seule fois au cours du banquet, sa sœur en esprit n'avait adressé la parole à Paneb, abandonnant à l'épouse légitime le devant de la scène. Ouâbet avait craint que la nomination de son mari ne déclenchât des exigences incongrues de la part de la superbe rousse, mais cette dernière avait su tenir son rang.

– Quelle belle maison ! s'exclama Paï le Bon Pain. Comme tu dois être heureuse, Ouâbet... Toi, tu avais vu juste : l'Ardent n'est vraiment pas un homme comme les autres.

– Voici la coudée du maître d'œuvre, dit la femme sage en confiant à Paneb l'outil en or sur lequel étaient gravées des divisions en palmes et en pouces. Elle est coudée royale, sacralisée par quatre dieux, Horus à l'Orient, Osiris à l'Occident, Ptah au Nord, Amon au Midi. Dans toutes tes œuvres, tu invoqueras ces angles de la création et tu incarneras ces piliers. Grâce à la coudée que nous a léguée Thot, le maître de l'univers, tu respireras le souffle de l'origine. Par la coudée, tu agiras comme un être utile, efficace, puissant, juste de voix et porteur de vie.

Puis la femme sage remit à Paneb sa coudée de chantier en bois d'ébène sur laquelle était gravée une invocation à Osiris et à Anubis.

– Elle te servira à faire vivre les proportions justes, mais la mesure que tu imprimeras dans tes constructions sera ton propre bras. Ainsi s'uniront la coudée éternelle et son incarnation.

La femme sage offrit ensuite au maître d'œuvre les trois autres outils majeurs de sa fonction, l'équerre dont l'un des noms était « l'étoile » et qui correspondait au triangle 3/4/5, le niveau et le fil à plomb, ces deux derniers marqués par la présence d'un peson en forme de vase scellé, l'hiéroglyphe du cœur.

– Que Ptah, le maître des bâtisseurs, rende ces outils efficaces. Avec eux, tu reconstitueras l'œil en rassemblant ses parties éparses, et tu verras ce qui doit être vu, dans le visible comme dans l'invisible, dans l'apparent comme dans le caché.

Pour y parvenir, ton premier devoir consiste à préparer ta demeure d'éternité, là où tu vivras hors du temps.

La femme sage s'approcha du colosse et lui ceignit les reins du tablier d'or qu'avait porté Néfer le Silencieux.

– Accomplis ce qui est droit et juste, Paneb, sois cohérent et calme, aie un caractère ferme capable de supporter le malheur comme le bonheur, un cœur vigilant et une langue capable de trancher. Puisque tu as vécu les grands mystères, tu es à présent capable de pratiquer le rite d'éveil de la puissance créatrice et d'officier dans le sanctuaire du temple, là où s'accomplit chaque matin le travail primordial, la résurrection de la lumière qui rend vivant tout ce qui existe.

Paneb eut le sentiment que des dizaines d'énormes pierres lui tombaient sur les épaules, mais il ne ploya pas sous la charge, lui le fils de paysan qui avait seulement désiré devenir dessinateur afin d'assouvir sa passion.

Guidé par la femme sage, le maître d'œuvre pénétra dans le sanctuaire du temple principal de la Place de Vérité et, comme son père spirituel avant lui, il parcourut les deux chemins, celui de Maât, la règle éternelle de l'univers, et celui d'Hathor, l'amour créateur, pour percevoir qu'ils ne faisaient qu'un.

# 27.

La servante nubienne étala un peu trop d'onguent amaigrissant sur les cuisses de Serkéta.

– Petite idiote ! hurla-t-elle en la giflant. Tu vas me brûler la peau !

La jeune Noire, dont la beauté rendait jalouses les amies de sa maîtresse, retint ses larmes. Mal payée, traitée avec une insupportable brutalité, elle tenait cependant à ce premier emploi dans une luxueuse villa, pourtant si loin de son village natal. Elle avait décidé de ne pas rester paysanne et de goûter aux plaisirs de Thèbes ; et ce n'était pas son odieuse patronne qui la découragerait.

– Je vous présente mes excuses.

Serkéta haussa les épaules.

– Apporte-moi mes bâtonnets de maquillage.

Redoutant le premier cheveu gris et la première altération de la peau, Serkéta consommait de plus en plus de produits de beauté : fards vert et noir pour les yeux, ocre rouge pour les lèvres, poudres et crèmes douces pour le visage, teintures régénérantes et huiles pour les cheveux. Aussi sa salle de bains débordait-elle de vases plus coûteux les uns que les autres, avec pour fleuron un vase à parfum en verre d'une parfaite transparence.

– Mon petit déjeuner, exigea-t-elle.

La Nubienne gâtait sa patronne, avide de crème fraîche et d'un beurre mélangé à du fenugrec et du carvi ; tartiné sur du pain chaud, il contribuait à augmenter ses rondeurs, mais Serkéta n'y résistait pas.

Vêtu d'une splendide robe plissée, Méhy fit irruption dans les appartements privés de sa femme.

– Dehors, ordonna-t-il à la Nubienne qui sortit en courant.

– Déjà prêt, chéri ? s'étonna Serkéta.

– Je réunis mes officiers supérieurs pour mettre la dernière main au rapport qu'a exigé Seth-Nakht.

– Rien d'ennuyeux, j'espère ?

– Un banal travail administratif. Ce qui compte, c'est l'inévitable affrontement entre ce vieux courtisan et la reine Taousert.

– Sur qui paries-tu ?

– Souhaitons qu'ils s'entre-détruisent.

Serkéta se suspendit au cou de son mari.

– Si tu savais comme j'étais excitée, au marché ! Ces imbéciles de policiers tout près de moi, tu imagines ?

– Tu prends trop de risques, ma douce.

– Mais non, mon tendre lion ! Jamais ils ne me captureront. Je ressens la présence du danger mieux qu'un animal sauvage.

– La police a tout de même compris qu'une femme était impliquée dans l'affaire.

– Elle ne sait rien, sinon qu'un réseau bien organisé agit dans l'ombre.

– As-tu des nouvelles du traître ?

– Paneb a été nommé maître d'œuvre de la Place de Vérité. Il utilisera donc la pierre tôt ou tard ; c'est pourquoi notre allié ne le quitte plus des yeux. Et il a une idée pour troubler le bon fonctionnement de la confrérie et le début de règne de Paneb.

– Moi, j'en ai une autre qui va dans le même sens... Il ne faut plus laisser ce colosse en repos ! Comme il est loin d'être aussi pondéré que Néfer le Silencieux, il finira par exploser à la manière d'une pierre que l'on brise à coups de masse.

Pour la première fois, Paneb présidait le tribunal du village afin de faire le point sur les conditions de travail et de répondre aux angoisses de certains artisans.

Karo le Bourru ne manqua pas d'attaquer sur la question essentielle.

– Le bruit court que tu voudrais augmenter le rythme.

– Inexact, répondit Paneb : huit jours sur les chantiers, de huit à douze heures et de quatorze à dix-huit, suivis de deux jours de repos, sans compter les fêtes et les congés spéciaux. Telle est la tradition du village que je n'ai pas l'intention de modifier. En cas d'urgence, je tenterai d'y faire face avec Hay et un minimum de volontaires dont les heures supplémentaires seront grassement payées.

– Parlons-en, de la paye ! releva Ounesh le Chacal. On raconte que tu as l'intention de réduire les salaires ?

– Encore inexact. La distribution aura toujours lieu le vingt-huit de chaque mois : cinq sacs d'épeautre et deux d'orge pour le scribe de la Tombe, le chef de l'équipe de gauche et moi-même ; quatre d'épeautre et un d'orge par artisan comme salaire minimum.

– Un entier au lieu de la moitié d'un... Tu nous augmentes ?

– Kenhir a reçu l'accord de l'administration.

– Ça ne signifie pas que le reste des rations sera diminué ? s'inquiéta Rénoupé le Jovial.

– Pas du tout. Chaque jour, du pain, des légumes frais, du lait, de la bière et au moins trois cents grammes de poisson par personne.

– Et tous les dix jours du sel, du savon, des huiles et des onguents ?

– Bien entendu.

– Alors, s'exclama Ouserhat le Lion, rien ne change !

– Pourquoi modifier ce qui convient à tous ?

– Pour être franc, avoua Nakht le Puissant, embarrassé, on avait un peu parié que tu bouleverserais les habitudes...

– La routine me paraît dangereuse, tant pour la main que pour l'esprit ; mais nombre d'habitudes constructives nous ont été léguées par nos ancêtres et elles font partie de nos trésors que j'entends préserver, avec votre appui.

Le calme du discours surprit les artisans.

– Moi, j'ai gagné mon pari, précisa Ched le Sauveur, ironique ; personne ne croyait que Paneb serait vraiment le successeur de Néfer le Silencieux. Comme un maître d'œuvre n'a qu'une parole, vous pouvez dormir tranquille.

Seth-Nakht lisait le dernier rapport envoyé par son fils aîné qui sillonnait la Syro-Palestine afin d'y mettre en place un réseau d'informateurs sérieux, capables d'alerter la capitale au moindre trouble.

– La reine Taousert demande à vous parler, avertit son intendant.

– La reine ici, chez moi ?

L'intendant hocha la tête affirmativement.

Stupéfait, Seth-Nakht sortit de son bureau et il se hâta de se rendre à la rencontre de Taousert, confortablement installée dans une chaise à porteurs.

– Majesté, je ne pensais pas que...

– Vous m'avez bien promis obéissance ?

– Oui, dans les circonstances actuelles et tant que...

– Manquez-vous souvent à votre parole ?

Seth-Nakht se sentit insulté.

– Jamais, Majesté ! Et je trouverai des dizaines de témoins pour vous le confirmer.

– En ce cas, pourquoi ne pas m'avoir communiqué le dernier rapport sur la Syro-Palestine ?

– C'est mon fils aîné qui l'a rédigé et...

– Il est d'abord le ministre des Affaires étrangères. C'est au pharaon et à moi-même de prendre connaissance de son travail et de le garder secret, si nécessaire, même vis-à-vis de vous.

Légaliste, Seth-Nakht dut admettre que la reine avait raison.

– Mais le roi Siptah est incapable d'apprécier l'importance d'un tel document !

– Détrompez-vous. Je me rends chaque matin à son chevet et je lui communique l'essentiel des informations afin qu'il me donne l'avis éclairé d'un homme détaché du monde. Moi, Seth-Nakht, je respecte mes engagements.

Vexé, le vieux courtisan s'inclina.

– Je vous remets immédiatement le rapport du ministre des Affaires étrangères, Majesté.

– Puisque vous l'avez lu, dit la reine avec un léger sourire, donnez-m'en la teneur.

Sensible à cette marque de confiance, Seth-Nakht ne dissimula rien.

– La Syro-Palestine est calme, mais de nombreux groupuscules se forment çà et là en protestant contre le protectorat égyptien qui assure pourtant la prospérité de la région. Il ne s'agit que de troubles mineurs et habituels que la police locale saura réprimer. En revanche, la situation en Asie reste inquiétante ; des royaumes s'écroulent, des dynasties guerrières prennent le pouvoir, et nul ne peut savoir ce qui sortira de ce chaudron. En tout cas, rien de bon pour l'Égypte qui reste, par excellence, le pays à conquérir.

– Que préconisez-vous ?

– Exercer une vigilance de tous les instants sur le couloir d'invasion du Nord-Est, maintenir des garnisons puissamment armées et bien payées, consolider les fortins qui forment notre première ligne de défense, construire de nouveaux bateaux de guerre et ordonner aux arsenaux de Pi-Ramsès de produire davantage de matériel.

– Et la menace libyenne ?

– Il convient de la prendre très au sérieux. Les clans sont encore divisés, mais il suffira d'un chef de guerre plus excité que les autres pour les lancer à la conquête du Delta, surtout si l'agression vient de l'Est.

– Avons-nous suffisamment d'agents infiltrés ?

– Hélas ! non, et la tâche est très dangereuse. Beaucoup de volontaires y ont déjà perdu la vie. D'après les informations fragmentaires dont nous disposons, les tribus libyennes seront bientôt surarmées.

– Avez-vous établi l'état précis de nos forces ?

– Les généraux m'ont répondu avec rapidité et précision, et je pense que nous saurons nous défendre. Mais vous connaissez ma position : mieux vaudrait attaquer de façon préventive.

– Ce n'est pas la mienne, Seth-Nakht. L'armée thébaine ?

– Le général Méhy dispose de troupes nombreuses et bien entraînées. Grâce à lui, la Haute-Égypte et le grand Sud sont sous contrôle.

– Quand le ministre des Affaires étrangères rentrera-t-il à Pi-Ramsès ?

– Pas avant plusieurs mois, Majesté, car il veut tout vérifier par lui-même.

– Dorénavant, qu'il adresse directement ses rapports au pharaon.

Une seconde fois, Seth-Nakht s'inclina.

# 28.

Le chef Sobek consultait la femme sage pour la première fois. Ignorant la maladie, le puissant Nubien s'était pourtant résolu à lui demander conseil, car il accumulait nuit blanche sur nuit blanche.

– Tu es en excellente santé, conclut Claire à l'issue de son examen.

– Je ne dors plus, avoua le policier.

– Étant donné la qualité de ton sang, tu réussis cependant à te reposer les yeux ouverts. Ce ne sont pas des remèdes qui chasseront les pensées qui t'obsèdent.

– J'assure la sécurité du village mais un assassin continue à y rôder en toute impunité ! C'est le même homme, j'en suis sûr, qui a supprimé l'un de mes gardes et Néfer le Silencieux, et cette ombre maudite est l'un des artisans de l'équipe de droite.

– Pourquoi cette certitude ?

– Le flair, rien que le flair... Et j'enrage de n'avoir aucune piste sérieuse !

– Ne désespère pas, Sobek.

– Vous... vous soupçonnez quelqu'un ?

La femme sage leva les yeux.

– Je sais simplement que tu as raison et que le traître s'est enveloppé de tant de ténèbres qu'aucune pensée, quelle que soit sa force, ne peut actuellement les percer. Mais cette situation ne sera pas éternelle...

– Il n'a commis aucune faute, depuis tant d'années ! Pourquoi baisserait-il la garde ?

– Il existe une vanité du mal, Sobek ; et celui que nous recherchons finira par y succomber.

– Nous n'avons même pas été capables d'identifier la paysanne ! Des dizaines d'interrogatoires pour rien, des descriptions plus fantaisistes les unes que les autres, pas un seul indice... Et dans les campagnes, même pas une rumeur qui nous donnerait un début de piste. On jurerait que cette marchande de figues n'a jamais existé.

– C'est sans doute la bonne conclusion.

Sobek se contracta.

– Serait-elle... une créature maléfique de l'au-delà ?

– Non, mais elle n'est probablement pas une paysanne.

– Un déguisement... C'est à ça que vous pensez ?

– Quel meilleur moyen de passer inaperçue ? S'il s'agissait d'une vraie marchande de figues habitant dans un village voisin, tu aurais retrouvé sa trace.

– Un déguisement... Mais je ne peux pas mettre un policier derrière chaque femme pour découvrir notre suspecte ! Et qui se cache ainsi ? Une citadine, une étrangère ?

Perplexe, le policier était pourtant satisfait de tenir un fil, même ténu.

Les échos d'une violente dispute troublèrent ses réflexions.

– L'arrivage des produits frais se passe mal, on dirait... Je peux disposer ?

– La consultation est terminée, dit Claire. Si tu désires une décoction de plantes calmantes, je te la prescrirai ; mais la boiras-tu ?

– Merci pour tout... Je vais mieux et c'est à moi de rétablir le calme !

Sobek découvrit un début d'échauffourée entre villageoises et poissonniers, à la tête desquels bataillait un Nia hirsute et mal embouché. Malgré sa robustesse, il avait tendance à reculer devant les assauts de Niout la Vigoureuse qui brandissait un manche de balai avec la nette intention de bastonner l'auxiliaire.

Le grand Nubien s'interposa.

– Holà ! Que se passe-t-il ?

– Nia est un bandit ! s'exclama l'épouse du scribe de la Tombe.

– J'ai livré mes poissons, comme d'habitude !

– Parlons-en, de tes poissons ! Il n'y a ni mulet, ni carpe, ni tilapia ! Et regarde la perche que tu as osé nous apporter !

D'un panier d'osier, la Vigoureuse sortit un poisson à l'œil terne, aux ouïes décollées et à l'odeur suspecte.

– Tu qualifies ce déchet de poisson frais ? Avoue que tu cherches à nous empoisonner !

– J'ai livré ce qu'on m'a dit de livrer... et puis vous avez du poisson séché en abondance.

Niout ouvrit un autre panier et le poussa du pied pour en renverser le contenu sur le sol.

– Mal préparé et immangeable ! De qui te moques-tu ?

– Je ne suis qu'un auxiliaire, moi, et j'ai des ordres !

– Des ordres de qui ? interrogea Paneb qui venait d'arriver sur les lieux.

Le poissonnier Nia se cacha derrière ses employés.

– Ne me touche pas ! supplia-t-il, redoutant la colère du colosse qu'il avait déjà subie.

– Réponds à ma question, et tout ira bien.

– Des ordres de l'administration.

– Remporte cette marchandise avariée, Nia, et livre-nous aujourd'hui même du poisson frais et séché de première qualité. Les ordres, c'est moi qui les donne. Et ne traîne pas en chemin, sinon j'irai te chercher !

Chargés de leurs paniers, les poissonniers quittèrent la zone des auxiliaires. Mais Paneb n'eut pas le temps de franchir à nouveau la porte du village, car l'épouse de Paï le Bon Pain en sortit, furibonde.

– Les sacs de grain ne contiennent pas la quantité habituelle !

– Tu en es sûre ?

– J'ai l'œil, crois-moi ! Tu peux vérifier.

Le maître d'œuvre confia la tâche à Gaou le Précis qui utilisa la mesure officielle du village.

– Il manque un dixième de la quantité habituelle, constata-t-il. Ceux qui ont rempli les sacs ont utilisé une autre mesure.

– Je me rends immédiatement à l'administration centrale, décida Paneb. Que Nakht le Puissant m'accompagne.

Bien qu'en excellente condition physique, Nakht éprouvait le plus grand mal à suivre l'allure du colosse. De fort méchante humeur, ce dernier paraissait encore plus sculptural qu'avant sa nomination.

– Désolé pour toi, Paneb... Avec tous ces ennuis, ta prise de fonction n'est pas très agréable.

– Les ennuis font partie du métier.

– Mais là, ça fait beaucoup... Si l'on cherchait à te nuire et à te décourager, on ne s'y prendrait pas autrement.

– À qui penses-tu ?

– À personne en particulier... Depuis que tu es chef

d'équipe, la compétition entre nous est terminée. Et je suis persuadé que le tribunal a eu raison de te nommer maître d'œuvre.

– Ne méritais-tu pas ce titre ?

– Moi ? Sûrement pas ! J'aime cette confrérie et mon travail, je suis heureux dans ce village et je connais mes limites. Diriger, ce n'est pas mon fort. Non seulement je ne t'envie pas, mais encore je te plains ! Tous les tracas petits et grands, désormais, sont pour toi.

Comme à leur habitude, les gardes des bâtiments de l'administration centrale se montrèrent méfiants.

– Le maître d'œuvre de la Place de Vérité désire voir le général Méhy, déclara Paneb avec le plus grand calme. C'est très urgent.

Un gradé courut jusqu'aux écuries où Méhy examinait deux chevaux qu'il venait d'acquérir pour tirer son char de combat.

– Sans intérêt, jugea-t-il. Palefrenier, donne-les à un charrier débutant et procure-moi des bêtes solides.

Sans hâte, portant beau, l'administrateur principal de la rive ouest se dirigea vers les deux artisans.

– On ne m'avait pas prévenu de votre visite...

– On ne m'avait pas prévenu qu'on livrerait au village des poissons pourris et des sacs de grain ne contenant pas la bonne quantité, rétorqua Paneb.

Méhy parut surpris.

– En êtes-vous certain, maître d'œuvre ? Car c'est bien ainsi que je dois vous appeler, n'est-ce pas ?

– Tout à fait certain. Puisqu'il s'agit d'une erreur grave de votre administration, j'exige une réparation immédiate.

– Voulez-vous me suivre jusqu'à mon bureau ?

Méhy consulta des tablettes de bois.

– Voyons ça... D'après le dernier rapport de l'intendance, les livraisons de poisson ont bien été effectuées par Nia et les sacs de grain livrés à l'heure par la boulangerie du Ramesseum.

– Du poisson pourri et une quantité insuffisante de grain,

rappela Paneb. À l'évidence, on a changé de mesure en toute illégalité.

Le général eut un sourire narquois.

– Dites-moi, Paneb... Dirigez-vous réellement la Place de Vérité ?

– Pourquoi cette question ?

– Mon administration n'est nullement responsable de vos soucis et, de plus, vous semblez ignorer ce qui se passe dans votre propre village.

Le colosse sentit la colère monter dans ses veines.

– Expliquez-vous, Méhy !

– Mes services ont reçu un ordre écrit, portant le sceau de la Place de Vérité. Il enjoignait le poissonnier de vous livrer son stock en l'état, et le responsable des silos du Ramesseum de modifier la mesure et la contenance des sacs. Bien entendu, cet ordre a été exécuté.

– Montrez-moi ce document.

– Volontiers.

La tablette de bois était authentique.

À côté du sceau de la Place de Vérité, il y en avait un autre. Celui de l'artisan qui avait donné cet ordre à la place du maître d'œuvre.

# 29.

– Ainsi, conclut Kenhir, atterré, c'était donc lui... Lui, le traître et l'assassin !

– N'allons pas trop vite en besogne, recommanda Paneb.

– C'est bien sa marque personnelle, ici, sur cette tablette !

– Pour le moment, nous ne pouvons l'accuser que d'abus d'autorité.

– Ne comprends-tu pas qu'il a tenté de te discréditer pour prendre ta place et tirer ainsi bénéfice de ses crimes ? Il faut convoquer immédiatement le tribunal.

– Interrogeons d'abord le suspect, proposa la femme sage.

– Cette preuve ne suffit-elle pas ?

– Je vais le chercher, décida Paneb.

Claire était sereine, Kenhir impatient.

Quand le maître d'œuvre revint avec l'artisan soupçonné

des pires méfaits, le scribe de la Tombe se leva et planta son regard dans le sien.

– Alors, Ouserhat le Lion, qu'as-tu à dire pour ta défense ?

Le chef sculpteur parut abasourdi.

– Ma défense... Mais de quoi suis-je accusé ?

– La tête et le poitrail du lion, c'est bien ta marque ?

Avec une colère froide, Kenhir montra à Ouserhat la tablette en bois.

– Oui, c'est bien la mienne.

L'accusé lut rapidement le texte.

– Je n'ai jamais écrit ça ! D'où provient ce document ?

– Comme si tu l'ignorais !

– Mais bien sûr que je l'ignore ! s'emporta le chef sculpteur au torse impressionnant. Et je ne permets à personne de douter de ma parole !

– C'est le général Méhy qui me l'a remis, révéla Paneb.

– Je ne fréquente pas les bureaux de l'administration. N'est-ce pas le rôle du scribe de la Tombe et des chefs d'équipe ?

– Méhy a reçu cette tablette au courrier.

Le trouble d'Ouserhat ne dura qu'un instant.

– Quelqu'un a imité ma marque.

– Peux-tu le prouver ? demanda Kenhir, acerbe.

– D'abord, il y a ma parole de Serviteur de la Place de Vérité. S'il le faut, je jurerai devant Maât et le tribunal que je n'ai pas écrit cette tablette. Ensuite, lorsque j'imprime ma marque personnelle, c'est toujours sur la pierre et jamais sur du bois. Les sculpteurs vous le confirmeront. Vous en faut-il davantage ?

Kenhir fit la moue.

– C'est suffisant, jugea Paneb.

– Quelqu'un a tenté de nous discréditer, toi et moi, estima Ouserhat le Lion.

Lorsque le chef sculpteur fut sorti, la tête haute, le scribe de la Tombe laissa éclater son mécontentement.

– Il est nécessaire de parler à Sobek de cet incident afin qu'il surveille de très près les allées et venues d'Ouserhat le Lion.

Pensif, le maître d'œuvre acquiesça.

Ce matin-là, Kenhir s'était réveillé avant Niout la Vigoureuse qui devait entreprendre une fumigation complète de sa maison, bureau y compris. Résigné, il avait préféré sortir de chez lui sans se laver les cheveux pour aller contempler sa tombe, illuminée par les rayons du soleil levant.

Taillée dans une roche plutôt pauvre, à l'extrémité du cimetière en terrasse, elle comportait une chapelle austère mais dotée d'une niche où le scribe de la Tombe, éternellement jeune, était représenté face à Osiris, Hathor et Isis. Ce privilège fabuleux lui faisait oublier l'inachèvement de sa « Clé des songes ».

En contemplant le pyramidion pointu qui dominait sa demeure d'éternité, selon la tradition architecturale réservée aux membres importants de la confrérie, le vieux scribe pensa que sa meilleure œuvre était le Journal de la Tombe où il avait relaté les grands et les petits événements marquant l'existence de la Place de Vérité.

La lumière anima l'un après l'autre les pyramidions, faisant revivre les stèles à fronton cintré inscrites dans des lucarnes; elles montraient les défunts adorant à genoux la barque solaire, entourée de cynocéphales acclamant la naissance du jour. Bientôt, Kenhir irait rejoindre les ancêtres, avec l'espoir d'être jugé sans trop de sévérité par les vivants.

– Déjà levé, Kenhir ?

La voix puissante du maître d'œuvre fit sursauter le vieillard.

– Avec l'âge, on dort moins... Et je voudrais savourer chacun des matins qui me restent encore dans ce village où j'ai connu tant de bonheurs.

– Souhaitez-vous que j'embellisse votre demeure d'éternité ?

– Pour moi, tout est prêt depuis longtemps; il faudrait plutôt t'occuper de la tienne. La tombe d'un maître d'œuvre doit faire honneur à son rang.

– Entendu... Mais je dois envoyer une équipe dans la Vallée des Rois pour mettre au net les abords des tombes royales.

– Excellente idée, Paneb. Je me sens trop fatigué pour me rendre là-bas... Imouni me remplacera.

Le maître d'œuvre sourit.

– Un peu d'exercice fera le plus grand bien à ce petit scribe. À force de rester enfermé avec ses papyrus, il risque de se momifier avant l'heure.

Célibataire endurci, redoutant les femmes plus qu'une maladie envoyée par la déesse lionne Sekhmet, le scribe assistant Imouni entretenait lui-même sa modeste maison du quartier ouest, sise à côté de celle du chef de l'équipe de gauche. Étant donné sa position, il aurait eu droit à plusieurs heures de ménage à un tarif avantageux, mais le petit moustachu à la face de rongeur préférait garder l'intégralité de son salaire.

Depuis plusieurs mois, Imouni souffrait d'aigreurs d'estomac dont il connaissait trop bien la cause : Kenhir semblait immortel et Paneb était devenu le chef de la confrérie. La situation ne pouvait être pire, et ce n'était pas en nettoyant ses pinceaux quinze fois par jour et en grattant sa palette jusqu'à l'user qu'il trouverait une solution pour devenir scribe de la Tombe et mettre Paneb au pas.

Pourquoi le vieux Kenhir ne partait-il pas à la retraite après avoir désigné son assistant comme successeur? Imouni accomplissait sa tâche à la perfection, tenait une comptabilité sans faille et n'autorisait pas la moindre tricherie. Grâce à lui, la gestion de la confrérie était inattaquable. Et comme il savait observer les uns et les autres sans se faire remarquer, il avait beaucoup appris sur les techniques des artisans; un jour, il serait capable d'être non seulement scribe de la Tombe mais aussi supérieur des deux équipes. Encore fallait-il se débarrasser légalement de Paneb qui s'opposerait toujours à ses légitimes ambitions.

On frappa violemment à sa porte, Imouni lâcha son pinceau.

– En route ! ordonna Nakht le Puissant.

Le petit scribe ouvrit.

– En route vers où ?

– La Vallée des Rois, opération nettoyage.

– Mais c'est le scribe de la Tombe qui...

– Kenhir est fatigué, tu le remplaces. Nous, on est prêts et on n'aime pas attendre.

Imouni rassembla à la hâte le matériel indispensable et courut derrière l'équipe restreinte qui partait pour la Vallée.

– C'est sûr... Ce n'est pas le cœur ? questionna Paï le Bon Pain, angoissé.

– Tout à fait certain, répondit la femme sage. Sa voix est claire, l'énergie qu'il émet circule sans difficulté dans les canaux de ton corps.

– Il s'est quand même emballé !

– Un symptôme alarmant, je le reconnais, mais une cause sans gravité. Rien de plus qu'un excès de nervosité.

– Et... ça se reproduira ?

– Tout dépend de toi, Paï ; je suppose que tu es tombé sous le coup d'une violente colère dont les effets sont à peine dissipés.

Le dessinateur regarda ses orteils.

– Il y a du vrai...

– Pourquoi ce manque de maîtrise ?

– À cause de ma femme... Elle s'est plainte des difficultés de l'existence, au village, surtout de la surveillance qu'exercent sur nous Sobek et ses policiers.

– A-t-elle envie de partir ?

– Plus ou moins... Moi, j'ai mis les choses au point, le ton est monté et j'ai tapé du poing sur notre coffre à linge.

– Si ton épouse éprouve réellement le désir de quitter la Place de Vérité, elle est libre, rappela Claire, et ce ne sont pas tes colères qui pourront la retenir.

– Je le sais, concéda Paï, mais la raison de cette querelle n'était pas aussi sérieuse... En fait, ma femme me reprochait de boire un peu trop avec les autres dessinateurs et de ne pas m'occuper assez des réfections indispensables dans notre maison... Je lui promets une nouvelle cuisine depuis plus d'un an, mais il y a tellement de fêtes à célébrer et de banquets à organiser !

La femme sage sourit.

– Lorsqu'un artisan fonde une famille, ne doit-il pas lui assurer l'harmonie ?

– Si je fais le nécessaire, mon cœur ira-t-il mieux ?

– Sans aucun doute.

Malgré l'effort physique, Imouni était fier de remplacer le scribe de la Tombe et de surveiller, seul, l'activité des artisans. Aplanir les abords des tombes royales et transporter hors de la Vallée des Rois les débris de pierre qui l'encombraient n'était pas un mince travail ; mais l'équipe composée de Casa le Cordage, Féned le Nez, Karo le Bourru, Nakht le Puissant et Didia le Généreux ne manquait pas d'énergie. Les autres artisans de l'équipe de droite étant affectés à la construction de la tombe de Paneb, les cinq hommes avaient hâte de mener leur tâche à bien pour pouvoir les rejoindre.

– Cet avorton m'énerve, confia Casa à Féned. Si on lui faisait tomber un bloc sur le pied, il nous laisserait tranquilles.

– Ne lui prête aucune attention.

– Quand je vais uriner, il le note sur sa tablette ! Kenhir n'est pas drôle, mais lui, au moins, il connaît les limites à ne pas dépasser.

– Imouni est inoffensif, jugea Karo le Bourru. À condition, bien sûr, qu'il ne tente pas d'intervenir dans notre manière de travailler.

– Il déteste notre maître d'œuvre, remarqua Didia.

– Le crois-tu capable de lui nuire ? questionna Nakht.

Le charpentier hocha la tête.

– Ne divaguons pas, recommanda Féned. Jamais ce petit

moustachu n'osera s'attaquer à notre colosse. Tout ce que désire Imouni, c'est le poste de scribe de la Tombe. Et je vous parie que le vieux Kenhir lui jouera un tour à sa façon pour lui barrer la route.

– Tu prêtes à Kenhir de bien mauvaises intentions, jugea Casa le Cordage en passant la main dans ses cheveux noirs.

Imouni s'approcha du groupe.

– Quand comptez-vous terminer ? interrogea-t-il d'une voix onctueuse.

– Plus tôt que prévu si tu nous donnais un coup de main, répondit Didia.

– Ce n'est pas mon rôle ! protesta le scribe.

– On terminera quand on terminera, assena Nakht d'une voix de basse.

– La température est plutôt clémente, vous pourriez presser l'allure.

Nakht le Puissant opposa sa masse au scribe assistant.

– Tu surveilles mais tu ne conseilles pas... On est bien d'accord ?

Imouni recula d'un pas, les artisans lui tournèrent le dos et continuèrent à remplir les couffins de débris de calcaire qu'ils utilisaient pour consolider des murets de protection empêchant d'éventuels torrents de boue d'endommager les portes des tombes royales.

Ils finirent par les abords de la sépulture du pharaon Mérenptah où Féned découvrit quelques beaux blocs de calcaire qui, retaillés, mériteraient d'être réutilisés.

– Si on faisait une surprise à notre maître d'œuvre ? proposa-t-il à ses compagnons.

Tous approuvèrent.

– Ça va quand même être lourd à transporter, observa Casa le Cordage.

– On n'est pas des mauviettes, trancha Nakht.

Quand ils sortirent de la Vallée, porteurs de leur fardeau, aucun ne remarqua le sourire ironique d'Imouni.

# 30.

Paneb et son épouse écoutaient la petite Séléna leur raconter un beau rêve au cours duquel elle s'était transformée en ibis pour survoler la montagne.

Karo le Bourru interrompit le récit.

– Il faut que tu viennes, dit-il au colosse. D'après le chef des auxiliaires, l'un de tes bœufs est malade et les cailles ne tarderont pas à s'attaquer à ton champ. Si tu ne prends aucune mesure, ta récolte sera dévastée.

Comme cette dernière fournissait un complément non négligeable à certaines familles du village, Paneb prit l'affaire au sérieux et se rendit aussitôt chez Kenhir qui, en raison d'une vive douleur au coude, était contraint de dicter à Imouni le Journal de la Tombe.

– Je dois sortir du village avec au moins deux hommes de l'équipe de droite, annonça-t-il en expliquant la situation.

Le vieux scribe fit la moue.

– Tu sais qu'il est interdit d'employer des artisans de la Place de Vérité à des tâches de ce genre.

– Il ne s'agit pas d'un travail, mais d'un simple coup de main pour mettre en place des filets afin de protéger le blé et d'attraper un maximum de cailles que nous mangerons rôties.

Kenhir grommela une vague approbation dont le maître d'œuvre se contenta, sans voir le rictus satisfait de son assistant.

– Qu'est-ce qu'on pouvait faire, nous ? se plaignit l'un des cinq paysans au service de Paneb. On vous a prévenu sans tarder, c'est déjà bien !

Accompagné de Nakht le Puissant et de Didia le Généreux, Paneb préféra ne pas répondre pour examiner son bœuf qui respirait avec difficulté.

– Conduis-le jusqu'à la zone des auxiliaires, ordonna le colosse à Nakht, et demande à la femme sage de le soigner. Puis reviens vite ici.

Des guetteurs avaient annoncé aux autorités thébaines les premières attaques de cailles, si nombreuses qu'elles obscurcissaient le soleil avant de s'abattre sur les cultures. Aussi Paneb, Didia et les paysans déployèrent-ils un filet à mailles serrées tendu entre des piquets profondément enfoncés dans le sol. Pour éviter de se blesser les pieds, ils avaient chaussé de grossières sandales de papyrus.

– Les voilà ! hurla l'un des paysans.

Un nuage d'oiseaux déferlait, dans un assourdissant bruit d'ailes. Les chasseurs brandirent des morceaux d'étoffe, et leur agitation suffit à perturber la colonie de cailles dont un grand nombre plongea vers le filet où elles se prirent les pattes sans possibilité de se dégager.

– Quel festin en perspective ! se réjouit Didia, à l'instant où Nakht le Puissant revenait du village.

– La femme sage sauvera ton bœuf, annonça-t-il à Paneb.

Le vent chaud caressait le corps nu de Turquoise, étendue sur sa terrasse, offerte au soleil du matin. Bien qu'il eût grimpé l'escalier comme un chat, elle avait perçu sa présence.

– Approche-toi, Paneb.

– Je pensais te trouver à l'oratoire de la déesse du silence, avec les autres prêtresses d'Hathor, pour préparer la fête.

– Mais c'est ici que tu es venu.

– Tu m'attendais, n'est-ce pas ?

Turquoise se contenta de sourire. Et comme toujours, Paneb s'embrasa d'un désir irrésistible qui l'entraînait vers cette femme superbe sur laquelle les années n'avaient aucune prise. Au contraire, le temps l'embellissait, ajoutant à la beauté sauvage de sa jeunesse un charme où se mêlaient douceur et tendresse.

Alors que le colosse s'étendait sur elle, Turquoise le repoussa.

– Toi qui es devenu le maître de cette confrérie, Paneb l'Ardent, quelle marque comptes-tu lui imprimer et quel destin lui offriras-tu ?

Pendant de longs instants, les amants se défièrent du regard. Paneb n'avait plus en face de lui une femme amoureuse, mais une créature de l'au-delà, belle à en mourir, mais qui ne lui rendrait pas sa liberté aussi longtemps qu'il n'aurait pas répondu.

– Cette confrérie ne m'appartient pas, Turquoise. Je l'ai choisie, elle m'a choisi, et seul l'amour total qui nous unit peut me permettre de la diriger. Son destin est gravé de toute éternité, et il n'a d'autre sens que de bâtir l'œuvre et l'homme dans le même acte et le même souffle. Mais j'y imprimerai ma marque, c'est vrai, car je veux une Place de Vérité sans tiédeur ni mièvrerie, une Place de Vérité dont le cœur ne cesse de battre pour incarner les paroles des dieux avec sagesse, force et harmonie. J'échouerai, bien sûr, mais je ne renoncerai jamais. Et à ma mort, un nouveau maître d'œuvre tentera de réussir.

Turquoise prit tendrement les mains du colosse.

– De ma terrasse, j'aperçois ta tombe, cette demeure magique où ta puissance te survivra. Puisque le pouvoir ne t'a pas perverti, fais-moi l'amour.

Grâce au travail acharné des artisans de l'équipe de droite, la construction de la tombe de Paneb avait progressé à une vitesse surprenante. Ouserhat le Lion, le chef sculpteur, incitait ses frères à donner le meilleur d'eux-mêmes pour percer le puits, tailler dans la roche la chambre funéraire voûtée, bâtir le pylône et les salles accessibles aux vivants, sans omettre le bassin rappelant la présence de l'eau primordiale où tout naissait et où tout retournait, et le jardin où l'âme du défunt viendrait se reposer au couchant.

Quand le maître d'œuvre inspecta le chantier, au terme d'une douce journée d'automne, il le trouva désert et silencieux.

À l'entrée, quatre colonnes puissantes; puis une vaste terrasse qui précédait la chapelle surmontée d'un pyramidion très pointu dont chaque face comportait une stèle dédiée aux phases de la course du soleil. À gauche de la porte, un autel pour le culte des ancêtres; à droite, un bassin de purification. Un couloir menait à une grande salle décorée de bas-reliefs consacrés aux travaux des artisans et à la rencontre du *ka* de Paneb avec les divinités. Ce dernier se transformait en faucon et en phénix, il donnait le mot de passe aux gardiens des portes de l'au-delà et parcourait en barque les paradis aquatiques.

À travers une étroite fente aménagée dans le mur du fond, le maître d'œuvre contempla sa statue dont le regard, légèrement levé vers le ciel, discernait d'autres univers.

Paneb devenait un autre lui-même, à la fois identique et différent, que n'affectaient plus ni le vieillissement ni les imperfections. Et il songea que Néfer le Silencieux avait connu épreuve semblable.

En entrant vivant dans la mort, son prédécesseur s'était détaché des réalités de ce monde pour mieux les assumer et ouvrir la voie à son successeur. À présent, habité par sa présence lumineuse, Paneb recevait pleinement son héritage.

Tous les membres de l'équipe de droite étaient assis dans l'ultime chapelle de la demeure d'éternité, décorée d'admirables peintures dont Isis la magicienne, Osiris le ressuscité et Ptah le patron des bâtisseurs étaient les principaux acteurs.

Ched le Sauveur se leva le premier, bientôt imité par ses compagnons. Ensemble, ils formèrent un cercle autour du maître d'œuvre dont le regard s'attardait sur les rosaces, les losanges et les spirales qui ornaient le haut des murs et le plafond pour évoquer, en termes géométriques, les étapes du chemin initiatique.

– Puisses-tu à jamais respirer le souffle de vie, déclara Ouserhat le Lion au nom des sculpteurs.

– Les dessinateurs t'offrent le lotus d'où jaillit le soleil chaque matin, dit Ounesh le Chacal.

– Vogue éternellement dans la barque communautaire, souhaita Nakht le Puissant, porte-parole des tailleurs de pierre.

La voile symbolisant le souffle de vie, le lotus, la barque... Ils étaient présents, peints sur les parois de cette demeure d'éternité où se déployait l'être essentiel de Paneb l'Ardent.

Au centre du cercle, il ressentit le rayonnement de la fraternité, plus intense qu'un soleil d'été.

Mais comment le maître d'œuvre aurait-il pu oublier que, parmi les mains tendues pour lui transmettre leur énergie, il y avait celles d'un traître ?

Le traître était persuadé qu'à un moment ou à un autre, la pierre de lumière serait dissimulée dans la tombe de Paneb. Mais le chantier s'achevait sans que le trésor si convoité fût apparu.

Didia le Généreux présenta à Paneb un superbe sarcophage en acacia, destiné à recevoir son corps de lumière.

– Avec une barque de cette qualité-là, affirma-t-il, tu traverseras l'éternité sans problème !

– Rien ne presse, estima Paï le Bon Pain ; Kenhir a sorti de sa cave deux amphores de vin rouge datant de la première année de règne de Séthi II, et elles attendent avec impatience d'être bues !

Tous se rangèrent à la sage décision du dessinateur qui fut le premier à goûter le nectar.

– Charpenté et joyeux, jugea-t-il, les joues déjà empourprées ; il est à la hauteur de l'événement.

– Séthi est à l'honneur, ajouta l'orfèvre Thouty, car voici une étoffe avec des palmettes dorées que j'avais prévue pour son équipement funéraire sans pouvoir la terminer à temps. Qu'elle soit le voile de tête du sarcophage de Paneb.

Les artisans portèrent une santé à leur chef, et chacun d'eux leva sa coupe avec une belle ardeur.

– Le décor de ta tombe sera ma dernière œuvre, confia Ched le Sauveur à Paneb.

– Pourquoi te montrer si pessimiste ?

– Parce que je subis l'assaut d'un ennemi que tu ne connais pas : la fatigue du corps. Désormais, je me consacrerai à l'accomplissement des esquisses pour tes œuvres futures, et notre équipe de dessinateurs te servira avec fidélité. Nous savons tous que le roi Siptah se meurt et qu'une grave crise se prépare ; toi seul sauras y faire face.

– Tresser ce genre de compliments n'entre pas dans tes habitudes !

– Avec l'âge, je m'attendris.

Complètement ivre, Karo le Bourru tapa sur l'épaule de Paneb. Ched lui jeta un regard noir.

– Commets n'importe quelle folie, lui recommanda le peintre, mais ne manque pas de respect envers le maître d'œuvre.

Titubant, Karo s'éloigna.

Ravi des incidents auxquels il venait d'assister, le scribe assistant Imouni croyait de plus en plus à son triomphe et à la déchéance de Paneb l'Ardent, tant son dossier s'épaississait.

# 31.

Seth-Nakht travaillait avec patience et méticulosité. Dans le plus grand secret, il avait entrepris de convoquer un à un les ministres de Taousert et de les persuader de l'incapacité de la reine à gouverner le pays et à commander l'armée en cas de crise grave. Certains l'avaient approuvé sans réserve, d'autres s'étaient montrés réticents, deux franchement hostiles ; le vieux courtisan ne s'était pas découragé pour autant et avait poursuivi ses consultations jusqu'à décider les hésitants à basculer dans son camp et à obtenir au moins la neutralité de ses adversaires.

Le résultat était atteint : lors du prochain conseil réunissant l'ensemble des membres du gouvernement, Seth-Nakht proposerait d'adopter une motion de défiance à l'encontre de la reine, première étape vers une destitution en douceur.

Le futur pharaon n'éprouvait aucune animosité à l'encontre de Taousert ; au contraire, il l'admirait chaque jour davantage pour son intelligence et ses réelles aptitudes de femme d'État. Mais il persistait à croire qu'elle n'aurait pas l'autorité suffisante pour défendre l'Égypte contre une vague d'invasion que le nouveau ministre des Affaires étrangères jugeait inévitable. Seul dignitaire conscient du terrible danger que courait le pays, Seth-Nakht se devait d'agir en conséquence.

Son secrétaire lui annonça le visiteur qu'il espérait : le trésorier du grand temple d'Amon.

L'homme avait été long à circonvenir, avant d'accepter d'informer Seth-Nakht sur l'état de santé du pharaon Siptah.

À l'étonnement général, le jeune roi résistait à la mort avec une énergie qui s'éteignait au couchant et renaissait au levant, après qu'il eut dirigé le rituel d'éveil de la puissance divine dans le sanctuaire. Alité le reste de la journée, il s'alimentait peu mais continuait à lire les ouvrages des sages de l'Ancien Empire, sans omettre de consulter le rapport de synthèse que lui transmettait le palais royal. Et il était toujours heureux de recevoir la reine envers laquelle il éprouvait une totale confiance.

Le trésorier s'inclina devant Seth-Nakht.

– Une nouvelle importante, seigneur : le pharaon Siptah n'a pas quitté sa chambre ce matin. Le grand prêtre d'Amon a célébré le rituel à sa place et le médecin personnel du roi pense qu'il agonise.

– Hypothèse ou certitude ?

– L'absence du monarque ne laisse subsister aucun doute sur la gravité de son état.

Seth-Nakht congédia le trésorier. Ce qu'il venait d'apprendre, moins d'une heure avant le grand conseil, renforçait encore sa position.

Étonnés, les ministres entrèrent un à un dans la grande salle d'audience du palais royal sous l'œil vigilant des soldats de la garde rapprochée de Pharaon.

– Pourquoi ne nous réunissons-nous pas dans la salle du conseil ? demanda Seth-Nakht, mécontent.

– Ordre de la régente, répondit un gradé.

Le vieux courtisan hésita à franchir le seuil. Et si Taousert avait décidé de faire supprimer tous ses opposants ? Non, c'était impossible. Seuls les tyrans agissaient de la sorte, et la reine se soumettait, comme ses sujets, à la loi de Maât. Jamais elle n'oserait recourir à la violence et au crime pour gouverner.

Seth-Nakht pénétra à son tour dans la vaste pièce qu'éclairaient des fenêtres hautes et étroites. Plusieurs ministres le consultèrent du regard, son calme les rassura.

Tous demeurèrent debout jusqu'à l'entrée de la régente, vêtue d'une longue robe turquoise. Un fin diadème et des boucles d'oreille en or mettaient en valeur la noblesse de ses traits.

Lorsque Taousert s'assit sur un austère trône en bois doré, elle avait déjà reconquis le cœur de plusieurs dignitaires qui songeaient à la trahir au profit de Seth-Nakht.

– J'ai tenu à vous réunir dans ce cadre solennel pour faire le point sur les tâches que je vous ai confiées. En cas d'échec, d'autres responsables seront nommés. Servir l'Égypte est exaltant ; qui ne l'aurait pas compris ne mérite aucune indulgence.

– Nous l'avons tous compris, Majesté, déclara Seth-Nakht, et vous ne trouverez parmi nous ni paresseux ni irresponsable. Avant d'examiner l'état du pays, pouvons-nous connaître celui du pharaon légitime ?

– Pendant la dernière heure de la nuit, le roi Siptah a été victime d'un malaise qui a failli l'emporter. C'est la raison pour laquelle il n'a pu célébrer le rituel du matin. Il vient de reprendre connaissance, et son âme reste jointe à son corps. Je lui ai parlé de cette audience exceptionnelle dont il attend les résultats. Commençons par l'exposé du ministre de l'Agriculture.

L'interpellé déroula un papyrus et, province par province,

il détailla les quantités de céréales récoltées en les comparant à celles de l'année précédente.

Les commentaires de Taousert furent précis et tranchants. Elle mit l'accent sur les points faibles du rapport, exigea la vérification de certains chiffres dont elle doutait et proposa des améliorations pour la gestion de certaines provinces. Puis la régente démontra une même compétence dans les autres secteurs de l'administration.

Il ne restait plus que la politique extérieure.

– Le ministre des Affaires étrangères étant absent, Seth-Nakht peut-il évoquer les dangers qui nous menacent ?

Le vieux courtisan se leva.

– D'après les dernières informations en provenance d'Asie, qui sont bien entendu en possession de Sa Majesté, il faut s'attendre à de profonds bouleversements qui modifieront nos alliances et nous attireront de nouveaux et puissants ennemis. Plus que jamais, l'Égypte apparaît comme un pays prospère à conquérir, et les envahisseurs ne manqueront pas de s'engouffrer dans le couloir syro-palestinien. Ceux qui me traiteraient de pessimiste se tromperaient lourdement ; je ne décris que la réalité, car la menace est loin d'être illusoire.

– Vos conseils ont été entendus, Seth-Nakht, et notre système de défense ne cesse d'être renforcé.

– Chacun de vos sujets vous en saura gré, Majesté, mais ne conviendrait-il pas d'aller plus loin et, à l'exemple de glorieux pharaons, de déclencher une attaque préventive ?

– Contre qui et avec quelle ampleur ? La situation est beaucoup trop fluctuante pour nous lancer dans une aventure à l'issue aussi incertaine. Grâce à vous et à votre fils, notre réseau d'espionnage a été reconstitué et il nous fournit les renseignements dont nous avons besoin. D'après les données actuelles, c'est bien l'aspect défensif qu'il faut privilégier.

Seth-Nakht espérait que quelques ministres voleraient à son secours, mais l'autorité et les arguments de Taousert avaient emporté la conviction de chacun.

Vaincu, le vieux courtisan n'avait plus qu'à s'incliner.

Alors que ses collègues quittaient la salle d'audience, Seth-Nakht s'approcha de la reine.

– Félicitations, Majesté; comme les autres, j'ai été ébloui. Personne ne saurait contester votre aptitude à gouverner les Deux Terres.

– En ce cas, pourquoi tenter de dresser mes ministres contre moi?

Ainsi, les tièdes avaient parlé! Sentant le dallage se dérober sous ses pieds, Seth-Nakht eut néanmoins le courage de faire front.

– Toujours pour la même raison, Majesté : l'Égypte entrera forcément en conflit avec des peuples décidés à la conquérir, et vous serez incapable de prendre la tête de nos armées. De plus, vous refusez la seule politique possible.

– Que nos opinions divergent et que vous exprimiez la vôtre ne me heurte pas; mais vous me devez obéissance, et comploter contre moi, c'est affaiblir l'Égypte. Ne l'oubliez plus, Seth-Nakht.

Subjugué plus qu'il ne voulait l'admettre par la personnalité de la reine, le vieux courtisan comprit qu'elle formulait un dernier avertissement.

Après l'avoir saluée, il se retira.

Fatiguée par le rude combat qu'elle venait de remporter, Taousert n'eut pourtant pas le loisir de se reposer, car son secrétaire particulier l'aborda avant qu'elle ne regagnât ses appartements.

– Majesté, une mauvaise nouvelle!

– Le roi Siptah?

– Non, non, un courrier en provenance de Thèbes.

– Des troubles dans la province?

– Non, rassurez-vous, mais un grave scandale en perspective... Le vizir de Thèbes a reçu un dossier compromettant sur le maître d'œuvre de la Place de Vérité, Paneb l'Ardent.

– Compromettant... jusqu'à quel point?

– Toutes sortes d'exactions dont il est accusé. Si les faits sont vérifiés, et puisqu'ils concernent en partie la Vallée des Rois, il faudra arrêter Paneb et le juger. Sans nul doute, une très lourde condamnation sera prononcée, et l'on peut craindre que la confrérie se révolte et cesse le travail. L'événement dépasserait la région thébaine et sèmerait le trouble dans le pays. L'importance de la Place de Vérité...

– Je la connais, rappela la reine, irritée. Qui est l'auteur du dossier accusant Paneb ?

– Le document est anonyme.

– En ce cas, n'en tenons aucun compte !

– Ce serait souhaitable, Majesté, mais ce document est passé entre plusieurs mains avant d'atteindre le vizir du Sud, et je crains que la confidentialité ne puisse plus en être assurée. Si nous n'agissons pas, des rumeurs circuleront, on taxera le pouvoir judiciaire d'inertie et c'est votre réputation qui sera entachée.

Le roi Siptah mourant, Seth-Nakht prêt à s'emparer du trône, la Place de Vérité au bord de l'abîme... Les dangers devenaient si pressants que Taousert eut, un instant, envie de déposer son fardeau. Mais de désertion, jamais on ne l'accuserait.

– Ce vizir m'est-il fidèle ?

– C'est un personnage effacé qui a fait toute sa carrière dans l'administration des greniers avant d'être nommé à ce poste sur recommandation du général Méhy et avec l'approbation du chancelier Bay.

– Qu'il mène une enquête rapide et discrète sur Paneb l'Ardent et que les résultats m'en soient communiqués sans délai.

– C'est ton foie qui fonctionne mal, estima la femme sage.

– Vous en êtes sûre ? s'étonna Rénoupé le Jovial. Pourtant, mon régime alimentaire est des plus raisonnables !

– Alors, ce n'est pas lui le responsable de tes troubles. Je ne crois pas que ma médication puisse réussir.

L'artisan perdit toute gaieté.

– Faut-il que j'aille consulter un spécialiste, sur la rive est ?

– Le seul médecin capable de te guérir, c'est toi-même.

– Je ne comprends pas...

– Ignores-tu que le foie est le siège de Maât ? Tu ne souffres pas d'une affection physique, mais d'un manque de vérité. Ne serais-tu pas rongé par un mensonge, Rénoupé ?

Le Jovial se renfrogna.

– Non, bien sûr que non... Enfin, pas tout à fait. Mais c'est tellement difficile à dire...

– Aurais-tu dissimulé un fait grave ? demanda Claire avec douceur.

– Un souvenir, un simple souvenir qui m'obsède depuis plusieurs semaines ! C'est tellement affreux... Si je parle, je dénonce un collègue, et je me comporte comme un mouchard !

La femme sage demeura imperturbable.

– Que ton cœur te dicte ta décision, Rénoupé.

L'artisan prit une profonde aspiration.

– Bien avant la nomination de Néfer comme maître d'œuvre, nous discutions de la capacité des uns et des autres à diriger la confrérie. Le Silencieux obtenait presque l'unanimité, à l'exception d'Ounesh le Chacal, indécis, et de Gaou le Précis qui m'a fait ses confidences. Avec Ched le Sauveur, il s'estimait digne de commander l'équipage. Vous vous rendez compte ! Gaou s'est forcément aigri, et je n'ose imaginer quelle revanche il a voulu prendre...

Dans la salle à colonnes du temple régnait une paix profonde.

– Pourquoi m'avoir convoqué ici ? questionna Gaou le Précis, face à Claire et à Paneb.

– Parce que Maât règne en ce lieu, répondit la femme sage, et qu'aucun mensonge ne saurait y être prononcé, sous peine de voir l'âme de son auteur condamnée à la seconde mort. Désirais-tu occuper la fonction de maître d'œuvre, Gaou, à la place de Néfer le Silencieux ?

Le dessinateur s'octroya un long temps de réflexion.

– C'est vrai, j'avais ce désir... À ce moment-là, seul Ched le Sauveur me paraissait apte à orienter la confrérie, mais il refusait ce fardeau. Quant à Néfer, il ne possédait pas l'expérience nécessaire. Je me suis trompé... lourdement trompé.

– As-tu détesté Néfer au point de...

– Je n'ai jamais détesté Néfer. Je l'ai sous-estimé, envié, puis admiré... comme la plupart d'entre nous, d'ailleurs. Mais moi, je ne dissimule pas mes opinions. Et tant pis si elles me nuisent : je préfère mériter mon surnom de « Précis ».

– Voici un collier d'or destiné à la statue de Maât, déclara la femme sage. Tes mains sont-elles assez pures pour le déposer devant sa chapelle ?

Gaou n'hésita pas un instant.

– Regardez-les, mes mains ! exigea-t-il d'une voix altérée par l'indignation. Ce sont celles d'un Serviteur de la Place de Vérité et elles accepteront toutes les tâches que vous leur confierez.

Le dessinateur accomplit le rite.

Soulagés, Claire et Paneb demeuraient cependant troublés. Pourquoi la mémoire de Rénoupé avait-elle été si lente ?

# 32.

Le chef Sobek contemplait d'un regard morne le travail des auxiliaires tout en grattant sa cicatrice sous l'œil gauche. Pour la première fois depuis bien des années, il s'était levé tard et avait écouté d'une oreille distraite les rapports de ses guetteurs qui n'avaient rien remarqué d'anormal pendant la nuit.

Rien d'anormal... Juste une série de meurtres dont les auteurs demeuraient impunis !

Quand le maître d'œuvre pénétra dans son petit bureau du cinquième fortin, le chef Sobek garda la tête basse.

– Serais-tu souffrant ?

– Je me demande si je sers encore à quelque chose, avoua le policier nubien. Je suis incapable d'identifier un criminel, mon bilan est désastreux. Ou bien tu me remplaces, ou bien je démissionne.

– Sortons de ce réduit et marchons dans la colline. Tu as besoin d'air pur et de soleil.

Maugréant, le grand Nubien accepta.

Presque aussi colossal que Paneb, il semblait pourtant abattu et vieilli. En l'obligeant à grimper à un bon rythme, l'Ardent parvint à lui redonner du tonus.

– Comme j'aime cet endroit, murmura Sobek. En brûlant ce désert, le soleil lui donne une autre vie, si différente de celle de la Vallée. Ici, ni tricherie ni faux-semblant. Il faut affronter la réalité dans sa sauvagerie et ne craindre ni serpents ni scorpions. Mais une ombre a quand même réussi à masquer la lumière et je suis incapable de la dissiper !

– As-tu observé les allées et venues d'Ouserhat le Lion ?

– Bien sûr que oui, comme celles des autres, et je n'ai obtenu aucun résultat.

Sobek s'assit sur une pierre brûlante.

– J'en viens à me demander si ce n'est pas un démon qui s'amuse à prendre n'importe quelle forme humaine pour frapper ses victimes et mieux nous égarer... Que la femme sage utilise la magie et qu'un autre policier prenne l'affaire en main. Moi, j'ai échoué.

Paneb ramassa un peu de sable qu'il laissa glisser entre ses doigts.

– Ta mission consiste à assurer la sécurité du village et de ses habitants. J'estime qu'elle est remplie.

– Avec cette ombre meurtrière qui nous nargue ?

– La confrérie a couvé un serpent en son sein, à elle de s'en débarrasser avec ton aide.

– Tu as tort de me confirmer dans mes fonctions, Paneb.

– Ce ne sera ni ma première ni ma dernière erreur. Redonne le moral à tes hommes, Sobek, et persuade-toi que nous n'avons pas encore perdu le combat.

Quand Paneb prit place sur le siège de maître d'œuvre qu'avait occupé Néfer le Silencieux, il ferma les yeux et implora son père spirituel de l'aider à diriger la confrérie.

Dans le local de confrérie étaient présents les membres de l'équipe de droite et Hay, le chef de l'équipe de gauche dont les artisans travaillaient à la réfection des tombeaux de la Vallée des Reines.

Après le rituel de purification, Paneb avait lancé un vibrant appel aux ancêtres, et chacun avait senti que la fonction de maître d'œuvre commençait à prendre possession du colosse.

Occupant les stalles encastrées dans des banquettes de pierre, les Serviteurs de la Place de Vérité étaient inquiets. À voir le visage préoccupé de Paneb, ils savaient que les nouvelles n'étaient pas bonnes.

– Pour le moment, déclara le maître d'œuvre, nous n'avons pas de chantier en cours dans la Vallée des Rois. Étant donné sa santé chancelante, le décès du roi Siptah est annoncé comme imminent, mais les mois passent et, en réalité, le scribe de la Tombe ne dispose d'aucune information sérieuse. C'est pourquoi j'ai décidé d'accepter plusieurs commandes extérieures afin de préserver le renom de la confrérie et de prouver son savoir-faire dans les domaines les plus divers.

– Tu ne vas pas augmenter la cadence de travail ? s'inquiéta Karo le Bourru.

– Notre règlement sera respecté, et vous bénéficierez de primes exceptionnelles si vous répondez à mon appel.

– Qui les versera ? demanda Ounesh le Chacal, dubitatif.

– Les commanditaires, et elles seront intégralement attribuées à ceux qui respecteront les délais.

– Est-il vraiment nécessaire d'accorder autant d'importance à l'extérieur ? protesta Gaou le Précis. Plusieurs oratoires du village mériteraient une réfection, de même que certains tombeaux.

– Je compte affecter l'équipe de gauche à ces tâches, avec l'accord de son chef.

Hay hocha la tête affirmativement.

– Si je comprends bien, avança Ched le Sauveur avec un sourire ironique, tu nous mets à l'épreuve.

– Quelle épreuve ? s'inquiéta Paï le Bon Pain.

– Le maître d'œuvre craint que nous ne sombrions dans la vanité et la routine, expliqua Ched.

– Trêve de discours, intervint Casa le Cordage ; quelles sont ces fameuses commandes de l'extérieur ?

– Une série de pièges, précisa Paneb.

Un silence pesant suivit cette déclaration.

– Tu te moques de nous ? interrogea Ounesh le Chacal.

– À l'évidence, le pouvoir central est en proie à des convulsions dont nous ignorons la nature et la gravité. S'il s'effondre, l'existence même de la Place de Vérité sera menacée. Mon premier devoir consiste à la préserver, même en cas de bouleversement. L'afflux de ces commandes n'est pas un hasard ; l'extérieur veut savoir si, en dehors de la construction des demeures d'éternité, nous sommes réellement utiles. C'est pourquoi on nous lance des défis que nous allons relever.

– Et si nous en sommes incapables ? s'inquiéta Gaou le Précis.

– Aucune raison de douter de nous-mêmes, affirma Ouserhat le Lion. Et puis nous possédons la pierre de lumière : chaque fois qu'une question vitale lui a été posée, elle a su répondre en éclairant notre chemin.

– Autrement dit, conclut Thouty le Savant, nous sommes tous volontaires, puisque nous ne pouvons réussir qu'en équipe.

Personne ne contesta l'argument.

– Alors, intervint Féned le Nez, qu'est-ce qu'on doit faire ?

– D'abord un grand nombre d'ex-voto pour les temples de la région thébaine, répondit le maître d'œuvre. Il faudra travailler de petits fragments de calcaire très fins et les sculpter en forme de plaquettes qui seront déposées dans les oratoires ou insérées dans les parois des chapelles. Reste à choisir le thème de la gravure.

– Il y en a un qui s'impose, estima Ipouy l'Examinateur : le dieu Ptah, patron des bâtisseurs, protégé par les ailes de la déesse Maât. Elle seule peut donner le souffle de vie au grand architecte qui recrée chaque jour un univers harmonieux.

– On pourrait trouver plus simple, objecta Rénoupé le Jovial.

– L'idée me paraît excellente, jugea Paneb ; elle transmet l'idéal de la Place de Vérité sans le trahir.

– Bien entendu, avança Karo le Bourru, notre labeur ne s'arrêtera pas là.

– Bien entendu, approuva le maître d'œuvre avec un large sourire. Nous devrons également fournir à Karnak des statues et des stèles, sans oublier des exemplaires du *Livre de sortir dans la lumière*, avec un maximum de dessins destinés à illustrer les transformations de l'âme.

– Quels chapitres faudra-t-il reproduire ? demanda Gaou le Précis.

– À nous de les choisir. Mais il y a beaucoup plus difficile...

Les regards se concentrèrent sur le maître d'œuvre.

– L'administration centrale nous réclame des vases en faïence d'un bleu parfait pour orner les appartements royaux.

Casa le Cordage émit un sifflement désapprobateur.

– Sommes-nous capables de les fabriquer ?

– Je pense que oui, répondit Thouty, mais il nous faudra consulter les archives de nos maîtres faïenciers.

– Mon initiateur en était un, rappela Hay, et je n'ai rien oublié de son enseignement ; mais il me faudra de l'aide si la quantité de vases exigée est importante.

– Elle l'est, précisa Paneb. Dès demain, nous ouvrirons un atelier consacré à leur fabrication.

– Disposons-nous de suffisamment de sable contenant une forte proportion de quartz ? interrogea le chef de l'équipe de gauche.

– Sûrement pas, répondit l'orfèvre Thouty, mais je sais où en trouver.

– Ce n'est pas tout, reprit Paneb.

– Mais ce que tu nous imposes est déjà écrasant ! protesta Casa le Cordage.

– Le vizir du Sud en personne nous adresse une commande urgente.

– Ce vieux barbon ? s'étonna Féned le Nez. Il se contente d'expédier les affaires courantes en attendant d'être remplacé. Et il n'a jamais mis les pieds au village !

– Le vizir a besoin de deux grands sarcophages en bois.

– Les menuisiers de Karnak peuvent les lui procurer, estima Didia le Généreux.

– C'est à nous qu'il s'adresse. Toi, le charpentier, tu les façonneras.

– Si nous en sommes là, il vaudrait peut-être mieux cesser de palabrer, boire un bon coup et nous mettre au travail.

La proposition du charpentier fit l'unanimité.

À l'invitation du maître d'œuvre, les artisans joignirent leurs mains pour ressentir l'énergie qui circulait dans l'équipage.

Lorsque la porte du local de la confrérie fut refermée, Paneb demeura seul sous le ciel étoilé.

– Ne t'éloigne pas de moi, Néfer, et que ton silence devienne parole. J'écoute ta voix, je vis de ta vie, ma main prolonge ta main et je te continue.

# 33.

Kenhir avait consulté les archives des faïenciers de la dix-huitième dynastie, auteurs d'un nombre incalculable de chefs-d'œuvre. Mais leur utilisation s'était révélée décevante.

Les premiers vases sortis du nouvel atelier semblaient pourtant superbes, le bleu étincelant, mais comme le résultat était médiocre face au modèle, sorti de la chambre forte, que Paneb tenait entre ses mains !

– Le sable contenant du quartz a-t-il été assez finement broyé ? demanda-t-il.

– Plutôt deux fois qu'une, répondit Hay ; comme fondant, j'ai ajouté de la soude et des cendres végétales, selon la technique qui m'a été enseignée. Les composants se sont bien agglomérés en une masse à la fois solide et poreuse, j'ai chauffé et j'ai appliqué la glaçure. Mais à côté du modèle de référence, la teinte paraît terne.

– Quelle température atteins-tu ?

– Pas moins de neuf cents degrés. Nous avons varié, mais c'est celle-là qui donne les meilleurs résultats.

– Il nous manque un élément... Je reviens avec la femme sage.

Claire assista au processus de fabrication d'un vase. Et son verdict fut sans appel.

– Il manque un élément essentiel, en effet. Qu'on me laisse seule avec le maître d'œuvre.

La porte de l'atelier fermée avec un verrou, Paneb ouvrit un gros sac rempli de sable... du moins jusqu'à la moitié. En dessous se trouvait la pierre de lumière.

– Personne ne t'a vu la sortir de sa cachette ?

– Je suis allé la chercher au milieu de la nuit, accompagné de Noiraud et de Vilaine Bête. Aucun suiveur n'aurait échappé à leur vigilance.

– N'importe quel céramiste serait capable d'obtenir le bleu que nous avons obtenu ; celui de nos ancêtres était d'une autre nature. Par conséquent, il ne saurait provenir que de la pierre de lumière. À chaque étape de la fabrication, elle irradiera les matériaux.

Paneb compacta soigneusement un noyau en utilisant le sable à forte teneur en quartz qu'il avait lui-même broyé, il y ajouta cendres et soude, lui donna une forme simple qu'il enroba d'une couche de pâte de couleur plus terne que celle utilisée par Hay, puis il chauffa.

Au fur et à mesure que la température s'élevait, la lumière émanant de la pierre devenait plus intense. Émerveillés, Claire et Paneb assistèrent à l'éclosion d'un bleu d'une pureté extraordinaire qui revêtit l'ensemble du vase à la manière d'un habit précieux.

Le travail achevé, le rayonnement diminua et la pierre parut presque inerte.

Dans une coupe à larges bords, posée près du vase, des pigments s'étaient déposés.

– Du bleu de cobalt, constata la femme sage. Les papyrus en parlaient, mais je le croyais introuvable. C'est lui qui offre cette couleur inimitable*.

Le traître en était sûr : si la femme sage et le maître d'œuvre s'étaient enfermés dans l'atelier, c'était pour utiliser la pierre de lumière loin des yeux et des oreilles ! Et puisqu'elle était entrée dans ce local, elle en ressortirait, forcément portée par Paneb. À lui de se trouver là au bon moment pour suivre le colosse jusqu'à la cachette.

Avec les autres artisans de l'équipe de droite, le traître vit la femme sage apparaître sur le seuil de l'atelier. Elle leur montra un vase bleu à large col.

Pendant quelques instants, tous eurent le souffle coupé. Le bleu était à la fois intense et doux, animé d'une lumière surnaturelle.

– Vous avez réussi ! s'exclama Thouty, émerveillé.

– Nous disposons d'assez de pigments pour fabriquer de nombreux vases et quelques amulettes, indiqua Paneb. Cette collection sera digne de nos ancêtres.

– Un tel succès mérite un banquet, estima Paï le Bon Pain ; je vous servirai des brochettes et des filets de perche.

– Préparez tout, accepta Paneb ; moi, je range et j'éteins les fourneaux.

Le traître était obligé d'aider ses camarades, mais ces derniers eurent la bonne idée de disposer tables et sièges non loin de l'atelier dont il ne perdit pas la porte de vue.

Sitôt le repas terminé, Paneb s'était de nouveau enfermé dans l'atelier.

---

* De récentes analyses ont prouvé que les Égyptiens utilisaient le bleu de cobalt comme pigment, trois mille ans avant sa découverte en Occident.

Au lieu de rentrer chez lui comme ses confrères, le traître s'était dissimulé dans une maison inoccupée et, de la terrasse, avait continué à observer le local où se trouvait la pierre de lumière.

L'attente lui parut interminable, mais de bon augure. Si Paneb laissait ainsi la nuit avancer, c'était pour être sûr que le village entier dormirait lorsqu'il remettrait la pierre dans sa cachette.

Alors qu'un nuage masquait le mince croissant du deuxième jour de la nouvelle lune, la porte de l'atelier s'ouvrit.

Un sac sur l'épaule, Paneb regarda autour de lui.

Un sac contenant du sable... C'était donc la ruse que le maître d'œuvre avait utilisée pour apporter la pierre ! Sans elle, il n'aurait pu obtenir le bleu des ancêtres. Ne parvenait-elle pas à illuminer toute matière en l'amenant à son point de perfection ?

En assassinant Néfer le Silencieux, le traître avait tué en lui toute émotion. C'était un sang glacé qui coulait dans ses veines et lui donnait la maîtrise de ses impulsions. Aussi descendit-il sans hâte l'escalier pour entreprendre une filature prudente, en se dissimulant à l'angle d'une maison puis derrière une jarre d'eau.

À cause du poids, Paneb marchait lentement en direction du temple.

Le temple... La cachette idéale ! Pendant la journée, on y célébrait des rites, on y brûlait des parfums, on y nettoyait les objets rituels... Et la nuit, la puissance divine y reposait derrière la porte scellée du naos. Pas un villageois ne pouvait imaginer qu'un artisan oserait briser le sceau et violer ce lieu sacré auquel le traître avait déjà pensé.

Paneb franchit le pylône, traversa la cour à ciel ouvert et pénétra dans l'édifice.

Tapi derrière une stèle, le traître attendit qu'il en ressortît. Le maître d'œuvre avait certainement façonné des pierres amovibles qu'il suffisait de faire pivoter pour découvrir une cache où était dissimulé le trésor de la confrérie. Un détail insolite l'alerta : ni Vilaine Bête ni Noiraud ne patrouillaient dans les parages. Cela signifiait que le colosse avait gardé chez lui l'oie et le chien et qu'il lui tendait un piège.

Aussi, lorsque Paneb quitta enfin le temple sans son fardeau, le traître regagna-t-il son domicile en rasant les murs. À peine refermait-il sa porte qu'il entendit Vilaine Bête cacarder et Noiraud aboyer.

Paneb serait déçu car son gibier lui échappait, une fois encore... Mais le traître, lui, jubilait : la pierre de lumière était bien cachée dans le temple de Maât et d'Hathor.

En raison de sa douleur au coude, Kenhir avait accepté de se laisser frictionner les cheveux par Niout la Vigoureuse, tout en déplorant cette dépendance. Grâce aux massages de Claire, le vieux scribe pouvait au moins rédiger lui-même le Journal de la Tombe sans l'aide d'Imouni qui, ces derniers jours, s'était montré un peu trop flatteur à l'égard de son supérieur, comme s'il espérait une récompense.

Imouni n'avait rien perçu de l'esprit de la confrérie, et il se comportait comme n'importe quel petit scribe désireux de faire carrière, sans ressentir l'ampleur de l'aventure à laquelle il était associé.

Kenhir connaissait l'unique ambition d'Imouni : devenir scribe de la Tombe et imposer son autorité aux deux équipes d'artisans. Ce genre de fouine ne manquait pas d'habileté, et il ne fallait pas le sous-estimer.

– Je vais jusqu'au temple, dit Kenhir à Niout.

– Ce n'est pas raisonnable ! Vous devriez vous reposer.

– Ce matin, je me sens mieux.

– Je mets le déjeuner en route... Ne soyez pas en retard.

Étant donné la qualité du pigeon grillé aux épices que préparait la jeune femme, il n'y avait aucun risque. Considérée à juste titre comme la meilleure cuisinière du village, Niout la

Vigoureuse ne cessait de perfectionner des recettes qui excitaient la gourmandise de Kenhir.

Le vieux scribe emprunta la rue principale. Aux salutations des villageoises, il répondit en bougonnant.

Le maître d'œuvre posait une nouvelle pierre de seuil.

– Le traître est-il tombé dans le piège ? demanda Kenhir.

– Malheureusement non.

– C'est incroyable ! On jurerait que quelqu'un l'informe de nos intentions.

– Espérons qu'il a simplement beaucoup de flair. L'absence de l'oie et du chien a dû l'intriguer.

– Parviendrons-nous un jour à entraver ce démon ?

– Notre stratégie n'est pas si mauvaise.

– Mais il demeure libre et impuni !

– Peut-on rester libre lorsqu'on est esclave de sa propre avidité ? La pierre de lumière l'obsède, il ne songe qu'à s'en emparer. Continuons à appliquer notre plan.

– J'aurais préféré que ce monstre fût en cage dès cette nuit.

– N'est-ce pas vous, Kenhir, qui m'avez appris la patience ?

# 34.

Après avoir équarri à la hache deux troncs de sycomore bien secs, Didia le Généreux les avait débités en planches à la scie avec la précision de l'artisan qui avait dans l'œil et dans la main les mesures de l'œuvre naissante. Se servant d'une herminette à long manche comme rabot, Didia avait ensuite utilisé un foret à archet pour percer des trous destinés aux chevilles.

Et lorsque Paneb était entré dans l'atelier du charpentier, les deux sarcophages destinés au vizir avaient déjà belle allure.

– Pas de difficulté ? demanda le maître d'œuvre.

– Aucune. Si tu es d'accord, je prévois un couvercle à glissière légèrement bombé. Tous les assemblages seront effectués avec des chevilles de bois, et j'utiliserai des taquets en cèdre pour assurer la jonction du couvercle sur la cuve.

Paneb nota le parfait ajustement des planches des parois sur les piliers d'angle et la qualité des tenons, en forme de demi-queues d'aronde, fixés avec des languettes. Certains joints, déterminant l'emboîtement du cadre de base avec le cadre supérieur, demeuraient à angle caché.

– Que dirais-tu d'un visage osirien en bois d'acacia ?

– Excellente idée, approuva Paneb. Sur le couvercle, je peindrai le vizir en Osiris, entouré des déesses Isis et Nephtys ; au pied, Anubis couché sur la chapelle de momification.

– Un veinard, notre vizir ! Vu son existence inodore de haut fonctionnaire, je me demande s'il mérite un pareil cadeau.

– Rassure-toi, il paiera le prix fort.

– Un beau sarcophage, ça se négocie contre une chemise, un sac d'épeautre, une porte en bois, quatre nattes, un lit et trois pots de graisse... Alors ces deux-là, tu imagines !

– Nous obtiendrons beaucoup mieux, d'autant plus que tu es au sommet de ton art.

– Ne dis pas ça, ça porte malheur !

– Pardonne-moi, Didia, mais ces deux sarcophages sont de vrais chefs-d'œuvre.

– Il y a toujours un détail à améliorer, tu le sais aussi bien que moi... Là réside la noblesse du métier, ce mystère qui unit la main et l'esprit dans un acte d'amour. Veiller à son accomplissement est le premier devoir d'un maître d'œuvre, et par bonheur, tu l'as compris.

– As-tu des soupçons sur l'identité du traître ?

– Je ne peux même pas concevoir qu'il existe, avoua Didia.

Imouni remit le papyrus au scribe de la Tombe.

– Courrier urgent en provenance du bureau du vizir.

Kenhir brisa le sceau.

– Il convoque le maître d'œuvre pour demain matin... Mais pour qui se prend-il, ce vieil inutile ?

– En tant qu'expression de la volonté de Pharaon, le vizir est dans son bon droit, remarqua Imouni d'une voix onctueuse.

– Exact, reconnut Kenhir, mais je peux faire opposition en sollicitant l'intervention du roi.

– Sa Majesté réside à Pi-Ramsès... Le temps de l'avertir, le vizir pourrait utiliser la force pour obliger le maître d'œuvre à comparaître devant lui.

– Et moi, j'ordonnerai à Sobek de repousser ses sbires !

– Mieux vaudrait éviter une confrontation désastreuse, susurra Imouni.

– Va chercher Paneb.

Le maître d'œuvre demeura imperturbable.

– Notre vizir est impatient de voir ses deux sarcophages, estima-t-il. Je lui expliquerai qu'ils ne sont pas encore terminés et que toute précipitation nuirait à leur qualité. Afin de le tranquilliser, je lui apporterai l'un des vases destinés au palais royal.

– J'ai bien envie de t'accompagner, dit Kenhir.

– Ne vous fatiguez pas inutilement.

– Écoute ce que ce médiocre serpent te dira, Paneb, et ne t'emporte pas ! Surtout, pas un mot de trop. S'il t'accable de tracasseries administratives, à moi de les résoudre.

– Rassurez-vous, je serai sage comme une statue.

Lancé au grand galop, le cheval de Méhy parcourut en un temps record la distance qui séparait les bâtiments de l'administration de la villa du général. Le portier eut à peine le temps de se jeter dans un bosquet de tamaris pour éviter d'être piétiné, et une servante, effrayée, laissa tomber deux cruches de lait qui se fracassèrent sur le sol.

Indifférent à ces drames domestiques, Méhy sauta à terre et se rua dans la salle d'eau de Serkéta où elle se faisait épiler par sa coiffeuse.

– J'ai d'excellentes nouvelles, annonça-t-il, radieux.

– Mes souffrances sont presque terminées, doux chéri. Fais-toi servir du vin frais, j'arrive.

Connaissant les exigences de son maître, l'intendant apporta un grand cru des oasis et des filets de perche nappés d'une sauce au piment.

Méhy terminait de dévorer cet en-cas et de vider sa première amphore lorsque son épouse apparut, à peine vêtue d'un voile ne dissimulant rien de ses formes opulentes.

– Ne suis-je pas ta délicieuse petite fille ?

– Viens ici !

Après avoir malaxé les fesses de Serkéta avec sa rudesse habituelle, Méhy la força à s'asseoir sur ses genoux.

– Nous serons bientôt débarrassés de Paneb l'Ardent, annonça-t-il.

– Aurais-tu décidé de le supprimer ?

– C'est le vizir de Thèbes qui s'en chargera, et de la manière la plus légale qui soit ! Ce vieil incapable que j'ai fait nommer vient de recevoir un dossier comportant de graves accusations contre le maître d'œuvre de la Place de Vérité.

– L'œuvre du traître ?

– Si c'est le cas, il a bien travaillé. Les chefs d'accusation sont formulés à la manière d'un scribe, les faits sont précis et détaillés. Paneb n'a aucune chance de sortir libre du bureau du vizir.

– Il t'a donc montré ce dossier ?

– Ce médiocre ne me cache rien ! Pour une fois, il va se rendre utile. Et je n'ai même pas eu besoin de le stimuler, car le cas est des plus simples. Il lui suffit d'appliquer la loi, et la Place de Vérité sera décapitée. Après Néfer le Silencieux, Paneb l'Ardent... Kenhir est trop âgé pour résister à la tourmente qui emportera la confrérie. Soit le traître réussit à en prendre la tête, soit je la dissous. Dans un cas comme dans l'autre, la pierre de lumière nous appartiendra ! Et avec elle, le pouvoir absolu.

Serkéta ne se montra guère enthousiaste.

– Paneb a dû préparer sa défense.

– Il n'est au courant de rien ! Sans doute croit-il que le vizir le convoque à propos de sa commande de sarcophages.

– L'Ardent sentira le piège, il ne viendra pas.

– En ce cas, le vizir aura recours à la force. Et la force, c'est mon armée.

– La confrérie se défendra.

– Elle ne sera pas de taille.

Serkéta quitta les genoux de son mari et arpenta la pièce avec nervosité.

– Un affrontement direct te serait nuisible... On t'accuserait de violence, ta réputation de gestionnaire prudent et mesuré serait détruite ! Il faut éviter cette catastrophe.

– Nous n'en sommes pas encore là, tendre colombe. Paneb n'a aucune raison de se méfier, il se rendra chez le vizir et sera jeté en prison.

Sous la coupe de Méhy auquel il devait sa nomination, le vieux vizir du Sud avait adopté la même attitude que le maire de la ville : aucune initiative, obéissance absolue aux directives du général et gestion des affaires courantes avec recours au général à la moindre difficulté.

En suivant cette ligne de conduite, le dignitaire s'assurait une parfaite tranquillité et se prélassait à loisir dans sa douillette villa de fonction, au bord du Nil.

Dans une cité aussi sûre que Thèbes, où la criminalité était presque inexistante, Méhy s'était assuré une réputation de général intègre, capable de faire régner l'ordre en toutes circonstances, pour la plus grande satisfaction de la population. Aussi le vizir n'avait-il plus convoqué depuis longtemps le tribunal suprême où l'on jugeait les assassins et les coupables de fautes graves.

Lorsqu'il avait reçu le dossier anonyme accusant le maître d'œuvre de la Place de Vérité, le vieux courtisan s'était affolé. Bien entendu, son premier réflexe avait consisté à le montrer au général.

Méhy lui avait conseillé d'appliquer la loi après avoir prévenu, par courrier officiel, le pouvoir central.

Le vieillard espérait que le maître d'œuvre ne répondrait pas à sa convocation car on lui avait décrit Paneb l'Ardent comme un fauve irascible. En cas d'insubordination, ce serait au général d'intervenir par la force. Et lui, le vizir, serait dégagé de toute responsabilité.

– Des solliciteurs, ce matin ? demanda-t-il à son secrétaire, un scribe maigre et pâle.

– Personne d'important, vos assistants s'en occuperont.

– Pas d'affaire urgente à traiter ?

– Thèbes est d'un calme idéal. Grâce aux babouins policiers, nous n'avons pas le plus petit vol à déplorer sur les marchés...

Un planton se présenta.

– Paneb l'Ardent, maître d'œuvre de la Place de Vérité, désire voir le vizir.

# 35.

Le vieillard avala sa salive avec difficulté à l'idée de recevoir ce personnage violent et vindicatif, capable à lui seul de terrasser neuf adversaires, lui avait-on dit.

– Tout est-il prêt ?

– Rassurez-vous, lui promit son secrétaire, vous serez en sécurité.

– Bon, bon... Amenez-le.

Lorsque le colosse apparut, le vizir se sentit brusquement plus faible et plus âgé. Il se tassa sur son siège en prenant soin d'éviter le regard de l'Ardent, aussi intense qu'une flamme.

– Vos deux sarcophages ne sont pas tout à fait terminés, lui annonça Paneb, mais je peux d'ores et déjà vous assurer qu'il s'agira de pièces exceptionnelles. Les autres commandes sont en voie d'achèvement, et voici un échantillon de notre travail.

Tenant le vase bleu comme s'il portait une offrande, le maître d'œuvre fit un pas en direction du haut magistrat.

– N'approchez pas !

Surpris, Paneb s'immobilisa.

– Vous êtes en état d'arrestation, dit le vizir d'une voix tremblante au moment où une dizaine de gardes s'engouffrèrent dans le bureau pour encercler le prévenu en pointant leurs lances vers lui.

– C'est une stupide méprise !

– Vous êtes un dangereux criminel, et je dispose d'un témoignage accablant. Au moindre signe de révolte, vous serez abattu.

Les soldats qui menaçaient Paneb n'étaient pas des freluquets et ils avaient bénéficié de l'effet de surprise. Serré de près, le colosse n'avait pas la moindre liberté de mouvement.

– Puis-je au moins savoir de quoi je suis accusé ?

– Vous le saurez bien assez tôt ! Conduisez ce criminel en prison.

Un soldat lui passa des menottes en bois, un autre lui entrava les chevilles pendant que la pointe des lames s'enfonçait dans son cou, sa poitrine et ses reins.

Méhy s'empara de son arc, le tendit à le briser et visa un faucon pèlerin qui avait commis l'imprudence de survoler sa villa en traçant de grands cercles dans le ciel. Aucun chasseur ne s'attaquait à ce rapace, incarnation d'Horus, le protecteur de la royauté, mais le général se moquait de ces superstitions.

Un petit cri d'effroi troubla Méhy qui lâcha sa flèche un peu trop tôt. La vision aiguë du rapace lui permit de repérer le danger mortel, et il s'écarta au dernier instant en montant vers le soleil dans un puissant battement d'ailes.

En se retournant, Méhy vit la servante nubienne qu'avait déjà corrigée Serkéta. Elle s'était mise à genoux et pleurnichait.

– Pardonnez-moi, seigneur, mais j'ai eu peur pour l'oiseau !

Le général la gifla. Sous la violence du coup, la jeune fille s'affala dans l'allée sablée.

– Petite idiote, tu m'as fait rater mon coup ! Disparais de ma vue et ne me contrarie plus jamais, sinon...

Oubliant la douleur, la jolie Noire se releva et s'enfuit en courant. Méhy l'aurait volontiers violée, mais il se méfiait de Serkéta. S'il la trompait, elle le saurait d'une manière ou d'une autre et ne le lui pardonnerait pas. À la veille d'une grande victoire, ce n'était certes pas le moment de commettre une erreur aussi stupide. Quand son épouse serait vraiment trop grasse et incapable de l'aider, il serait temps d'aviser.

– Toujours rien ? demanda Méhy à son intendant.

– Le courrier habituel, mais rien encore du bureau du vizir.

Un cheval au galop.

Méhy courut vers l'entrée de sa villa. C'était bien un envoyé du vizir, porteur d'un message urgent.

Le début ravit le général : Paneb avait été arrêté et emprisonné !

Mais la suite le troubla : un visiteur de marque venait d'arriver à Thèbes. Et cet événement inattendu, Méhy ne savait comment l'interpréter.

Le soir tombait, Paneb n'était toujours pas rentré.

– Vous n'avez pas faim ? demanda Niout la Vigoureuse à Kenhir qui n'avait pas touché à un appétissant muge grillé, accompagné de lentilles.

– Il se passe quelque chose d'anormal.

– Le vizir a sans doute retenu le maître d'œuvre à dîner.

– Paneb nous l'aurait fait savoir...

Niout était aussi inquiète que le scribe de la Tombe et elle ne tenta pas de le retenir quand il se leva pour prendre sa canne. Avant qu'il ne sorte, elle lui mit une cape sur les épaules.

– Il y a du vent frais, n'allez pas vous enrhumer.

Kenhir se rendit jusqu'au cinquième fortin.

– Sobek est-il ici ? demanda-t-il au policier nubien en faction.

– Non, il a emprunté le char de service pour se rendre à l'embarcadère.

Le Nubien, lui aussi, s'était alarmé au point de partir en quête d'informations.

– Donne-moi un tabouret, je l'attends.

– Je n'ai rien de très confortable...

– Peu importe.

Ainsi, Paneb était tombé dans un traquenard. Tendu par qui ? Ce n'était pas ce vieil imbécile de vizir qui aurait osé s'en prendre au maître d'œuvre de la Place de Vérité ! L'ordre venait donc du véritable seigneur de Thèbes, le général Méhy. Mais en tant qu'administrateur principal de la rive ouest, il était chargé d'assurer la protection de la confrérie ! Il n'avait, de plus, aucune raison de s'en prendre à elle.

Au-dessus de Méhy, il ne restait plus que le maître suprême de la confrérie, le pharaon d'Égypte. Le malheureux Siptah n'était évidemment pas en cause ; la responsabilité d'une telle initiative ne pouvait incomber qu'à la reine Taousert.

Kenhir frémit.

Si son raisonnement était exact, la régente avait, pour un motif qu'il ignorait, signé l'arrêt de mort de la confrérie. D'abord la décapiter en faisant arrêter le maître d'œuvre par le vizir, ensuite...

– Sobek revient ! prévint le policier.

Le Nubien stoppa brutalement son char, n'oublia pas de caresser son cheval et vint au-devant du scribe de la Tombe.

– Paneb est incarcéré au palais, révéla-t-il.

– Pour quel motif ?

– De nombreuses accusations ont été portées contre lui, mais j'ignore leur nature.

– Mais... par qui ?

– Je l'ignore également. Le vizir aurait reçu un rapport

détaillé qui ne laisserait subsister aucun doute sur la culpabilité de Paneb.

– Le traître, bien sûr... Je vais demander audience au vizir.

L'ossature du vieux scribe supporta mal les cahots de la route, mais Kenhir oublia ses douleurs pour ne songer qu'au maître d'œuvre. Il lui faudrait convaincre le vizir qu'il s'agissait d'un coup monté et que Paneb devait être libéré sur l'heure.

Sobek réveilla un passeur qui, de mauvais gré, accepta de traverser le Nil alors que la nuit était tombée. Le ton impérieux du Nubien et sa carrure l'avaient dissuadé de discuter trop longtemps.

Les appartements du vizir jouxtaient le palais royal de Karnak, et il fallut la force de conviction du scribe de la Tombe pour persuader le responsable de la sécurité de réveiller le haut dignitaire.

Pris au dépourvu, le vizir accepta de recevoir Kenhir dans l'antichambre où, d'ordinaire, patientaient ses visiteurs. Redoutant le scandale que ne manquerait pas de provoquer ce scribe au caractère irascible, il préférait ne pas différer cet inévitable affrontement.

– Notre maître d'œuvre est-il enfermé ici ?

– En effet.

– Quels sont les chefs d'accusation ?

– Je n'ai pas à vous les révéler.

– Bien sûr que si ! En tant que scribe de la Tombe, j'ai accès à tous les documents officiels concernant la confrérie.

– Il s'agit d'un cas exceptionnel...

– C'est le moins que l'on puisse dire !

La colère de Kenhir impressionnait le vizir, mais il n'avait plus la possibilité de reculer.

– À cas exceptionnel, procédure exceptionnelle, précisa-t-il d'une voix tremblante.

– Tout vizir que vous êtes, et justement parce que vous l'êtes, vous devez respecter la loi de Maât.

– Écoutez, Kenhir...

– Communiquez-moi le dossier d'accusation et libérez sur-le-champ le maître d'œuvre de la Place de Vérité.

– Impossible.

– J'écris immédiatement à Sa Majesté pour lui signaler votre comportement et réclamer votre destitution.

– C'est votre droit, Kenhir.

– Vous feriez mieux de satisfaire mes exigences !

– Impossible, je vous le répète.

– Puisque vous voulez la guerre, vous l'aurez.

Paneb aurait pu fracasser la porte de la petite pièce, affronter les gardes et tenter de sortir du palais. Mais c'eût été rentrer dans l'illégalité, et sa fonction le lui interdisait. De plus, il désirait connaître les motifs de son arrestation et savoir qui, à travers les accusations portées contre lui, tentait de détruire la confrérie.

Aussi s'était-il étendu sur un lit sommaire pour y passer une nuit paisible et se préparer à comparaître devant un tribunal où il aurait tout loisir de s'exprimer, tandis que Kenhir mènerait une lutte acharnée pour le faire libérer. L'Égypte était un pays où l'on respectait la loi de Maât, à commencer par le vizir qui s'en portait garant.

Mais le réveil fut brutal : deux pointes de lance piquèrent le flanc du colosse.

– Suis-nous, ordonna un garde.

Paneb fut conduit jusqu'à une petite salle à deux colonnes qui ne ressemblait pas à un tribunal.

Assis sur un siège bas, un papyrus déroulé sur les genoux, le vizir n'osait pas regarder le prisonnier en face.

– Paneb l'Ardent, l'heure est venue de répondre de vos crimes.

# 36.

– S'agit-il d'un entretien privé ou d'une audience officielle ? demanda le maître d'œuvre.

– Je mène mon instruction comme je l'entends, répondit le vieux vizir, et je vous somme de répondre aux accusations portées contre vous.

– Qui est l'accusateur ?

– Vous n'avez pas à le savoir.

– La loi vous oblige à me donner son nom. Si vous refusez, la procédure, quelle qu'elle soit, sera frappée de nullité.

Le vizir parut embarrassé.

– En fait, il s'agit d'un document... anonyme.

– Il n'a donc aucune valeur juridique.

– Les faits qui vous sont reprochés sont si graves que je passe sur ce détail.

– Inacceptable. Ou vous me donnez ce nom, ou je sors de cette pièce.

– Ce document est vraiment anonyme, et je n'ai aucun moyen d'identifier son auteur. Acceptez-vous néanmoins de connaître les faits qui vous sont reprochés ?

– Comme j'ai la conscience en paix, pourquoi pas ?

Le vizir toussota pour s'éclaircir la voix.

– Commençons par le moins grave, quoiqu'il s'agisse déjà d'une faute impardonnable : vous avez fait soigner votre bœuf par un artisan de la confrérie et vous avez fait travailler sur votre champ deux Serviteurs de la Place de Vérité, ce qui est rigoureusement interdit.

– Accusation infondée. Deux artisans m'ont aidé, en effet, mais de leur propre volonté et sans aucune rétribution. Il vous suffira de les interroger pour connaître la vérité, et les cinq paysans qui travaillent pour moi en toute légalité confirmeront mes dires.

– Ah... Mais il y a plus délicat. Vous êtes accusé d'avoir séduit plusieurs femmes mariées et de semer le trouble dans les familles du village.

Le colosse éclata de rire.

– Quelles sont les femmes qui se sont plaintes ?

– Le document ne donne pas ce genre de précision... Niez-vous les faits ?

– Mon épouse témoignera pour moi et elle vous expliquera que mon comportement ne compromet en aucune façon l'harmonie du village.

– Bon, bon... Passons à la suite : vous détenez un pic dont vous êtes le seul à vous servir, ce qui est contraire au règlement.

– Le scribe de la Tombe vous précisera que ce pic est ma propriété personnelle, reconnue par tous, et qu'il est marqué d'un sceau si particulier qu'on ne saurait le confondre avec aucun autre. En conséquence, cet outil ne doit pas être restitué après usage au trésor de la confrérie.

– Cette exception aurait dû être signalée à l'administration !

– Elle est consignée dans le Journal de la Tombe que Kenhir tient à votre disposition.

– Parfait, parfait... Mais vous avez bien volé un lit dans une tombe du village !

– Si tel était le cas, rétorqua Paneb, j'aurais été jugé et condamné par le tribunal de la confrérie. Jamais aucun vol n'a été commis dans les demeures d'éternité de nos ancêtres, eux qui veillent sur nous et que nous vénérons chaque jour. Un lit m'a été officiellement offert avec l'accord du scribe de la Tombe, et ce don est notifié dans le Journal.

– Venons-en aux accusations les plus graves, passibles de la peine de mort.

Paneb écarquilla les yeux.

– Êtes-vous sérieux ?

– Les faits le sont : des violations de sépultures dans la Vallée des Rois !

Cette fois, le colosse perdit son calme.

– Seriez-vous devenu fou ?

– Respectez ma fonction ! implora le vizir dont la gorge se serrait ; mon rôle consiste à établir la vérité et...

– Alors, expliquez-vous !

N'osant toujours pas regarder le colosse dans les yeux, le vieillard plongea le nez dans le papyrus.

– Vous avez volé une étoffe précieuse dans la tombe du pharaon Séthi II et, pour fêter cet exploit, vous vous êtes enivré, debout sur son sarcophage.

– C'est vrai.

Le vizir releva un peu la tête.

– Vous... vous reconnaissez les faits ?

– Je reconnais que je me suis enivré. Pour le reste, le délateur a fabriqué un tissu de mensonges grossiers ! L'étoffe en question ne se trouvait pas dans la tombe de Séthi II, et le sarcophage auprès duquel moi et mes compagnons avons goûté un excellent vin n'était pas le sien. Sur tous ces points, je dispose de témoins qui dissiperont ces affirmations aussi grotesques qu'infamantes.

– Des témoins, vraiment ?

– Ils déposeront sous serment devant le tribunal du village présidé par le scribe de la Tombe, puis devant vous, si vous l'exigez. Et l'étoffe, comme le sarcophage, seront à votre disposition.

– Bon, bon... Mais il reste encore un point d'une exceptionnelle gravité.

– Je vous écoute.

Comme le colosse avait recouvré son calme, le vizir prit davantage d'assurance.

– Des blocs appartenant à la tombe du pharaon Mérenptah ont été déplacés de la Vallée des Rois jusqu'au village et ils ont servi à construire quatre colonnes de votre propre demeure d'éternité.

– Exact, reconnut Paneb.

– Vous avez donc, vous, le maître d'œuvre de la Place de Vérité, dégradé la tombe d'un roi que vous aviez creusée et décorée !

– Inexact.

– Mais... Vous venez d'admettre votre crime !

– Il n'y a aucun délit, car les blocs en question sont des matériaux de récupération. J'avais demandé à une petite équipe de nettoyer la Vallée des Rois en la débarrassant des débris entassés sur nos chantiers. Elle a rapporté au village des pierres utilisables pour la construction de ma tombe, mes compagnons ayant décidé de m'offrir ce magnifique cadeau.

– Ceux-là aussi sont prêts à témoigner ?

– Sans aucun doute.

Le vieux vizir roula le papyrus.

– Vous avez réduit les accusations à néant, maître d'œuvre.

– Rien d'autre à me reprocher ?

– Les griefs ne vous ont-ils pas paru assez nombreux ?

– Si je comprends bien, vous renoncez à toute accusation.

– Vos explications m'ont convaincu... Mais un juge suprême aura peut-être un avis différent du mien.

La reine Taousert apparut.

Le vizir et le maître d'œuvre se levèrent aussitôt pour saluer la souveraine.

– J'ai tout entendu, affirma-t-elle, et je suis parvenue aux mêmes conclusions que le vizir. Le maître d'œuvre a su dissiper les ombres et fournir les précisions qui ruinent ce dossier anonyme, œuvre d'un odieux calomniateur.

Courbé, le vieillard se retira.

Paneb contemplait la régente dont la beauté n'était pas loin d'égaler celle de Turquoise. La même noblesse farouche, la même finesse de traits, la même lucidité dans le regard, mais davantage de solitude et de souffrance maîtrisée chez la reine.

Taousert était surprise par la puissance de l'Ardent et par l'énergie qui émanait de tout son être. Un instant, elle songea qu'il ferait un pharaon digne des plus grands et qu'un homme de cette trempe saurait diriger le pays.

– Ta culpabilité aurait déclenché une crise si profonde que ma régence eût été ébranlée, déclara la reine.

– Je suis innocent, Majesté, et la réputation de la Place de Vérité, comme la vôtre, demeure intacte.

– J'ai préféré m'en assurer par moi-même, car les rumeurs les plus alarmantes circulaient sur ton compte, et je n'étais pas certaine de l'impartialité du vizir du Sud qui sera remplacé dès demain. Ce vieux courtisan n'aurait pas été capable de distinguer la vérité du mensonge, et je ne souhaite pas que ce genre d'incident se reproduise.

– Pardonnez mon impudence, Majesté, mais pourquoi ne pas entendre les témoins qui dissiperaient toute équivoque ?

La reine eut un sourire éblouissant.

– Parce que je te fais confiance, Paneb. Ce sentiment te serait-il inconnu ?

– Lorsqu'on dirige une confrérie ou un pays, ne devrait-il pas être exclu ?

– C'est la recommandation de plusieurs grands pharaons, en effet... Mais je ne suis qu'une régente et j'ai la faiblesse de te croire. En exerçant le pouvoir, j'ai appris à déchiffrer les êtres et j'ai la certitude que tu es incapable de mentir.

Ému, l'Ardent ne trouva aucune réplique.

– Quelqu'un cherche à te détruire, maître d'œuvre, et tu dois l'identifier.

– C'est fait, Majesté. Et je vous demande la faveur de le juger selon les lois de notre confrérie.

– Je te rappelle que le châtiment suprême relève du tribunal du vizir.

– Rassurez-vous, le calomniateur sortira vivant du nôtre... Enfin, si l'on peut appeler « vie » le destin qui l'attend.

– Agis selon la règle de Maât, maître d'œuvre.

– Nous ferez-vous l'honneur d'une visite, Majesté ?

– Je dois repartir pour Pi-Ramsès immédiatement. Sache que la santé du roi Siptah décline de manière irrémédiable... Que tout soit prêt pour ses funérailles.

– Je m'y engage, Majesté.

# 37.

En sa qualité de maître d'œuvre de la Place de Vérité, Paneb présidait le tribunal réuni devant le pylône du temple de Maât et d'Hathor.

Faisaient partie du jury la femme sage, le scribe de la Tombe, le chef de l'équipe de gauche, Ched le Sauveur et deux prêtresses d'Hathor. Tous les villageois assistaient à cette audience qui s'annonçait exceptionnelle.

Depuis son retour, Paneb n'avait fait aucune déclaration officielle, et l'on se perdait en conjectures sur les motifs de son arrestation.

Aussi, un profond silence s'établit-il quand le maître d'œuvre prit la parole.

– Des accusations mensongères ont été formulées contre moi par un habitant du village qui n'a même pas eu le courage de signer le document qu'il a remis au vizir. J'ai été emprisonné comme un malfaiteur, mais j'ai eu la possibilité de me défendre, grâce à l'intervention de la reine Taousert, et j'ai prouvé mon innocence. Restait à identifier le délateur, l'homme qui cherchait à asseoir sa domination sur le village au prix d'une forfaiture, l'homme qui m'a toujours détesté et dont la seule nourriture est l'ambition.

Des murmures désapprobateurs parcoururent l'assemblée.

– Que cette vermine se dénonce immédiatement ! exigea Nakht le Puissant.

Un accès au tribunal fut dégagé, mais personne ne se présenta.

Féned le Nez interpella le maître d'œuvre.

– Connais-tu vraiment le coupable ?

– Ce sont ses propres accusations qui l'ont dénoncé. Lui seul pouvait les formuler et travestir la réalité avec autant de mesquinerie et de haine.

Les artisans se regardèrent les uns les autres, mais aucun ne parvenait à croire que l'un de ses compagnons se fût comporté avec autant de bassesse.

Paneb l'Ardent s'adressa à Imouni qui se cachait derrière Didia le Généreux.

– Aie au moins le courage d'avouer, lui recommanda-t-il.

Le petit scribe au regard faux et au visage de rongeur tenta de reculer, mais Karo le Bourru et Casa le Cordage le bloquèrent sur place.

– Je ne comprends pas, bredouilla Imouni de son ton mielleux qui avait toujours exaspéré Kenhir. J'ai fait correctement mon travail et je...

– Approche, ordonna le maître d'œuvre.

Le scribe assistant obéit. Face à Paneb, à la femme sage et au scribe de la Tombe, il feignit d'abord l'humilité.

– J'ai peut-être commis quelques erreurs, mais sans intention de nuire... C'est un malheureux concours de circonstances qui a fait soupçonner Paneb de fautes qu'il n'a pas commises.

– Est-ce bien toi qui as envoyé un dossier au vizir? demanda le maître d'œuvre.

– Je me suis senti obligé de l'informer à propos de certains incidents...

– Sans passer par moi? tonna Kenhir.

– Je... je ne souhaitais pas vous importuner.

– De qui te moques-tu, Imouni? Tu as trahi ma confiance, tu as calomnié le maître d'œuvre et tu es devenu l'ennemi du village entier!

Changeant d'attitude, le petit moustachu laissa éclater sa hargne.

– Vous n'avez rien perçu de mes qualités et de mes droits! éructa-t-il. C'est moi qui devrais occuper depuis longtemps la fonction de scribe de la Tombe, c'est moi qui suis le plus qualifié d'entre vous! Pourquoi refusez-vous de l'admettre?

Paneb regarda Imouni droit dans les yeux.

– Est-ce toi qui as assassiné Néfer le Silencieux?

– Non, non... bien sûr que non... Je jure que je suis innocent!

Paneb sentit que le scribe avait trop peur de lui pour mentir.

– Écrasons cet avorton! proposa Karo le Bourru.

– Du calme, exigea le maître d'œuvre. Qu'aucun geste déplacé n'altère la dignité de ce tribunal.

Kenhir était effondré. Il n'avait jamais apprécié le caractère de son assistant, mais comment imaginer que l'envie et la haine avaient dévoré son âme?

– La trahison d'Imouni est un fait établi, estima Hay, vivement approuvé par les autres membres de la confrérie.

– Le châtiment s'impose donc de lui-même, conclut Paneb : exclusion définitive du village.

Les jurés approuvèrent.

Imouni était devenu très pâle.

– Vous... vous n'avez pas le droit!

– Tu ne franchiras plus la porte de la Place de Vérité,

annonça Paneb, et tu ne seras même pas admis dans la zone des auxiliaires. Une plainte sera déposée contre toi chez le vizir pour injure à magistrat et dénonciation calomnieuse. Adieu, Imouni.

Casa le Cordage et Karo le Bourru agrippèrent le petit moustachu par le col de sa tunique et, suivis de tous les autres artisans, le traînèrent au long de la rue principale.

Imouni craignit d'être molesté, mais les deux tailleurs de pierre se contentèrent de le conduire jusqu'au seuil de la grande porte qu'ouvrit Rénoupé le Jovial.

L'équipe de droite et l'équipe de gauche se disposèrent sur deux colonnes.

– Va-t'en, avorton ! ordonna Ouserhat le Lion.

Imouni hésita.

– Vous ne savez pas ce que vous perdez ! Moi, j'aurais...

Féned le Nez ramassa un caillou et visa les fesses du petit scribe qui poussa un couinement de douleur.

– Déguerpis, ou bien on te lapide !

Imouni prit ses jambes à son cou et quitta la Place de Vérité sous les huées de l'équipage.

Le banquet organisé par Méhy et Serkéta dans leur villa de la rive ouest compterait au nombre des plus réussis de l'année. L'administrateur principal se devait d'honorer ainsi la nomination du nouveau vizir choisi par la reine Taousert, un obscur prêtre de Karnak.

Le haut magistrat n'avait guère apprécié les évolutions des danseuses nues, jouant avec le voile rose attaché sous leur collier et flottant autour d'elles. Il ne s'était même pas enivré, en dépit de la qualité des grands crus, et il avait quitté la réception bien avant son terme.

En ne cessant de sourire à ses hôtes et de partager leurs confidences, Serkéta avait martelé le message qu'il lui fallait transmettre : elle et Méhy formaient un couple heureux et généreux, tous leurs désirs avaient été comblés par le destin et ils n'avaient d'autre ambition que de servir leur pays. La vigoureuse santé de l'économie thébaine ne prouvait-elle pas les capacités de gestionnaire de son époux, honnête homme par excellence ?

Au cours d'un bref entretien avec Taousert avant qu'elle n'embarque pour Pi-Ramsès, Méhy avait chaleureusement approuvé le remplacement du vieux vizir qu'il comptait d'ailleurs proposer lui-même et il s'était félicité de la prompte réhabilitation de Paneb l'Ardent, un maître d'œuvre remarquable, en dépit de son caractère parfois abrupt. Et, bien entendu, le général avait assuré la reine de son total dévouement.

Grâce à plusieurs apartés avec les dignitaires de la province, Méhy avait vérifié que sa réputation et son influence demeuraient intactes.

Les invités partis, Serkéta se fit masser les pieds par sa servante nubienne.

– Il nous reste encore un hôte à consulter, lui dit Méhy.

– Assez d'abrutis pour ce soir, mon doux chéri.

– Celui-là devrait t'intéresser plus que les autres.

– Tu m'excites... Qui est-ce ?

Le général fit entrer un petit scribe à tête de fouine et au regard faux.

– Je te présente Imouni, ex-assistant du scribe de la Tombe.

Serkéta prit un air affligé.

– N'avez-vous pas été victime d'une terrible injustice ?

– Malheureusement oui, et je ne sais comment me défendre.

– Si vous nous racontiez en détail ces pénibles événements ? suggéra Méhy. En tant que protecteur de la Place de Vérité, je me dois de collecter un maximum d'informations pour éviter de commettre des erreurs.

Imouni ne se fit pas prier davantage. Le général et son épouse l'écoutèrent avec attention.

– Vous vous estimez donc spolié, conclut Méhy, alors que vous vous sentez capable de diriger la confrérie.

– Vous m'avez parfaitement compris, général !

– Votre situation est délicate, très délicate... Paneb a été innocenté, vos accusations considérées comme infondées, et le nouveau vizir n'est pas prêt à rouvrir le dossier. Cependant...

Le regard du petit scribe brilla de convoitise.

– ... cependant, continua Méhy, je suis un homme épris de justice et votre sincérité m'émeut. Pour le moment, votre carrière est brisée, et je ne peux m'opposer au tribunal de la confrérie. Mais si vous me racontez tout ce que vous savez sur la Place de Vérité, je comprendrai mieux cette douloureuse affaire et je pourrai peut-être vous aider.

Imouni lissa de son index les poils de sa moustache.

– Des renseignements de cet ordre sont si confidentiels qu'ils valent cher...

– Tout a un prix, c'est vrai ; mais vous ne les vendrez qu'à moi. Car si vous deveniez trop bavard, le vizir vous ferait arrêter pour haute trahison. C'est dire que cet entretien doit rester secret. En échange de votre amitié, je vous installe dans une villa de Moyenne-Égypte dont vous assurerez la gestion, en attendant une période plus favorable.

Imouni parla longuement, ravi d'avoir trouvé un allié aussi puissant qui lui offrait l'avenir dont il rêvait : évincer Paneb et devenir le patron de la confrérie. Il ne lui faudrait que de la patience, et le scribe n'en manquait pas.

Serkéta n'apprit rien de bien nouveau sur le village et sur son fonctionnement, mais elle apprécia la rancœur du petit scribe qui serait un jouet amusant entre les mains de son mari. Et elle se réjouit surtout de la naïveté de la confrérie, persuadée qu'avec l'expulsion d'Imouni, elle était enfin débarrassée du traître qui la rongeait de l'intérieur.

Or le traître, c'était un autre.

# 38.

Niout la Vigoureuse avait disposé le tissu humide entre deux planches de bois rainurées qui servaient de presse. Ainsi, elle obtiendrait un superbe plissé, et le scribe de la Tombe revêtirait une chemise de cérémonie digne de ce nom.

Très ébranlé par la conduite d'Imouni, Kenhir avait cependant retrouvé le sommeil grâce aux sédatifs prescrits par Claire, et il ne manquait pas d'appétit.

Pourtant, quand il revint du conseil restreint auquel avaient participé la femme sage et les deux chefs d'équipe, il avait la mine sombre.

– Encore un ennui ?

– Non, pas exactement... Que pensais-tu d'Imouni ?

– Je vous ai donné plusieurs fois mon opinion : quand on a une tête de rongeur, on ronge. Quand on a une voix mielleuse, on flatte ; et quand on flatte, on ment. Mais vous n'écoutez jamais rien !

– Je t'ai écoutée, Niout, mais je ne pouvais pas croire qu'il était aussi mauvais...

– Et vous ne le croyez pas encore, parce que vous n'imaginez pas le monstre que produit l'union de la mesquinerie et de l'ambition.

– Le conseil a décidé de nommer un nouveau scribe assistant.

– Encore heureux ! À votre âge, vous avez besoin d'aide.

– J'ai proposé un candidat qui a été accepté à l'unanimité.

– Tant mieux. Pour sa nomination officielle, vous porterez une belle chemise plissée.

– Auparavant, je souhaitais te demander ton avis.

– À quoi bon, puisque le vote a eu lieu ?

– Encore faut-il que l'assistant désigné accepte sa nomination... Je devrais dire : l'assistante.

– Une femme scribe ?

– Toi, Niout. Tu n'es pas seulement une ménagère et une cuisinière exceptionnelles, puisque tu sais lire et écrire. Chacun connaît ta rigueur et ta capacité de travail, et le conseil estime, comme moi-même, qu'il n'y a pas de meilleur candidat pour ce poste.

Niout la Vigoureuse examina la chemise.

– Je peux faire mieux, mais il me faudra un tissu plus fin. Bon, au travail : voulez-vous me dicter le texte du jour pour le Journal de la Tombe ?

Fille d'un sculpteur de l'équipe de gauche, la jolie brunette de quinze ans était en pleurs.

– Que se passe-t-il ? lui demanda Ouâbet la Pure.

– Je voulais... je voulais vous dire, mais je n'ose plus... Et puis...

– Entre.

Décorée de peintures chatoyantes par Paneb qui prenait

plaisir à les raviver dès qu'une couleur s'étiolait, la demeure d'Ouâbet était un enchantement. Figures géométriques, pampres, feuilles de lotus, oiseaux s'ébattant dans les papyrus composaient un palais miniature dont la maîtresse de maison était fière.

Ouâbet fit asseoir la jeune fille sur des coussins orangés qu'elle avait brodés.

– C'est bien à moi que tu voulais parler ?

– Oui... Non... Laissez-moi partir, je vous en prie !

– Calme-toi, petite, je suis prête à t'écouter, quoi que tu aies à me dire.

La brunette leva des yeux pleins de larmes.

– Vraiment ?

– Vraiment.

– Vous auriez un peu d'eau ?

La jeune fille but avec avidité, comme si elle venait de traverser un désert.

– Vous... vous ne me reprocherez rien ?

– Je te le promets.

La brunette serra les genoux.

– Avec mes amies, on a aguiché les garçons, hier soir, après le coucher du soleil... On a dansé, les seins nus, comme d'habitude, mais on ne s'est pas arrêtées là... Comme on avait bu un peu de bière forte et qu'il faisait très chaud, on a aussi ôté nos pagnes pour mieux se lancer dans des figures acrobatiques.

– Et les garçons ont aussi ôté les leurs, je suppose ?

– À la fin de la danse, oui... Mais on s'est juste regardé les uns les autres, en riant, et puis chacun est rentré chez soi. Mais moi, je n'ai pas pu...

– Pourquoi ?

– À cause de votre fils, Aperti.

La brunette éclata en sanglots.

– Il t'a violée ?

– Oui et non... Quand il s'est approché de moi, il n'avait pas remis son pagne, et moi non plus... J'ai d'abord cru qu'il voulait simplement me caresser, et puis il est si beau, si fort... J'aurais dû crier, me débattre, appeler au secours.

– Tu ne l'as pas fait ?

– Non, avoua la jeune fille, honteuse.

– Vous avez donc fait l'amour, et tu n'es plus vierge.

La brunette hocha nerveusement la tête.

– Es-tu amoureuse d'Aperti ?

– Je ne sais pas... Je crois que oui. Mais je n'ose rien dire à mes parents !

– As-tu revu mon fils ?

– Non, oh non !

Le poing d'Aperti atteignit au menton le fils du charpentier de l'équipe de gauche qui s'étala sur le dos.

– Gagné ! s'exclama le jeune athlète de dix-neuf ans que personne n'avait encore vaincu à la lutte à mains nues.

– L'existence n'est pas qu'une joute, dit Paneb avec gravité.

Surpris, le garçon n'osa pas regarder son père en face.

– Tu es devenu un bon plâtrier, Aperti. Il est temps d'occuper ta propre maison et d'épouser la femme que tu as séduite et que tu aimes.

– Mais... Je n'en aime aucune !

– Mais si, souviens-toi, une jolie brunette à laquelle tu as prouvé ta virilité.

– On s'amusait, rien de plus !

– Pour elle, ce n'était pas un jeu ; pour toi, ce n'en est plus un. Ou bien tu restaures la petite demeure que le scribe de la Tombe t'attribue pour y vivre avec ton épouse, ou bien tu quittes le village.

Comme chaque soir après ses consultations, Claire affrontait la solitude. Levée avant l'aube, elle vivait avec intensité les rites du matin puis s'occupait de ses patients tout en se préoccupant, en permanence, de l'état sanitaire du village. Heureuse d'avoir réussi à stabiliser la vue de Ched le Sauveur, elle n'avait à déplorer aucune maladie grave qui eût exigé le transfert du malade à Thèbes.

Le dernier patient sorti de son cabinet, il lui fallait de nouveau vivre l'absence de Néfer le Silencieux, consciente que le vide ne se comblerait jamais. Malgré l'amour qu'elle portait à la confrérie, elle souhaitait ardemment le rejoindre au plus vite, tant était cruelle l'épreuve de la séparation.

À la tombée de la nuit, Claire éprouva une immense lassitude. Elle n'avait pas envie de dîner et savait que le sommeil lui-même ne lui procurerait aucun réconfort.

Aussi décida-t-elle de monter à la cime, avec l'espoir que la déesse du silence l'accepterait en son sein et lui ouvrirait les portes de l'au-delà.

Sur le seuil était assise Séléna, âgée de sept ans. La fille de Paneb l'Ardent et d'Ouâbet la Pure serrait dans ses mains trois petits sachets de toile contenant des grains de raisin, des dattes et de l'orge.

– Que fais-tu ici, Séléna ?

– J'ai préparé moi-même des offrandes pour les offrir à la cime. Tu te souviens, tu m'as promis que tu m'y emmènerais. Je suis prête.

Dans les yeux de la fillette brillait une lueur d'or. À cet instant, Claire sut que le destin avait choisi la future femme sage de la Place de Vérité et qu'elle devrait désormais consacrer une bonne partie de son temps à la former.

– Accorde-moi quelques instants.

Quand Claire réapparut, elle était vêtue d'une robe de lin plissée blanche et rose, et parée d'un collier large et de bracelets en or. Un cercle du même métal enserrait sa perruque surmontée d'un lotus.

– Comme tu es belle, Claire !

– C'est pour faire honneur à la déesse. Je suis certaine qu'elle appréciera tes offrandes.

La femme sage et l'enfant entamèrent une lente ascension,

dans l'ultime lumière du couchant. Séléna tenait bien fort la main de Claire, sans cesser de fixer la cime.

– Vénère la déesse du silence, celle qui demeure au sommet de la montagne, lui recommanda la femme sage. Parfois, elle prend un aspect effrayant, mais en elle vit le feu de la création. Lorsque j'aurai rejoint l'Occident, qu'elle devienne ton guide et ton regard.

Lorsqu'elles atteignirent le sommet, le cobra royal femelle sortit de son antre.

Séléna serra plus fort encore la main de Claire.

– Mets-toi derrière moi et imite chacun de mes gestes.

La danse rituelle du serpent et de la femme sage fut célébrée en parfaite harmonie. Apaisé par les présents, le cobra regagna le royaume du silence.

Pour goûter la fraîcheur du crépuscule, Claire et Séléna s'assirent côte à côte.

– Nous allons parcourir ensemble les heures de la nuit, Séléna. Un jour, tu toucheras le grand serpent, l'incarnation de la déesse, et elle te transmettra son énergie.

Pas un instant, la fillette n'eut envie de dormir. Juste avant le lever du soleil, Claire lui fit boire la rosée qu'exsudait la plus haute pierre de la cime, l'eau régénératrice issue des étoiles.

Puis la femme et l'enfant redescendirent vers le village.

À l'orée du sentier, Paneb.

La fillette courut vers son père qui la prit dans ses bras où elle s'endormit aussitôt.

Les regards de la femme sage et du maître d'œuvre se croisèrent, ni l'un ni l'autre n'eurent besoin de prononcer un seul mot.

Et pour la première fois, Claire vit le colosse pleurer.

# 39.

Toutes les commandes de l'extérieur avaient été exécutées et livrées, à la satisfaction du temple de Karnak et même du vieux vizir destitué qui avait payé à prix d'or ses deux sarcophages.

Après cette débauche d'efforts couronnés de succès, le village connaissait une période de répit. La chaleur de fin mai était écrasante, et chacun vivait au ralenti.

Claire passait de longs moments au pied du perséa planté sur la tombe de Néfer le Silencieux. L'arbre grandissait à vue d'œil et, à travers lui, la femme sage ressentait la présence apaisante de l'homme qu'elle continuait à aimer avec la même ferveur.

Les artisans jouaient volontiers aux dés avec cinq pierres

auxquelles ils avaient donné des formes particulières. La première était une pyramide à base triangulaire et à quatre faces, symbole du feu ; la deuxième comportait vingt faces formées de vingt triangles équilatéraux pour évoquer l'eau ; la troisième, avec huit faces, incarnait l'air, et la quatrième, un cube avec ses six faces, la terre. Quant à la cinquième, avec ses douze faces, elle évoquait la quinte essence, l'univers d'où provenaient les quatre éléments.

Nakht le Puissant s'apprêtait à la lancer lorsque l'énorme chat de Paneb se planta devant lui, les poils du dos hérissés et toutes griffes dehors.

– Que se passe-t-il, Charmeur ?

En guise de réponse, le petit fauve feula.

– Il cherche à nous prévenir d'un danger, estima Féned le Nez.

Les artisans posèrent les dés et suivirent le chat qui se déplaçait en crabe, la queue gonflée et les moustaches frémissantes.

Charmeur les conduisit jusqu'à la grande porte sur laquelle il se jeta avec fureur.

– Cet animal est devenu fou, jugea Paï le Bon Pain ; je vais chercher Paneb. Surtout, ne vous en approchez pas : il pourrait vous griffer cruellement.

Soudain, on frappa des coups violents.

– C'est le gardien, constata le dessinateur.

– Pas si fou, ce chat ! commenta Casa le Cordage. Préviens le maître d'œuvre.

En quelques instants, tous les villageois se massèrent devant la grande porte.

– Laissez-moi passer, ordonna Paneb.

À côté du gardien, le facteur Oupouty.

– J'ai deux messages à vous transmettre, dit-il au maître d'œuvre : le premier est oral, le second écrit. Je suis chargé de vous annoncer que l'âme du pharaon Siptah s'est envolée pour pénétrer dans le paradis céleste et s'unir à la lumière d'où elle est issue. Voici maintenant le message écrit, poursuivit le facteur en remettant à Paneb un papyrus portant le sceau de la régente.

Ce que lut Paneb le contraria au point qu'il convoqua sur-le-champ un conseil restreint formé de la femme sage, du scribe de la Tombe et du chef de l'équipe de gauche.

– Pour honorer la mémoire de Siptah, révéla le maître d'œuvre, la reine nous ordonne d'agrandir sa tombe.

– On peut tout au plus la prolonger, suggéra Hay.

– J'estime que notre travail est terminé. La taille de cette tombe respecte les lois d'harmonie, de même que sa décoration.

– Il s'agit d'un ordre de la régente, rappela Kenhir ; tu ne peux passer outre.

– Siptah est mort, sa momification durera soixante-dix jours et il sera inhumé dans sa demeure d'éternité. En un si court laps de temps, comment creuser, sculpter et peindre de manière correcte ?

– Les Serviteurs de la Place de Vérité sont capables de travailler vite et bien, à commencer par toi, objecta le chef de l'équipe de gauche.

– Ce ne sont pas les capacités techniques de la confrérie qui te préoccupent, affirma la femme sage ; pour quelle raison te révoltes-tu contre cette décision ?

– Parce que nous courons à la catastrophe. Toucher à cette tombe serait une erreur.

– Tu sauras prendre les mesures de précaution nécessaires, estima Kenhir.

– Ne devriez-vous pas écrire à la reine pour lui signifier notre désaccord ?

– L'idée ne me paraît pas fameuse... À Pi-Ramsès, la guerre de succession a forcément commencé, et je ne crois pas que Taousert aimerait être contrariée par la désobéissance de la Place de Vérité. Ce que l'on sait de son caractère m'incite à penser qu'elle ne changera pas d'avis.

– Écrivez-lui quand même et prévenez-la que j'émets de sérieuses réserves à propos de l'agrandissement de la tombe de Siptah.

Kenhir commençait à être inquiet.

– Acceptes-tu néanmoins de rouvrir le chantier ?

– Ai-je le choix ?

Aussitôt après l'annonce officielle de la mort du roi, la régente avait convoqué le grand conseil pour lui apprendre que le rituel de momification débutait et qu'elle avait ordonné à la Place de Vérité d'embellir la dernière demeure de Siptah.

Seth-Nakht s'était étonné de cette décision qui risquait de retarder la cérémonie des funérailles ; mais la reine avait campé sur sa position, prétextant que le monarque, respectueux de la loi de Maât tout au long de sa trop brève existence, méritait bien cet ultime hommage.

Rentré chez lui, Seth-Nakht ne décolérait pas.

– Votre fils aîné vient d'arriver, prévint sont intendant.

Le ministre des Affaires étrangères avait le visage inquiet.

– Cent rumeurs circulent, père ! Le roi Siptah a-t-il réellement rejoint les paradis célestes ?

– Il nous a quittés, en effet. Quelles nouvelles m'apportes-tu ?

– Rien de bon, mais encore rien de désastreux. Pourtant, malgré l'activité de nos diplomates, je ne crois pas à leur succès. De plus en plus, l'Égypte apparaît comme une terre luxuriante à conquérir.

– Taousert se refuse à l'admettre.

– Qui succédera à Siptah ?

– La régente peut devenir roi... Mais ce serait un désastre pour le pays !

– Dois-je comprendre que vous êtes prêt à la combattre ?

Seth-Nakht tarda à répondre.

– C'est une si grave décision que j'hésite encore à la prendre... La guerre civile me fait horreur, car elle n'engendre que misère et désolation. Mais comment l'éviter, si la reine s'obstine dans son aveuglement ? Ce n'est pas mon avenir qui me préoccupe, mais celui de l'Égypte. Je suis le seul capable de rassembler les opposants à Taousert afin d'éviter l'effritement de nos armées.

– La régente détient la légitimité, père.

– Jusqu'à l'inhumation de Siptah, en effet. Mais lorsque la porte de son tombeau se refermera, il faudra désigner un nouveau pharaon.

Les deux hommes se dévisagèrent longuement.

– Seras-tu avec moi ou contre moi, mon fils ?

– Avec vous, mon père.

Très éprouvée par le décès du jeune monarque, Taousert avait assisté au début du rituel de momification, confié aux spécialistes du temple d'Amon. Face au prêtre portant le masque d'Anubis, elle avait affirmé que le monarque s'était comporté comme un homme juste, exempt de faute grave, et qu'il méritait d'être reconnu comme tel par le tribunal d'Osiris.

Lors du conseil des ministres, la reine avait senti peser sur elle des regards critiques, comme si elle était responsable de la mort du pharaon. Aussi s'était-elle contentée d'une brève déclaration, remettant à plus tard la lecture des rapports.

Sur la demande de la reine, seul le vizir était resté dans la pièce.

– Que penses-tu de ma décision concernant l'embellissement de la tombe de Siptah ?

– Ce que tous en pensent, Majesté : vous souhaitez rendre un ultime hommage à un monarque pour lequel vous éprouvez une grande estime.

– À présent, sois sincère.

– Eh bien... Disons que certains considèrent cet honneur comme excessif, eu égard à un règne plutôt effacé, et vous prêtent l'intention de gagner du temps en allongeant la période des funérailles.

– Ceux-ci ont raison, reconnut Taousert.

– Votre ministre des Affaires étrangères vient de rentrer à Pi-Ramsès, Majesté. Il s'est aussitôt rendu chez son père qui ne cesse de recevoir des dignitaires.

– Seth-Nakht ne se cache même plus... T'a-t-il convoqué, toi aussi ?

Gêné, le vizir n'osa pas mentir.

– Il m'a simplement invité à dîner, Majesté.

– Refuse !

– Majesté... Il ne serait pas bon de créer des tensions supplémentaires. Et puis cette entrevue privée revêtira peut-être un caractère diplomatique qui pourrait vous être utile. Je tâcherai de convaincre Seth-Nakht de ne commettre aucune imprudence.

– Que me conseilles-tu, vizir ?

– De ne penser qu'à l'Égypte et à son bonheur, Majesté.

Tournant le dos à son premier ministre, Taousert se rendit dans le jardin du palais, peuplé de chants d'oiseaux.

Comme elle se sentait seule, en cette journée où la chaleur, même dans le Nord, promettait d'être écrasante ! Si le chancelier Bay avait été à ses côtés, il aurait su élaborer une stratégie pour empêcher Seth-Nakht de lui nuire. Et Paneb l'Ardent, lui, ne se serait pas contenté de formules creuses et de conseils insipides.

Mais Bay était mort et le maître d'œuvre de la Place de Vérité exerçait sa fonction sacrée, loin de Pi-Ramsès.

Taousert ne devait compter que sur elle-même pour prendre une décision capitale : ou bien renoncer au trône en laissant le champ libre à Seth-Nakht, ou bien affronter son adversaire dans un combat sans merci.

# 40.

À la caserne principale de Thèbes, les rumeurs allaient bon train : guerre civile, coup d'État, mort violente de Taousert, attaque libyenne... La mise en alerte des troupes confirmait que de graves événements venaient de se produire et que la stabilité des Deux Terres était menacée.

Chaque soldat attendait avec impatience la venue du général Méhy qui, sur un char tiré par deux chevaux, pénétra dans la grande cour au milieu de la matinée. Après que les officiers eurent mis de l'ordre dans les rangs, il s'adressa aux régiments d'élite.

– Soldats, le pharaon Siptah a regagné le soleil, et la reine Taousert continue à exercer la régence jusqu'à la fin des funérailles. Les garnisons du Nord et celles des frontières ont été mises sur le pied de guerre pour décourager toute tentative d'invasion pendant la période de deuil de soixante-dix jours. En ce qui concerne votre solde, aucune inquiétude. Je viens de rencontrer le grand prêtre d'Amon qui m'a assuré que le temple de Karnak suppléerait le gouvernement de Pi-Ramsès si ce dernier manquait à ses devoirs envers vous. Sachez que vous disposez de l'armement le plus récent et le plus efficace; grâce à lui, grâce à votre compétence et à votre courage, Thèbes est protégée et n'a rien à redouter de l'avenir. Quoi qu'il arrive, cette province demeurera prospère. Et j'ai la joie de vous annoncer que, sur ma fortune personnelle, je vous verse une prime d'entraînement intensif.

Des clameurs satisfaites saluèrent la bonne nouvelle. Ce mensonge ne coûtait pas cher à Méhy qui, au moyen d'un tour de passe-passe comptable, transférerait quelques avoirs de la ville sur la caserne sans toucher à ses biens propres.

Ces simagrées terminées, le général réunit son état-major. Il se composait de militaires de carrière qu'il avait achetés et enrichis; tous lui obéissaient au doigt et à l'œil, d'autant plus qu'ils se surveillaient les uns les autres, prêts à se dénoncer pour garder la confiance de Méhy. Et chacun savait que le moindre écart lui serait fatal.

– Cette réunion ne fera l'objet d'aucun rapport, déclara d'emblée le général. Seule certitude actuelle : la guerre civile est inévitable, et les deux adversaires demanderont, tôt ou tard, aux troupes thébaines de prendre parti.

– Disposons-nous d'informations fiables? demanda un officier supérieur.

– Nous allons écouter l'un de nos agents qui arrive de la capitale.

Le voyageur était fourbu, mais Méhy ne lui avait pas laissé le temps de se reposer.

– Qui règne à Pi-Ramsès? lui demanda-t-il.

– La situation est très complexe, général. La régente exerce toujours le pouvoir, et Seth-Nakht n'a encore rien tenté contre elle. Mais son fils aîné a remis sa démission de ministre des

Affaires étrangères pour travailler avec son père qui est à la tête d'un clan puissant. Seth-Nakht n'a jamais caché qu'il ne permettrait pas à Taousert de devenir pharaon.

– Donc, la reine est isolée et elle sera contrainte de se retirer à brève échéance.

– Ce n'est pas si sûr... Taousert est considérée comme une excellente gestionnaire, bien supérieure à Seth-Nakht, et il subsiste un parti de légitimistes qui souhaitent voir la régente assumer le pouvoir suprême. Les arguments de Seth-Nakht ne les ont pas convaincus, et ils n'ont pas l'intention d'abandonner la reine car ils veulent éviter un coup d'État qui pourrait être suivi de beaucoup d'autres. Et leur position semble se renforcer.

– L'armée ?

– Elle est très divisée, général. Certains officiers désirent, avec Seth-Nakht, lancer une offensive en Syro-Palestine et en Asie afin de briser les velléités de nos ennemis ; mais d'autres sont favorables à Taousert qui prône le renforcement de nos lignes de défense.

– Autrement dit, l'issue du combat entre Taousert et Seth-Nakht est incertaine.

– À supposer qu'il y ait un combat...

– Que veux-tu dire ?

– Seth-Nakht hésite à provoquer une guerre civile, et Taousert se croit trop faible pour obtenir la victoire. L'un et l'autre se regardent comme des fauves qui défendent leur territoire sans savoir qui attaquera le premier.

– Sur qui parierais-tu ?

– Aujourd'hui, général, sur personne.

– Que pense-t-on de moi, à Pi-Ramsès ?

– On vous considère comme un homme puissant, honnête et respectueux de la légalité. Chacun connaît la valeur des troupes thébaines et apprécie votre gestion de la province. Quel qu'il soit, le prochain pharaon ne régnera pas sans votre appui.

Une bouffée de satisfaction envahit le général, mais la

reconnaissance de ses qualités ne lui suffisait pas. Dans un climat aussi trouble, il lui fallait s'imposer comme l'ultime recours.

– Retourne immédiatement à Pi-Ramsès, ordonna-t-il à son agent, et mets en place un système de courrier rapide et confidentiel qui m'informera jour après jour de l'évolution des événements.

Une fois de plus, Serkéta feignit de prendre du plaisir, écrasée par le poids de son mari qui, depuis quelques mois, grossissait à vue d'œil.

Bien que Méhy fût un amant déplorable, elle le savait capable de balayer les obstacles qui le séparaient encore du pouvoir absolu. Elle trouverait des consolations auprès de véritables boucs, en prenant des précautions pour que le général, si imbu de sa virilité, ne se doutât de rien.

Comblé, Méhy s'allongea sur le dos.

– Je suis inquiet, mon doux amour.

Serkéta caressa ses pieds potelés dont il était très fier.

– Ne peux-tu mettre à profit ces temps incertains ?

– Je le croyais avant l'arrivée de mon informateur... Mais à qui donner officiellement mon soutien ?

– À Seth-Nakht, bien sûr !

– Ce n'est pas si évident...

– Pourquoi ?

– Parce que Taousert et Seth-Nakht sont deux prédateurs aussi redoutables l'un que l'autre. J'ai cru que la reine, à la mort de Siptah, n'aurait plus la force de lutter, mais je me suis trompé : elle exige l'agrandissement de la tombe du roi défunt. Autrement dit, elle compte prolonger le deuil officiel de soixante-dix jours pour conforter ses alliances avec des dignitaires influents, tant civils que militaires, et tenter de terrasser Seth-Nakht. Si nous ne prenons pas son parti et si elle triomphe, Taousert nous fera payer très cher notre erreur. Au mieux, elle m'enverra à la retraite ; au pire, elle me fera condamner pour haute trahison. Mais rien ne prouve qu'elle vaincra Seth-

Nakht... Depuis des années, il se prépare à l'assaut décisif pour s'emparer du trône, et je suis persuadé qu'il ne renoncera pas au dernier moment. Pas plus que la reine, il ne saurait se passer de Thèbes et de mon appui. Quel camp choisir ?

– Pour le moment, aucun, préconisa Serkéta. Comme il est certain que Taousert et Seth-Nakht n'entretiennent plus aucun contact direct, assure-les, l'un comme l'autre, de ta parfaite fidélité. C'est à Pi-Ramsès, et non ici, que l'ultime affrontement aura lieu. D'après ce que nous en savons, le vainqueur lui-même en sortira très affaibli. Alors, nous frapperons.

– Tu veux dire que...

– Oui, il faudra partir pour le Nord avec le gros des troupes thébaines et te faire couronner pharaon. Tu apparaîtras comme le réconciliateur dont personne ne contestera l'autorité.

Méhy éprouva une sorte de vertige.

– Tu crois vraiment...

– L'heure approche, mon tendre amour. Taousert n'est qu'une femme, Seth-Nakht un vieillard... Jamais les circonstances ne nous ont été aussi favorables.

Le général bondit hors du lit et il frappa l'oreiller d'un coup de poing.

– Qui se dresse encore en travers de ma route ? La Place de Vérité ! C'est grâce à elle que Taousert peut allonger la durée des funérailles... Sinon, Seth-Nakht l'aurait évincée sans difficulté. As-tu au moins des nouvelles de notre allié ?

– D'après sa dernière lettre, il a obtenu la certitude que la pierre de lumière est cachée dans le temple principal de la confrérie.

– Qu'attend-il pour s'en emparer ?

– C'est l'endroit le plus surveillé du village, après la chambre forte ! Il existe certainement des blocs mobiles dans les parois du sanctuaire.

– Une sorte de crypte...

– Soit souterraine, soit dans un mur.

Méhy se servit une coupe de vin.

– Cette fois, nous approchons, je le sens ! Notre allié a-t-il un plan ?

– Il doit se montrer prudent. Paneb a de nouveau tenté de l'attirer dans un traquenard, et seule sa méfiance lui a permis d'y échapper.

– Si nous détenions la pierre de lumière, Taousert et Seth-Nakht ne seraient plus que des fantoches !

Serkéta enlaça son mari.

– Encore un peu de patience, mon tendre lion... Jusqu'à présent, nous n'avons commis aucune erreur, et ton prestige n'a fait que croître.

Méhy agrippa son épouse par les cheveux.

– Tu veux le pouvoir, toi aussi ?

– Uniquement à travers toi, mon doux amour.

Elle était plus redoutable qu'un scorpion, mais c'était d'une femelle de cette race-là dont le futur maître du pays avait besoin.

# 41.

Comment s'introduire dans le temple d'Hathor et de Maât sans être vu de personne et y disposer de suffisamment de temps pour découvrir la cachette de la pierre de lumière ? Telle était la question qui obsédait le traître et à laquelle il ne trouvait pas de réponse.

Comme il en perdait l'appétit et le sommeil, son épouse avait plusieurs fois tenté de le persuader de renoncer à ce projet trop dangereux. Et ce soir-là, elle récidivait.

– Même en sachant où le maître d'œuvre a dissimulé la pierre, tu ne pourras pas l'atteindre. Pourquoi t'obstiner ?

– Parce que nous n'avons aucun avenir dans ce village ! À l'extérieur, une fortune considérable nous attend ; mais nous devons remplir notre part du contrat.

– Si tu te fais prendre, le tribunal sera d'une sévérité exemplaire !

– Cesse d'avoir peur et comprends que nous touchons enfin au but. Au lieu de me rendre avec les autres dans la Vallée des Rois, je vais jouer les malades. Non, l'idée n'est pas bonne... Claire s'en apercevrait. Donne-moi à manger un aliment nocif. Il faut que je sois réellement souffrant.

– Crois-tu que le temple restera sans surveillance ? Si tu es le seul artisan de l'équipe de droite au village et si le moindre incident se produit, tu seras immédiatement soupçonné !

– Tu as raison... Je dois chercher mieux.

Dépitée, elle lui servit des fèves trop cuites.

– Je viens d'apprendre une drôle de nouvelle, déclara-t-elle, mais je ne sais pas si ça te servira.

– Dis toujours.

– L'épouse de l'orfèvre de l'équipe de gauche m'a confié, sous le sceau du secret, que le maître d'œuvre avait commandé à son mari une oie en or.

– Une oie... Es-tu certaine d'avoir bien compris ?

– Mais oui ! En restaurant la tombe d'une fille de Ramsès dans la Vallée des Rois, un sculpteur s'est aperçu que cette pièce de son mobilier funéraire était abîmée. Paneb a donc décidé d'en faire fabriquer une autre.

– Une oie en or... Une oie gardienne assez grosse pour dissimuler la pierre de lumière... Et pas ici, au village, mais dans la Vallée des Reines ! Peux-tu en savoir plus sur cette tombe ?

– L'épouse de l'orfèvre de l'équipe de gauche est aussi prétentieuse que bavarde... Ce ne sera pas difficile.

La cour bruissait de rumeurs qui allaient toutes dans le même sens : la reine Taousert avait admis qu'elle ne serait pas de taille contre Seth-Nakht et son fils aîné. Plusieurs jours de suite, du matin au soir, la régente s'était entretenue avec les plus hautes autorités civiles et militaires, et elle avait beaucoup écouté.

Aussi, lors de la convocation d'un conseil exceptionnel auquel Seth-Nakht en personne était convié, ce dernier n'avait-il plus eu le moindre doute sur l'issue du conflit qui l'opposait à la veuve de Séthi II.

– À l'intelligence, Taousert ajoute la lucidité, confia-t-il à son fils. M'accompagnes-tu ?

– Depuis ma démission, je n'occupe plus aucune fonction officielle. Inutile de provoquer la reine.

– Toi, tu as appris la diplomatie ! Appelle ma chaise à porteurs.

Les rhumatismes dont souffrait le vieux courtisan l'empêchaient presque de marcher, et il ne se faisait guère d'illusions sur la durée de son règne qui se résumerait à une vigoureuse intervention militaire en Syro-Palestine avant que son fils aîné ne lui succédât.

Lorsque Seth-Nakht arriva au palais, les salutations qu'on lui adressa furent plus marquées que d'ordinaire. Les courtisans reconnaissaient en lui le nouveau maître de l'Égypte et ils se félicitaient de cette passation de pouvoir en douceur.

Quand la reine apparut, vêtue d'une robe dorée et coiffée de la couronne rouge, Seth-Nakht ne put s'empêcher, une fois encore, de l'admirer. Combien d'hommes avaient dû tomber amoureux d'elle, sans parvenir à briser son serment de fidélité envers un mari défunt !

Taousert s'assit sur le trône.

– Voici vingt jours que la momification du roi Siptah a commencé, déclara-t-elle. Bien que nous soyons dans une période de grand deuil, il faut continuer à gouverner. C'est pourquoi j'ai été amenée à prendre une décision essentielle pour l'avenir du pays.

« La régente aurait pu attendre la fin de la momification pour se retirer, pensa Seth-Nakht. Mais n'était-ce pas mieux ainsi ? Le nom du futur pharaon connu, les tensions s'apaiseront, et l'Égypte n'en sera que plus forte. »

– J'ai choisi un nouveau vizir, poursuivit la reine.

La foudre tombant dans la salle du trône n'aurait pas eu davantage d'effet que ces quelques mots. En nommant un nouveau premier ministre, la régente affirmait clairement ses prétentions à devenir pharaon.

Seth-Nakht comprit : c'est lui qu'elle allait désigner, pour mieux le ligoter ! Mais Taousert commettait ainsi une lourde erreur. Il refuserait avec véhémence, ce qui prouverait à la régente qu'il n'avait rien à craindre d'elle.

– Que le vizir Hori vienne prêter serment par le nom de Pharaon et face à la règle de Maât, exigea la reine.

Hori, l'un des prêtres du temple d'Amon qui avait initié le jeune Siptah à la lecture des textes sacrés, fut introduit dans la salle du trône.

Taousert éleva une plume en or, symbole de Maât, et le nouveau vizir jura qu'il remplirait sans faillir sa fonction « amère comme du fiel », selon l'expression des sages.

Deux ritualistes le revêtirent d'une lourde robe empesée et lui passèrent autour du cou un collier orné de deux pendentifs, l'un en forme de cœur, l'autre représentant la déesse Maât.

La colère de Seth-Nakht avait été digne du dieu dont il portait le nom. C'était un véritable orage qui avait éclaté dans sa villa thébaine.

Rouge d'indignation, le vieux dignitaire était enfin à bout de souffle.

– Puisqu'elle veut la guerre, elle l'aura ! Cette régente imagine-t-elle que je vais m'incliner ainsi ? Ce n'est pas son fantoche de vizir qui me donnera des ordres !

– Je vous recommande la prudence, père.

Cette mise en garde stupéfia Seth-Nakht.

– Aurais-tu l'intention de te rallier à Taousert ?

– J'ai simplement pris des renseignements sur le vizir Hori. D'un côté, il devrait vous plaire : il est intègre, travailleur, dépourvu d'ambition, rigoureux et peu influençable ; de l'autre, sa nomination signifie que le choix de la reine a été judicieux et que son nouveau premier ministre ne sera ni un homme de paille ni un pantin. Il s'est déjà installé dans le bureau du chancelier Bay afin d'étudier les décrets que compte prendre la régente.

Seth-Nakht fit la moue.

– Ce n'est qu'une manœuvre grossière pour tenter de nous impressionner !

– Je ne crois pas, père ; Taousert veut devenir pharaon et elle se donne les moyens de réussir.

– Les moyens... Un petit vizir sans expérience !

– Un homme neuf que n'embarrassent ni compromission ni relation privilégiée avec un clan.

Seth-Nakht appréciait l'analyse de son fils aîné.

– Il ne reste à Hori que moins de cinquante jours pour s'imposer ! Quel que soit son talent, il n'y parviendra pas.

– Vous savez bien que Taousert contournera l'obstacle en prétextant que le nouveau tombeau n'est pas prêt et que la date des funérailles dépendra de son achèvement.

– Il faut donc que la Place de Vérité se hâte !

– Nous n'avons aucune prise sur elle, père.

– Qui en a ?

– Taousert elle-même, en tant que régente et substitut de Pharaon.

– N'y a-t-il pas un représentant de l'État dans cette confrérie ?

– Le scribe de la Tombe.

– Qui est titulaire du poste ?

– Un vieillard, Kenhir, qui vit au village depuis de nombreuses années et ne tolère aucun empiétement de l'administration sur ses prérogatives.

– Tu es remarquablement renseigné, mon fils !

– Voilà longtemps que je m'intéresse à la Place de Vérité. Sans elle, nos rois n'auraient qu'une existence terrestre ; grâce aux demeures d'éternité créées par les artisans, ils continuent à rayonner au-delà de la mort. En tentant d'utiliser la confrérie à son profit, Taousert accomplit une manœuvre habile contre laquelle nous ne pouvons nous élever.

– L'homme fort de Thèbes est le général Méhy... Quelle sera son attitude, à ton avis ?

– Il a toujours obéi au pouvoir légitime.

– Donc, il sera fidèle à Taousert !

– C'est probable, père.

Seth-Nakht se sentit très las.

– Tout ce que j'ai construit me semble soudain si fragile... Je n'ai pourtant pas sous-estimé cette reine, mais elle se révèle encore bien plus redoutable que je l'imaginais. Jamais elle ne réagit comme prévu.

– Précisément parce qu'elle est une véritable reine.

– Ainsi, tu l'admires, toi aussi...

– Qui n'éprouve pas un profond respect pour cette femme d'exception ?

– Alors, nous sommes vaincus.

– Certes pas.

– Qu'espères-tu donc ?

– Nous avons défini une ligne de conduite, suivons-la. Nous ne souhaitons pas abattre la reine Taousert mais sauver l'Égypte d'un péril bien réel. Ce désir ne doit pas cesser de nous habiter ; si nous ne nous trompons pas, il nous donnera la victoire.

Seth-Nakht ressentit moins le poids des ans : les paroles de son fils aîné lui donnaient une nouvelle vigueur.

– Taousert a tort, elle met notre pays en danger. C'est pourquoi elle doit s'effacer.

# 42.

- Es-tu satisfait ? demanda Aperti à son père en lui montrant la petite maison d'Imouni qui lui avait été attribuée par le scribe de la Tombe et qu'il avait un peu rafraîchie.

– Tu t'es contenté du minimum, observa Paneb.

– Vu le peu de temps dont je disposais, ce n'est pas si mal !

– Il te faudra replâtrer le haut des murs, réparer la porte d'entrée et rénover la cuisine. Tu dois rendre ta femme heureuse en commençant par lui offrir une belle maison.

Pimpante, la brunette rangeait le linge en chantonnant.

– Je n'avais pas l'intention de me marier...

– Maintenant, c'est fait. Te voici un époux responsable.

– Justement, je ne souhaite pas rester plâtrier toute mon existence !

– Tiens donc... Et que désires-tu ?

– Tu es le maître d'œuvre, je suis ton fils. Nomme-moi assistant de chef d'équipe.

– Rien que ça !

– Je saurai diriger les ouvriers aussi bien que toi !

– Ce sont des ouvriers, certes, mais surtout des artisans et plus encore des Serviteurs de la Place de Vérité dont ils ont entendu l'appel. C'est pourquoi ils n'aiment pas être dirigés par n'importe qui.

– Je ne suis pas n'importe qui !

– Sais-tu tracer un plan, bâtir, dessiner et peindre ?

– Chacun sa spécialité ! Moi, je suis né pour commander.

– Pour commander en ces lieux, il faut avoir beaucoup obéi et perçu le sens de l'œuvre. Tu en es encore loin, mon fils.

– Tout le monde me craint, ici ! Ça ne suffit pas ?

– Il serait préférable que tout le monde t'aime et te respecte. Commence par mettre cette maison en parfait état ; ensuite, nous verrons.

Alors que le maître d'œuvre s'éloignait, Aperti considéra avec dédain son modeste logis, meublé de deux nattes, de trois coffres de rangement, d'une huche à blé et de jarres à huile. Son épouse nettoyait marmite et écuelles avant de préparer le repas.

Cette existence médiocre, il n'en voulait pas ! Déjà, la brunette le lassait ; et il guignait la fille d'un tailleur de pierre de l'équipe de gauche qu'il comptait bien engager comme femme de ménage, sans oublier deux femmes mariées qui, lorsqu'elles allaient chercher de l'eau, ne manquaient pas de faire saillir leurs seins superbes pour attirer ses regards.

Aperti avait décidé de s'amuser et de profiter de la vie. Et ce n'était pas son père, dont la liaison avec Turquoise était notoire, qui allait lui donner des leçons de morale !

– Que veux-tu manger, chéri ? demanda la brunette.

– Déjeune seule. Moi, je vais me promener.

Paneb s'attaqua au sceau provisoire qui fermait la porte de la tombe du roi Siptah. Tout au long du parcours entre le village et la Vallée des Rois, il n'avait pas prononcé un seul mot. Et comme Ched le Sauveur avait évité toute remarque ironique, l'ambiance était sinistre.

Le maître d'œuvre jeta un regard sur le sommet des falaises où étaient postés les policiers de Sobek.

– Que redoutes-tu ? demanda Ounesh le Chacal.

– Rien de précis.

– J'ai eu un cauchemar, cette nuit, mais je n'en ai pas parlé à Kenhir... Sinon, il l'aurait interprété pendant des heures ! Comme toi, je ne suis pas tranquille.

Le fragile sceau de boue séchée résistait.

– On devrait renoncer, suggéra Karo le Bourru qui cherchait des signes de la présence du mauvais œil.

– Il cède enfin ! constata Nakht.

– C'est au maître d'œuvre d'entrer le premier, rappela Paï le Bon Pain, mais il faut d'abord l'éclairer.

On alluma une dizaine de torches.

Rien ne semblait avoir troublé la paix du tombeau. Les sculptures brillaient, les peintures vivaient, les hiéroglyphes parlaient.

– Le roi Siptah ne devrait pas être mécontent de son éternité, estima Ched le Sauveur ; elle lui paraîtra certainement plus riante que son existence terrestre. Nous y allons ?

Paneb s'engagea le premier dans la descente et s'attarda sur chaque détail, comme s'il redoutait une détérioration.

Mais le décor symbolique était intact.

– Impossible d'élargir, jugea Ched. Il faudrait détruire l'œuvre, repousser les parois et tout recommencer. Un tel saccage n'a jamais été effectué dans la Vallée !

– Reste donc à creuser pour prolonger la tombe au-delà de son terme actuel, conclut Féned le Nez.

– L'harmonie sera brisée, les proportions rendues inexactes, objecta Gaou le Précis.

– Nous en sommes tous conscients, précisa Karo le Bourru, mais l'ordre de Pharaon ne saurait être discuté !

– Il ne s'agit que de celui de la régente, rappela Casa le Cordage.

– Elle agit en tant que reine d'Égypte et sa parole a pour nous force de loi, intervint Thouty le Savant.

Féned le Nez tâta la paroi du fond pendant plus d'une heure.

– Ton avis ? demanda le maître d'œuvre.

– Nous avons eu raison de nous arrêter là. Creuser plus loin serait une erreur. Soit la roche nous réserve de mauvaises surprises, soit il y a un puits funéraire abandonné, et nous tomberons dans un trou. De mon point de vue, impossible d'exécuter l'ordre de la reine.

Le maître d'œuvre affrontait le scribe de la Tombe et son assistante.

– Je ne peux tout de même pas écrire à la régente que tu refuses d'agrandir la tombe de Siptah ! s'emporta Kenhir.

– Il ne s'agit pas d'un refus, mais d'une difficulté technique insurmontable.

– Taousert n'acceptera jamais qu'un maître d'œuvre de la Place de Vérité s'exprime en ces termes. Les difficultés ne sont-elles pas faites pour être surmontées ?

– Dans certains cas, il faut savoir s'incliner devant la matière.

– Ce n'est pas ton style, Paneb !

– Féned le Nez est péremptoire. Et il ne s'est jamais trompé.

L'argument troubla le vieux scribe.

– Son intervention t'arrange, puisque tu ne voulais pas modifier l'équilibre de cette tombe !

– Qu'elle m'arrange ou non, c'est ainsi. En perçant le mur du fond, je nuirai à la demeure d'éternité du roi Siptah. Est-ce la volonté de la reine ?

Kenhir eut un geste d'agacement.

– J'ai peur que nous ne soyons embourbés dans les marais

de la politique... Comme la reine a besoin de temps pour renforcer son clan et contrecarrer Seth-Nakht, elle exige des travaux supplémentaires qui prolongeront la période de deuil.

– Autrement dit, elle nous utilise.

– Et pourquoi pas ? intervint Niout la Vigoureuse. Puisque sa cause est juste, soyons ses alliés ! Toutes les femmes qui ont régné sur le pays furent d'excellentes souveraines. Taousert est fidèle à son mari défunt, elle bâtit la paix, et chacun constate que sa gestion est excellente. Pourquoi prendre le parti d'un vieux courtisan ambitieux qui ferait mieux de se soumettre ? Ce Seth-Nakht est misogyne, voilà tout !

Quoiqu'il jugeât un peu trop rapide l'analyse de son assistante, Kenhir évita de la heurter de front.

– Il faut que je parle à la reine, déclara le maître d'œuvre.

– Utopique, rétorqua Kenhir. Dans les circonstances actuelles, elle ne peut pas quitter Pi-Ramsès où la situation doit évoluer d'heure en heure.

– C'est donc à moi de me déplacer. Je pars immédiatement pour la capitale et j'exposerai les faits à Taousert.

L'entraînement des corps d'élite de l'armée thébaine se poursuivait à un rythme intensif. La plupart des militaires de carrière étaient ravis de sortir de leur torpeur habituelle, et les jeunes recrues découvraient avec étonnement les armes récentes mises à leur disposition.

La présence de Méhy dynamisait les plus lents, et le général n'hésitait pas à manier lui-même l'arc et l'épée afin de prouver qu'il ne redoutait personne. Il prêtait une attention particulière à sa charrerie, la meilleure du pays, et il se réjouissait chaque jour davantage de commander une force d'une telle ampleur.

D'après les informations en provenance de la capitale, le destin n'avait pas encore choisi le vainqueur. La nomination du vizir Hori avait été un coup de maître, et beaucoup de courtisans hésitaient encore entre Taousert et Seth-Nakht, de même que la plupart des officiers supérieurs.

– Général, l'avertit son aide de camp, un policier de la brigade fluviale souhaiterait vous parler.

– Qu'il vienne.

Le policier était un quadragénaire bronzé et sûr de lui.

– Général, vous nous avez ordonné de vous signaler tout mouvement inhabituel sur le fleuve. Il vient de s'en produire un : le scribe de la Tombe a affrété un bateau rapide.

– Quelle destination ?

– Pi-Ramsès.

– C'est lui qui est parti ?

– Non, un colosse qui me dépassait d'au moins deux têtes.

Le maître d'œuvre se rendait dans la capitale... Mais pour quelle raison ? Taousert l'avait convoqué, bien sûr, afin de lui confier un rôle important dans son gouvernement !

Méhy devait intervenir au plus tôt.

# 43.

Finalement, c'était la femme d'un dessinateur de l'équipe de gauche qui avait cédé au charme d'Aperti. Il faisait chaud, elle balayait devant sa porte, les seins nus et les cheveux dénoués, il était passé dans la ruelle déserte. Chargés de désir, leurs regards s'étaient croisés. Elle avait ôté le pagne de roseaux qu'elle portait lors de la corvée de ménage, il l'avait enlacée.

De retour chez lui, Aperti songeait encore à sa maîtresse quand sa jeune épouse lui sourit.

– Je t'ai préparé un bon déjeuner.

– Mange seule.

– Je t'assure que c'est excellent, chéri ! Goûte, au moins.

– Je dois sortir.

– Où vas-tu ?

– C'est la fête des bateliers, à Thèbes. Je participe à la joute et je serai vainqueur.

– Tu m'emmènes ?

– Sûrement pas ! Le rôle d'une ménagère consiste à s'occuper de son intérieur.

– Aperti, je...

Il la gifla.

– Cesse de m'importuner. J'ai horreur des femelles bavardes.

Debout à la proue d'un bateau, une longue et lourde perche en mains, Aperti rencontrait son quatrième adversaire. Avec une hargne effrayante, il avait sérieusement blessé les trois précédents.

Encore deux victoires, et il serait le héros de la fête ! Et ce n'était pas le gringalet qu'il affrontait qui l'empêcherait d'atteindre son but.

Alors que les embarcations mues par quatorze rameurs se croisaient, Aperti poussa un cri rageur en visant l'ennemi à la tête.

Très vif, celui-ci s'esquiva. La perche lui frôla la tempe, mais de la sienne, il parvint à toucher au ventre le jeune colosse. Déséquilibré, Aperti tomba dans l'eau, à la plus grande satisfaction de l'assistance.

Malgré la douleur, il nagea jusqu'à la rive où deux jeunes femmes l'aidèrent à reprendre pied.

– Je suis infirmière, dit la plus jolie. Laisse-moi examiner ta blessure.

– Avec plaisir...

– D'où viens-tu ?

– Mon nom est Aperti et je suis assistant d'un chef d'équipe de la Place de Vérité.

– Le village secret des artisans ?

– Celui-là même.

– Alors, tu connais tous les mystères ?

– Tous.

– Les autres artisans sont-ils aussi forts que toi ?

– Je suis leur champion. Personne ne m'a vaincu.

– Sauf ce batelier maigrichon...

– Il a utilisé la ruse, l'arme des lâches ! Si je le retrouve sur mon chemin, je le brise en mille morceaux.

– Constatons les dégâts...

Alors que l'infirmière se penchait, Aperti lui emprisonna un sein de la main droite. Et de la main gauche, il réserva le même sort à son amie.

– Ça suffit, mon garçon ! Nous sommes mariées, l'une et l'autre.

– En ce cas...

Aperti se laissa guider jusqu'à une cabane de fortune dressée sur la berge. Il s'allongea sur une natte, les yeux au ciel.

– Je souffre beaucoup... Est-ce grave ?

– Le coup a été violent, et a provoqué un superbe hématome ! Avec des herbes, j'atténuerai la douleur. Mais il faudra consulter un médecin.

– J'y songerai... Un bon massage ne suffirait-il pas ?

– Mon amie va m'aider.

Les deux femmes s'occupèrent chacune d'une épaule. Ne résistant plus à ce qu'il considérait comme des caresses, Aperti les serra toutes deux contre lui.

– Assez ! protesta l'infirmière.

– Tu as envie de moi, j'ai envie de toi... Ne nous compliquons pas l'existence !

Furieuse, l'amie tenta de résister. D'un revers de main, il l'écarta.

– Chacune son tour, petite ; je m'occuperai de toi après.

Aperti déchira la robe de l'infirmière et mit à nu deux seins ronds, plutôt petits, mais très appétissants.

– Laisse-moi, brute, je ne veux pas !

– Mais si, tu veux.

Alors que le violeur s'étendait sur sa victime, son amie appela au secours.

Aperti aurait dû la faire taire, mais il était trop captivé par le corps ravissant de l'infirmière qui se débattait en vain.

À l'instant où il allait abuser d'elle, plusieurs bateliers pénétrèrent dans la cabane et se ruèrent sur le jeune homme.

Tout au long du voyage, Paneb était demeuré silencieux, songeant à celui qu'il avait effectué en compagnie de Néfer lorsque le maître d'œuvre lui avait fait découvrir les trois pyramides du plateau de Guizeh.

Aujourd'hui, seul au sommet de sa hiérarchie, il partait affronter la régente dans un monde dont il ignorait les lois.

Grâce à un fort courant et à l'habileté des marins qui avaient accepté de naviguer de nuit, le parcours avait été accompli en un temps record, moins de six jours.

Au débarcadère de Pi-Ramsès, des soldats s'étaient interposés.

– Je suis Paneb l'Ardent, maître d'œuvre de la Place de Vérité.

– Votre arrivée n'a pas été annoncée, s'étonna l'officier qui commandait le détachement.

– Je désire voir la reine Taousert de toute urgence.

– Je vais l'avertir... En attendant, vous résiderez sur ce bateau.

De la superbe capitale bâtie par Ramsès le Grand, Paneb n'avait vu que le grand canal bordé de jardins luxuriants et le port où mouillaient des navires de guerre. L'atmosphère était fébrile, des patrouilles arpentaient les quais et les ruelles adjacentes.

Le maître d'œuvre se demanda si ce voyage ne se traduirait pas par un échec cuisant. Taousert, engagée dans une bataille féroce pour sa propre survie, aurait-elle le temps de le recevoir et de l'écouter ?

Inquiet, Paneb s'isola dans sa cabine pour se restaurer, mais la viande séchée lui parut fade et le vin rouge acide. Aussi regagna-t-il le pont que des marins nettoyaient à grande eau. Au pied de la passerelle, le capitaine discutait avec un collègue.

Quand il remonta à bord, le colosse l'interpella.

– Sait-on ce qui se passe en ville ?

– Tout est calme, mais l'armée est partout présente.

– La reine Taousert est-elle toujours régente ?

– Son autorité n'est pas entamée, et elle vient de célébrer un rituel d'apaisement de la déesse Sekhmet, comme si elle voulait prouver sa capacité à repousser le désordre.

– Seth-Nakht se serait-il incliné ?

– Non, et ses partisans restent nombreux et déterminés. Si vous voulez mon avis, imitez-moi en vous contentant de compter les coups. Moi, je vais dormir.

En refusant d'agrandir la tombe de Siptah, le maître d'œuvre de la Place de Vérité changeait peut-être le destin de l'Égypte. Mais le métier avait ses exigences, et il devait être le premier à les défendre.

Le soleil commençait à décliner.

Allongé sur sa natte de voyage, Paneb songea de nouveau à Néfer le Silencieux. Dans ce genre de circonstances, ce dernier n'aurait pas cédé un pouce de terrain. Ni les menaces ni les fausses promesses ne l'auraient fait dévier du chemin de Maât. Lui, le fils spirituel, se jura de respecter l'exemple du père.

Alors qu'il s'assoupissait, on frappa à la porte de sa cabine.

– Des soldats vous réclament, dit la voix pâteuse du capitaine.

Paneb ouvrit.

– Qui les envoie ?

– La régente.

Quoique plus costaud qu'Imouni, l'officier qui prit en charge le maître d'œuvre avait la même tête de fouine que l'ex-scribe assistant.

– Hâtons-nous, exigea-t-il d'une voix cassée. La régente est impatiente de vous voir.

L'officier marchait en tête, deux soldats encadraient Paneb, deux autres se tenaient derrière lui.

– On jurerait que je suis prisonnier, observa le maître d'œuvre.

– Simple mesure de sécurité.

– Le palais se trouve-t-il loin d'ici ?

– Pas trop, si nous marchons vite.

Bien qu'il ignorât la topographie de la capitale, Paneb fut intrigué par le parcours, de ruelle en ruelle vers un faubourg de moins en moins peuplé. Lorsqu'il aperçut des maisons en construction, il s'immobilisa.

– Je me suis blessé... Sans doute un éclat de pierre.

Le colosse fit mine de s'asseoir pour examiner son pied droit, mais il se releva avec une telle vivacité que les deux soldats de l'arrière-garde n'eurent pas le temps de réagir quand il les saisit par les cheveux pour entrechoquer leurs têtes avec violence. Assommés, ils s'effondrèrent en lâchant leur gourdin.

L'officier tenta d'abattre le sien sur la nuque de Paneb mais, d'une ruade, ce dernier lui enfonça le talon dans le bas-ventre, avant de bondir de côté pour éviter l'assaut conjugué des deux derniers soldats qui frappèrent dans le vide. Du tranchant de la main, le colosse assomma le premier avant de briser d'un coup de coude les côtes du second.

– Qui vous a envoyés ? demanda Paneb au faux officier qui se tordait de douleur.

– On est... des mercenaires...

À l'évidence, le gredin ne permettrait pas au maître d'œuvre de remonter jusqu'au commanditaire.

– La direction du palais ?

– Prends la deuxième ruelle, sur ta gauche... Puis va vers le nord...

Indifférent aux gémissements des vaincus, le colosse repartit d'un bon pas.

# 44.

Dès qu'il vit le colosse approcher, le garde de la première porte d'enceinte du palais sut qu'il risquait des ennuis. Aussi pointa-t-il sa pique vers le ventre de l'inquiétant visiteur tout en appelant d'autres soldats à la rescousse.

– Mon nom est Paneb l'Ardent, je suis le maître d'œuvre de la Place de Vérité et je désire voir de toute urgence la reine Taousert.

Si l'artisan n'avait pas évoqué la mystérieuse confrérie dont le plus ignare des militaires avait entendu parler, le garde lui aurait fait passer un mauvais moment.

Un gradé arriva.

Paneb déclina de nouveau son nom et son titre.

– Êtes-vous bien ce que vous prétendez être ?

– Sur Pharaon, je le jure.

– Je préviens le secrétariat de Sa Majesté.

– C'est elle qu'il faut alerter, et tout de suite.

– Impossible ! Vous devez attendre une audience officielle et...

– Croyez-moi, je n'ai pas le temps d'attendre.

Dans les yeux du colosse, le gradé observa une étrange lueur qui n'avait presque rien d'humain.

– Patientez ici... Je vais essayer.

Les soldats furent soulagés. Eux aussi avaient senti que le colosse tenterait de forcer le passage et que ses poings seraient dévastateurs.

Paisible, Paneb s'assit en scribe. Les piques se relevèrent les unes après les autres.

Une longue heure s'écoula sans que le colosse manifestât le moindre signe d'impatience. Puis apparut un scribe accompagné de quatre gardes d'élite armés d'épées courtes.

Le maître d'œuvre se releva.

– Veuillez me suivre. Sa Majesté accepte de vous recevoir.

Estomaqués, les soldats se rendirent à l'évidence : le pouvoir magique de la Place de Vérité n'était pas une légende.

Tout en gravissant un escalier monumental puis en parcourant un long couloir, Paneb songea à la manière dont Néfer le Silencieux se serait comporté en abordant une souveraine : aller à l'essentiel et ne pas mâcher ses mots. Mais il possédait un calme qui n'était pas la qualité majeure de l'Ardent.

Le haut plafond de la salle d'audience était soutenu par deux colonnes de porphyre et les murs décorés de palmettes et de spirales d'un bleu tendre.

Assise sur un siège en bois d'ébène dont les pieds avaient la forme de pattes de lion, la reine était vêtue d'une austère tunique brune. Ses cheveux rassemblés en un chignon maintenu par des aiguilles d'or laissaient dégagé un visage à l'ovale parfait. Un léger maquillage mettait en valeur la délicatesse de ses traits qui faisait de Taousert la plus belle femme d'Égypte.

Subjugué, Paneb s'inclina.

– Pourquoi ce long voyage sans demande officielle d'audience, maître d'œuvre ?

– Parce que l'ordre que vous m'avez donné ne tient pas compte des réalités du terrain.

– Sois plus clair !

– La demeure d'éternité du pharaon Siptah est prête à recevoir son corps de lumière. Comme de règle, elle paraîtra inachevée, mais il est exclu de l'agrandir ou de la prolonger, car la roche n'est pas sûre. Nous sommes presque certains de provoquer une catastrophe.

– « Presque certains », dis-tu... Pourquoi cette restriction ?

– Simple prudence de langage. Fened le Nez et moi-même n'avons aucun doute : il ne faut pas percer plus avant. Je tenais à vous transmettre cette information de manière orale pour qu'elle demeure confidentielle.

La reine se leva et s'adossa avec grâce à une colonne.

– Je t'en sais gré, Paneb ; mais apprécies-tu correctement la portée d'un ordre émanant du sommet de l'État ?

– Je n'ignore pas que Pharaon est le chef suprême de la confrérie et que je lui dois obéissance.

– Peut-être considères-tu que les décisions d'une régente sont négligeables !

– Certes pas, Majesté ; et c'est pourquoi j'ai tenu à plaider ma cause à Pi-Ramsès où, dès mon arrivée, on a tenté de m'assassiner.

Taousert fut stupéfaite.

– Qui a osé ?

– J'ai mis en fuite une bande de mercenaires, mais j'ignore le nom du commanditaire.

– Seth-Nakht, bien sûr... Pendant ton séjour dans la capitale, tu résideras au palais, et deux soldats garderont ta chambre. Tu dois comprendre que j'ai besoin de temps, Paneb, et que l'unique moyen d'en obtenir consiste à augmenter la période de deuil. Et la seule façon d'y parvenir est de reprendre les travaux dans la tombe de Siptah. Si tu refuses, tu me condamnes à mort.

– Majesté...

– Les soixante-dix jours de momification ne me suffisent pas. Il m'en faut beaucoup plus.

– Détruire l'œuvre accomplie serait une faute impardonnable.

– Je ne te demande ni de détruire, ni de construire une autre tombe. Cette tâche prendrait trop de temps, et je dois rester dans les limites de l'acceptable pour mes adversaires.

– Quelles sont-elles, Majesté ?

– Cent jours de plus. Si tu prends les précautions nécessaires, tu réussiras.

– Nous sommes certains de tomber dans un puits funéraire et de causer de graves dommages à la tombe, sans évoquer la rupture d'harmonie que causeraient de tels travaux. Le corps de lumière du roi Siptah ne se trouverait plus dans le creuset alchimique qui a été conçu spécialement pour lui, et sa survie deviendrait incertaine.

La reine ferma les yeux quelques instants.

– Tu ne pouvais avancer meilleur argument, maître d'œuvre. J'éprouvais une profonde affection pour le pharaon défunt et je n'accomplirai aucun geste susceptible de lui nuire. Mon ordre est donc annulé, et le vizir Hori t'écrira pour confirmer cette décision.

Taousert contempla le colosse.

– La Place de Vérité sort toujours victorieuse des combats qu'elle mène, n'est-ce pas ? Elle devrait m'offrir un peu de sa force.

– Je comptais vous le proposer, Majesté.

La régente fut intriguée.

– S'il est impossible de modifier l'architecture et la décoration de la tombe de Siptah, pourquoi ne pas jouer sur le mobilier funéraire ? Commandez-nous des lits, des trônes, des vases et d'autres objets de première qualité que nous n'aurons pas le temps de fabriquer pendant la quarantaine de jours qui nous séparent de la fin de la momification. Sans vous mentir et sans trahir l'esprit de la confrérie, je vous répondrai qu'il nous faut un délai supplémentaire. Un délai d'au moins trois mois.

– L'idée est séduisante, Paneb. Mais Seth-Nakht sait que l'équipement funéraire de Siptah est déjà prêt et il connaît la compétence des membres de la confrérie. Façonner quelques pièces supplémentaires ne vous prendra pas autant de jours.

L'objection de la reine était pertinente. Elle retourna s'asseoir, le visage grave.

– Grâce à la pierre de lumière, vous créez de l'or, n'est-il pas vrai ?

Le maître d'œuvre tarda à répondre.

– Dans certaines conditions...

– Voici donc ce que j'annoncerai à la cour : d'ultimes travaux seront effectués dans la tombe de Siptah, et plusieurs objets exceptionnels seront créés, notamment des sceptres, des couronnes et une grande chapelle en or. La quantité nécessaire sera sortie du Trésor et livrée dès que possible au village par bateau spécial.

– En ce cas, inutile de procéder à une fabrication alchimique.

– Au contraire, maître d'œuvre ! De manière à provoquer la réaction de Seth-Nakht, j'exigerai un monceau d'or. Il protestera haut et fort en affirmant que le Trésor devra bientôt financer un effort de guerre et qu'il ne doit pas se démunir de ses richesses. Après discussion, je m'inclinerai, sans pour autant renoncer à mes exigences concernant l'équipement funéraire de Siptah. Nous serons alors dans l'impasse.

– Et vous devrez révéler que la confrérie peut quand même s'acquitter de cette tâche, mais au prix d'un délai supplémentaire.

– Autrement dit, Seth-Nakht comprendra que la Place de Vérité possède la capacité de produire de l'or. Mais son maître d'œuvre accepte-t-il que la régente dévoile ce secret ?

– Si la régente devient pharaon et continue à protéger le village, pourquoi pas ?

– Même en appliquant cette stratégie, je ne suis pas certaine de triompher.

– Merci de votre franchise, Majesté.

– Quelle décision prends-tu, maître d'œuvre ?

– Puisque vous me demandez d'embellir l'équipement funéraire du pharaon défunt, je n'ai aucune raison de refuser.

Taousert masqua son émotion.

Une nouvelle fois, elle perçut Paneb comme un homme d'État de grande envergure, mais à la place qu'il occupait, ne l'était-il pas déjà ?

– Majesté... Quel sera votre sort en cas d'échec ?

– Je l'ignore et je ne m'en soucie pas. Tout ce que je souhaite, c'est éviter au pays une guerre préventive qui serait un désastre. Je n'ai aucune autre raison de lutter pour le pouvoir.

Paneb sut que la reine Taousert était sincère. À cet instant, elle lui parut fragile, tant elle avait besoin de réconfort.

S'il l'avait prise dans ses bras, sans doute n'aurait-elle pas résisté. Mais elle était la reine d'Égypte et la régente des Deux Terres, et lui le maître d'œuvre de la Place de Vérité.

Ce qu'ils avaient à construire ensemble était plus important qu'une passion sans lendemain, puisqu'il ne quitterait jamais le village ni la confrérie.

# 45.

Après avoir piaffé d'impatience pendant plusieurs jours à cause des avaries subies par son bateau rapide et que le chantier naval avait mis un temps fou à réparer, Paneb était enfin sur le point de repartir pour Thèbes.

Un officier de la garde d'élite l'interpella.

– Le vizir Hori veut vous voir.

– Le vizir ? Mais mon bateau m'attend et...

– Suivez-moi.

Le ton était impérieux. Sans doute la reine Taousert avait-elle ordonné à son premier ministre de fournir quelques précisions au maître d'œuvre.

Au travail depuis l'aube, Hori était un personnage austère et froid qui ne se répandait pas en formules de politesse. Dès sa nomination, qu'il avait déplorée, le nouveau vizir avait étudié l'ensemble des dossiers confiés par la reine et il s'entretenait seul à seul avec chaque ministre, Seth-Nakht y compris, pour prendre connaissance des problèmes spécifiques de chaque secteur d'activité.

– Vous êtes bien le maître d'œuvre de la Place de Vérité, Paneb l'Ardent ?

– Je le suis.

– Vous considérez-vous comme responsable des artisans placés sous vos ordres ?

La question heurta Paneb comme un coup de poing.

– Comment osez-vous en douter ?

– Comment ne pas douter d'un chef qui nomme un bandit à un poste important ?

Le colosse était frappé de stupeur.

– Un bandit... Mais de qui parlez-vous ?

– Les autorités judiciaires thébaines m'ont fait parvenir un dossier concernant les fautes graves commises par un artisan de votre confrérie lors de la fête des bateliers. Ce gredin a séquestré deux femmes, il les a battues et a tenté de les violer. Il a reconnu être marié et tromper sa jeune femme avec les épouses de ses collègues. Étant donné son appartenance à la Place de Vérité et le rôle qu'entend faire jouer la régente à votre confrérie, je souhaite une instruction approfondie et discrète, d'autant plus que le coupable est l'un de vos bras droits.

– Son nom, exigea Paneb, consterné.

– Il est assistant de chef d'équipe et se nomme Aperti.

Le colosse crut que le palais royal s'effondrait sur ses épaules.

– Aperti est mon fils, révéla-t-il. Il n'est pas assistant de chef d'équipe, mais simple plâtrier.

Aucune émotion n'anima le visage du vizir Hori.

– Étant donné la gravité des faits, cette affaire ne sera pas étouffée, d'autant plus que l'interpellation de votre fils s'est produite en dehors du territoire de la Place de Vérité. Il est clair, cependant, que la responsabilité de cette dernière ne saurait être engagée.

– Ne doit-il pas comparaître devant notre tribunal ?

– Vous êtes en droit de l'exiger, en effet ; mais je vous mets en garde contre cette démarche. En recherchant des circonstances atténuantes, vous ne feriez que retarder la procédure mais l'affaire remonterait quand même jusqu'à mon tribunal. Ne comptez surtout pas sur mon indulgence.

– Qu'il soit ou non mon fils, Aperti est un artisan plâtrier et il doit être jugé par ceux qui l'ont formé.

Hori se leva.

– Vous avez tort de me défier, maître d'œuvre.

– Je respecte simplement notre loi.

Dès que fut annoncé le bateau rapide à bord duquel devait se trouver Paneb qui avait échappé aux mercenaires payés par l'un de ses agents de Pi-Ramsès, le général Méhy quitta la caserne principale de Thèbes et se rendit au débarcadère, anxieux de voir surgir un maître d'œuvre doté de nouveaux pouvoirs. Peut-être même la régente lui avait-elle octroyé des adjoints.

Mais Paneb descendit seul la passerelle, et il n'avait pas la mine réjouie d'un dignitaire auquel on vient d'accorder des honneurs inattendus.

– Avez-vous fait bon voyage ?

– Pouvez-vous m'accompagner jusqu'à la prison, Méhy ? J'aurai peut-être besoin de votre appui.

– À la prison... Mais pourquoi ?

– Parce que je dois en sortir mon fils pour le ramener au village où il sera jugé.

– Il s'agit sans doute d'une méprise que nous allons dissiper sur l'heure.

– C'est lui qui a semé le trouble pendant la fête des bateliers.

– Ah... Le cas est sérieux, car l'incident a fait grand bruit. J'aurais aimé vous aider, mais...

– Le vizir Hori est déjà au courant.

Méhy eut l'air navré.

– J'espère que votre fils comprendra qu'il a mal agi et qu'il s'amendera.

Alors que les deux hommes s'approchaient de la prison, Méhy osa poser la question qui lui brûlait les lèvres.

– Avez-vous vu la régente ?

– J'ai eu cet honneur.

– Comment se porte Sa Majesté ?

– Elle gouverne.

– Vous me rassurez, Paneb.

Comme le maître d'œuvre ne semblait pas accorder le moindre intérêt aux affaires de l'État, Méhy en conclut que son voyage s'était soldé par un échec. Sans doute avait-il, en vain, présenté à la régente une requête concernant la Place de Vérité.

Rassuré, le général aborda avec superbe le directeur de la prison et il le somma de lui remettre le prisonnier Aperti pour le transférer à la Place de Vérité. La présence du maître d'œuvre rassura le fonctionnaire.

Le fils de Paneb fut extrait de sa cellule. Il ne paraissait nullement brisé par la détention.

– Enfin te voilà, père ! Je commençais à m'impatienter...

– La police va te conduire jusqu'au village. Reste chez toi et, surtout, n'en sors sous aucun prétexte.

– Tu sais, je n'ai rien fait de grave et...

– Obéis.

Au ton de son père, Aperti sentit qu'il valait mieux remettre la discussion à plus tard.

– J'ai besoin du dossier d'accusation complet, dit Paneb au général.

Le maître d'œuvre exposa les résultats de son entrevue avec Taousert à la femme sage, au scribe de la Tombe et au chef de l'équipe de gauche.

– J'ai pris une décision sans vous consulter, reconnut-il, mais je devais répondre à la reine.

– Tu as bien agi, estima Kenhir ; c'est elle qui gouverne le pays et nous la reconnaissons comme notre souveraine.

Hay était inquiet.

– Serons-nous en mesure de produire la quantité d'or nécessaire ?

– Ce ne sera pas facile, admit la femme sage ; le processus est complexe, et brûler les étapes nous conduirait à l'échec.

– Alors, ne perdons plus de temps !

– Il faut d'abord convoquer le tribunal, décida Paneb.

– J'ai lu le dossier concernant ton fils, précisa Kenhir ; il est accablant. Aperti n'a aucune excuse.

– Il appartient quand même à la confrérie, rappela le chef de l'équipe de gauche, et c'est un bon plâtrier. Qui n'a pas commis des bêtises pendant sa jeunesse ?

– Il ne s'agit pas de bêtises, rappela le scribe de la Tombe, mais d'adultères, d'agressions et de tentatives de viol ! Aperti est possédé par une violence bestiale et il se moque de notre règle de vie. Plusieurs épouses d'artisans ont porté plainte contre lui. Certaines furent peut-être aguicheuses, mais la plupart ont été importunées, voire brutalisées, par ce voyou.

Paneb ne fit aucune objection.

– Nous réunirons le tribunal demain matin.

Ouâbet la Pure était en pleurs.

– Pourquoi... pourquoi a-t-il agi ainsi ? Son épouse l'adore, elle est prête à tout pour le rendre heureux et lui, il malmène des femmes mariées ! Oh, Paneb... Notre fils nous met au supplice !

La frêle Ouâbet se réfugia dans les bras du colosse.

– Les dieux t'infligent de douloureuses blessures, lui dit-il, mais ils t'ont donné Séléna qui sera peut-être notre future femme sage.

– Tu as raison... Cette petite est aussi lumineuse que Claire.

– C'est l'heure, Ouâbet.

– Je préfère rester ici.

Paneb se dirigea vers le pylône du temple d'Hathor et de Maât devant lequel les villageois s'étaient réunis. Aperti était encadré de Nakht le Puissant et de Karo le Bourru.

– En tant que maître d'œuvre de la Place de Vérité, il me revient de présider le tribunal. Mais l'accusé est mon fils, et l'on pourrait m'accuser de partialité. Sur la plume de la déesse Maât, je jure qu'il n'en sera rien. Néanmoins, l'un de vous me récuse-t-il ?

Personne n'intervint.

– Veuille le scribe de la Tombe lire l'acte d'accusation.

Lentement, Kenhir énuméra les méfaits d'Aperti et il détailla les plaintes portées contre lui. Le jeune homme souriait, certain que le tribunal du village prononcerait contre lui une peine beaucoup plus légère que celui de Thèbes-est, et qu'il sortirait vainqueur de la longue querelle juridique sur le point de débuter. Sa qualité de membre de la confrérie lui conférait une sorte d'impunité vis-à-vis du monde extérieur.

– Que l'accusé se défende, ordonna Paneb.

– Ce ne sont que racontars de femelles en chaleur ! protesta Aperti, moqueur. Elles ont eu ce qu'elles cherchaient, non ? Inutile de faire tant d'histoires !

– L'accusé reconnaît-il les faits ?

– Pour ça, oui ! Elles y ont toutes pris du plaisir. Les femmes aiment les vrais mâles, et j'ai la chance d'en être un.

Un douloureux silence pesait sur l'assemblée, choquée par l'arrogance d'Aperti.

– Voici le châtiment que je propose, déclara le maître d'œuvre : fils d'Ouâbet la Pure et de Paneb l'Ardent, le plâtrier Aperti, ayant été reconnu coupable de violences graves contre la personne humaine et de violation de la règle de Maât, n'est plus digne d'appartenir à notre confrérie. En conséquence, il doit être expulsé de la Place de Vérité. Son épouse obtient le divorce qu'elle sollicite, et il est prononcé aux torts de son mari. Plus jamais Aperti ne franchira la porte du village, et son nom sera rayé du Journal de la Tombe, comme s'il n'avait jamais existé. Aucun artisan ne le reconnaîtra comme membre de l'équipage. Enfin, son père et sa mère le renient, et il n'a plus droit à la qualité de fils.

# 46.

Le grand conseil écouta avec étonnement la proposition de la régente. Seth-Nakht fut le premier à réagir.

– La quantité d'or que vous exigez est beaucoup trop importante, Majesté !

– Refuseriez-vous d'honorer la mémoire du pharaon Siptah ?

– Bien sûr que non, mais nous devons préserver nos richesses pour financer un effort de guerre que beaucoup, à commencer par moi, croient inévitable !

– Les ultimes travaux dans la tombe de notre roi défunt seront bientôt terminés, révéla Taousert, et son mobilier funéraire sera digne d'un grand roi. Mais je tiens à ce qu'il dispose de sceptres et de couronnes en or, ainsi que d'une vaste chapelle de même métal sur laquelle seront inscrites les formules de résurrection. Réfléchissez à ma proposition dont nous reparlerons lors du prochain conseil.

La régente se leva.

– Je veux vous voir en particulier, Seth-Nakht.

Le vieux dignitaire suivit la reine jusqu'à une petite salle d'audience, à l'abri des oreilles indiscrètes.

– Majesté, je m'oppose formellement à toute sortie d'or de nos réserves.

– Seriez-vous prêt à bloquer par la force l'accès au Trésor ?

– Majesté...

– Une telle insubordination vous conduirait en prison.

– Mes partisans réagiraient avec violence ! Et vous ne voulez à aucun prix d'une guerre civile, n'est-ce pas ?

– Je l'admets.

– Alors, renoncez ! Pour le moment, l'Égypte doit préserver l'intégralité de son stock d'or.

– Je l'admets également. Acceptez-vous cependant que l'équipement d'éternité de Siptah soit complété comme je l'ai indiqué ?

– J'accepte le principe, mais...

– Je ne toucherai pas au Trésor, promit la reine, mais les objets en or seront néanmoins façonnés. Ai-je votre approbation ?

– Avec quelle magie comptez-vous réussir ?

– Je demanderai à la Place de Vérité de faire le nécessaire.

Le regard de Seth-Nakht s'assombrit.

– Comptez-vous lui livrer de l'or en secret ?

– Vous savez bien que c'est impossible.

– Vous croyez donc à la légende ! La confrérie serait-elle vraiment capable de fabriquer de l'or ?

– J'ose l'espérer.

– En réalité, Majesté, vous ne cherchez qu'à gagner du temps.

– Je cherche à rendre la demeure d'éternité de Siptah aussi efficace et puissante qu'elle doit l'être, selon nos rites et nos symboles. Si vous êtes en désaccord avec ce devoir, jugé essentiel par nos ancêtres, proclamez-le devant le grand conseil.

– Combien de temps le maître d'œuvre exige-t-il ?

– À lui de le dire.

– Il me le dira, Majesté, soyez-en sûre !

La femme sage soignait Ouâbet la Pure pour une grave dépression, mais le meilleur remède était la présence attentive de la petite Séléna qui s'occupait de sa mère comme une aide-soignante expérimentée, suivant à la lettre les prescriptions de Claire.

– Où est ton père ? demanda Ouâbet quand elle consentit enfin à parler.

– Papa travaille, répondit la fillette. La femme sage a dit que lorsque tu prononcerais quelques mots, tu commencerais à guérir.

– Guérir... Comment le pourrais-je ? Ton frère est parti !

– Non, il a été expulsé du village parce qu'il a commis des crimes.

Ouâbet n'avait pas eu le courage d'expliquer à Séléna que cette décision équivalait à une condamnation à mort. N'étant plus membre de la confrérie, Aperti serait jugé pour viol comme n'importe quel criminel, et la peine capitale serait prononcée contre lui.

Jamais Ouâbet n'avait pensé que son mari serait aussi sévère. Mais il était aussi le maître d'œuvre et il avait choisi la voie de sa fonction et non celle du père... Comment la mère d'Aperti pouvait-elle l'admettre ? Certes, Paneb n'était pas le seul responsable, puisque le tribunal aurait pu modérer la sentence ; mais aucun de ses membres n'avait décelé de circonstances atténuantes. Et comme Aperti avait quitté le village en injuriant les artisans et les femmes qu'il avait séduites, nul n'avait regretté la sévérité du jugement.

Un monstre... Oui, Aperti était un monstre, mais il restait son fils, et elle ne pardonnerait pas à Paneb de l'avoir envoyé à la mort. Si le colosse avait plaidé la cause de son enfant, les jurés l'auraient écouté.

– Il faut manger un peu de purée de fèves, maman... C'est moi qui l'ai préparée.

Ouâbet sourit.

– Je n'ai pas faim, chérie.

– Fais un effort... Tu veux bien, dis ?

La malade céda.

– Toi, tu es déjà une magicienne !

Enfin une nuit sombre, grâce à la nouvelle lune et à quelques nuages ! Muni d'un ciseau, le traître sortit du village en passant par la nécropole afin d'éviter Vilaine Bête qui, selon son habitude, devait sommeiller près de la grande porte d'entrée.

C'était le moment idéal pour gagner la Vallée des Reines avant la distribution des tâches que Paneb annoncerait le lendemain matin. L'expulsion d'Aperti avait à la fois réjoui et peiné les villageois. Réjoui, parce que ce garçon « au mauvais fond », selon l'expression de Niout la Vigoureuse, aurait fini par nuire gravement à la confrérie ; peiné, parce que Paneb et son épouse étaient atteints dans leur chair. Mais chacun avait apprécié la rigueur du maître d'œuvre qui avait su oublier qu'Aperti était son fils pour sauvegarder la Place de Vérité.

« Ceux qui croyaient que Paneb l'Ardent serait un maître d'œuvre faible et manipulable se sont lourdement trompés, pensa le traître ; rien ni personne ne le fera dévier de son chemin, et il sera pour moi un ennemi impitoyable. »

Le traître emprunta le sentier qui passait près du sanctuaire de Ptah, le patron des bâtisseurs, et de la déesse du silence, puis il se dirigea vers l'extrémité méridionale de la nécropole thébaine qu'occupait la Vallée des Reines.

Elle était gardée par des policiers qui surveillaient l'ensemble des demeures d'éternité où résidaient des reines, des filles de roi et des princes. Mais le traître connaissait les endroits où ils se postaient et il les contournerait sans difficulté.

Méfiant, il pénétra dans le hameau où logeaient les artisans lorsqu'ils travaillaient longtemps sur le site. Construit sur sept cents mètres carrés, il se composait de petites maisons en pierres sèches et d'ateliers de peinture et de sculpture. Le traître craignait qu'un ou deux artisans de l'équipe de gauche n'eussent décidé de dormir là, mais l'endroit était désert.

Grâce aux renseignements recueillis par son épouse, il connaissait l'emplacement de la petite tombe de princesse où avait été déposée l'oie d'or contenant la pierre de lumière. Le chemin était dégagé, mais il progressa néanmoins à pas comptés, à la manière d'un fauve en chasse.

Et sa prudence, une fois encore, lui évita d'être surpris.

À un endroit inhabituel, non loin de la tombe, un garde endormi. Que faire ? Supprimer le policier était une solution... Mais si ce dernier résistait, s'il alertait ses camarades, le traître ne leur échapperait pas.

Alors qu'il cherchait vainement un autre moyen, la chance lui sourit. Le garde s'étira, cracha et alla se poster plus loin.

Cette fois, le chemin semblait vraiment libre. Et s'il s'agissait d'un nouveau piège ? Le policier avait peut-être fait semblant de s'éloigner pour mieux l'attirer dans une nasse.

Après avoir décrit des cercles autour de son objectif, le traître fut rassuré.

Ne percevant rien d'insolite, il brisa le sceau de boue séchée et poussa la porte en bois léger qui, à la fin des travaux de réfection, serait remplacée par une autre, en acacia massif.

Comme il l'espérait, l'oie en or avait été déposée tout près de l'entrée.

Une pièce magnifique, ciselée avec tant de perfection qu'on aurait cru l'animal vivant !

Un instant, l'artisan regretta d'avoir à saccager un tel chef-d'œuvre, mais il y était obligé. Utilisant son ciseau, il ôta la tête de l'oie.

À l'intérieur, une sorte de paquet.

Le traître perça le ventre de la sculpture afin d'en extraire la richesse cachée. Il coupa sans difficulté la ficelle de lin et mit à nu de fines plaques d'or, d'argent et de cuivre, symboles des métaux célestes destinés à favoriser la vie lumineuse de la ressuscitée que l'oie avait pour mission de garder et de mener vers le ciel.

Un petit trésor digne d'intérêt, certes, mais pas la pierre de lumière !

Encore un espoir qui s'effondrait... Le traître avait eu tort de suivre cette piste-là. La vraie cache de la pierre ne saurait être que le temple d'Hathor et de Maât.

Dédaignant ce butin décevant, il sortit de la tombe dont il referma la porte. Il lui fallut surmonter sa déception et garder son sang-froid afin de quitter la Vallée des Reines sans être repéré.

# 47.

– Un vol dans la Vallée des Reines ? s'étonna Kenhir que le chef Sobek recevait dans son modeste bureau du cinquième fortin.

– Quelqu'un a pénétré dans la tombe d'une princesse, puisque le sceau a été brisé.

Alerté, le maître d'œuvre se rendit aussitôt sur place en compagnie du chef de l'équipe de gauche. Ensemble, ils constatèrent les dégâts.

– Quel étrange voleur ! s'étonna Hay. Il a éventré l'oie pour savoir ce qu'elle contenait, mais il n'a pas emporté les plaquettes de métal !

– Elles ne l'intéressaient pas, puisqu'il cherchait la pierre de lumière.

– Ici, dans cette tombe de princesse ?

– Il a dû supposer que l'oie gardienne abritait le plus important de nos trésors. Des artisans de ton équipe ont-ils couché au hameau, la nuit dernière ?

– Pas que je sache, mais je vais m'en assurer.

Hay fit comparaître tous les artisans de l'équipe de gauche devant le chef Sobek et le maître d'œuvre qui les questionnèrent sans ménagement. Leurs témoignages, de même que l'enquête menée à l'intérieur du village, aboutirent à une certitude : la nuit du vol, le hameau de la Vallée des Reines était bel et bien vide de tout occupant.

– Mes hommes ont encore fait preuve d'une négligence effarante, déplora Sobek, et c'est moi qui en suis responsable !

– Cesse de te fustiger, recommanda Paneb. Le traître a suivi une fausse piste parce qu'il a cru que nous avions sorti la pierre de lumière du village. Maintenant qu'il a pris conscience de son erreur, il va reprendre ses investigations.

– Les policiers postés dans la Vallée des Reines n'étaient pas les meilleurs, je l'avoue, mais ce ne sont tout de même pas des débutants !

– Le traître est rusé et méfiant, rappela le maître d'œuvre. Te rends-tu compte qu'il nous échappe depuis de nombreuses années et que je le côtoie chaque jour sans parvenir à l'identifier ?

– Comment un homme, si habile soit-il, a-t-il évité de commettre la moindre erreur depuis si longtemps ? Il ne peut s'agir que d'un démon surgi des chaudrons de l'enfer qui a dévoré un artisan de l'intérieur et pris son visage.

– Tu n'as pas tort.

Le policier nubien se figea.

– Toi aussi, tu y crois ?

– Je considère les humains capables de toutes les bassesses, mais celui-là a dépassé les bornes connues. La Place de Vérité l'a initié, éduqué, nourri, elle lui a offert la vision des mystères, lui a permis de vivre la fraternité... Et il ne cherche qu'à la détruire ! Tu as raison, Sobek : seul un démon a le cœur aussi pourri.

Le gardien de la porte principale du village s'inclina devant le maître d'œuvre.

– Le scribe de la Tombe vous attend chez lui.

Pas une ménagère en conversation sur le seuil de sa porte, pas de gamin qui jouait...

La porte de la maison de Kenhir était ouverte. Assise sur un tabouret, Niout la Vigoureuse avait abandonné son balai et ses brosses.

– Dans son bureau, murmura-t-elle.

Kenhir était prostré dans son fauteuil.

– Ton fils, Paneb... Le facteur nous a apporté une copie de la condamnation : travaux forcés à perpétuité dans une mine de cuivre du Sinaï. Il a fait appel auprès du tribunal du vizir, mais Hori ne modifiera pas la peine dans l'immédiat. Dans notre pays, le viol est un crime sévèrement châtié.

Paneb demeura longtemps immobile.

– Puisqu'il n'est plus membre de la confrérie, nous n'avons aucun moyen de le défendre.

– Vous le saviez, Kenhir, comme tous ceux qui ont approuvé le châtiment que j'ai proposé.

– Je ne te reproche rien, mais c'était un jeune homme, il aurait pu changer, il...

– Vous savez bien que non.

Kenhir baissa les yeux.

– Nous interviendrons quand même en implorant la clémence de la justice. Et nous finirons bien par l'obtenir.

– Après le déjeuner, je réunirai les deux équipes au temple pour préciser leurs tâches futures.

La solidité du colosse fascinait le vieux scribe ; Paneb l'Ardent avait maîtrisé de nombreux feux afin de les mettre au service de l'œuvre. Quand Kenhir avait pressenti chez le jeune animal fougueux un être d'exception, il ne s'était pas trompé ; et

Néfer le Silencieux, malgré les apparences et tout ce qui opposait et différenciait les deux hommes, ne s'était pas trompé non plus en le choisissant comme successeur.

Sur le sol de la première pièce, quelques grains de sable. Ils étaient à peine visibles, mais la maison, d'ordinaire, était si bien tenue par Ouâbet la Pure qu'ils sautèrent aux yeux de Paneb. Depuis leur mariage, elle n'avait jamais commis une telle négligence.

– Tu es là ?

Elle sortit de sa chambre, vêtue en prêtresse d'Hathor, mince et fragile.

– Tu te rends à une cérémonie ?

– Non, Paneb. J'ai demandé à la femme sage de me nommer gardienne des oratoires.

– N'est-ce pas une trop lourde tâche pour une mère de famille ?

– Mon fils a disparu, ma fille vit chez Claire où elle s'initie à l'art de guérir... Je quitte cette maison, et je te quitte, Paneb.

– Tu veux... divorcer ?

– Je t'ai aimé, à ma manière, autant que je pouvais aimer. Mais tu as condamné Aperti et je ne peux ni te le pardonner ni rester ton épouse. Si je restais auprès de toi, je finirais par te haïr.

– As-tu mûrement réfléchi ?

– Mes paroles ne te le prouvent-elles pas ?

Le colosse connaissait assez sa femme pour savoir qu'elle ne reviendrait pas en arrière.

– Accorde-moi une faveur, Ouâbet : que le divorce soit prononcé à mes torts.

– Il vaut mieux que la justice soit appliquée. Puisque c'est moi qui pars, garde cette maison qui est digne du maître d'œuvre de la confrérie. Moi, j'habiterai dans celle qu'occupait Aperti. Son épouse est retournée à Thèbes, l'État lui versera une rente. Dorénavant, j'assurerai l'entretien des oratoires du village et je préparerai les offrandes. Est-il existence plus enviable ?

– Ouâbet...

– Ne me touche pas, Paneb. Ma robe de cérémonie est neuve, et je ne supporterais pas qu'elle fût froissée.

Après une vaine tentative de conciliation, le divorce fut prononcé par Kenhir dans un climat serein et digne. Une femme de ménage, également apte à faire la cuisine, fut attribuée au maître d'œuvre; Ouâbet la Pure choisit de se débrouiller seule. Son ex-mari s'engagea à lui verser la moitié de son salaire et des revenus de ses champs. Comme la divorcée restait au village, chacun constaterait aisément qu'elle ne manquait de rien.

Restait à déterminer le sort de Séléna qui fut appelée devant le jury.

– Chez qui préfères-tu résider, lui demanda Kenhir de sa voix la plus chaleureuse, chez ton père ou chez ta mère ?

Recueillie, la fillette prit un long temps de réflexion.

– Maintenant, j'ai trois maisons : celle de papa, celle de maman et celle de Claire. J'ai de la chance, non ? Je préfère garder les trois.

Ni Paneb ni Ouâbet ne formulèrent d'objection.

– Essayons comme ça, accepta Kenhir. Si des difficultés se présentent, le tribunal se réunira de nouveau.

– Pour commencer, je vais aider maman à ranger ses affaires. Ensuite, j'aiderai Claire à laver des fioles.

Séléna s'éloigna avec Ouâbet.

– Cette petite n'a pas fini de nous étonner, jugea Kenhir; elle ne ressemble à aucune autre enfant.

– Vous n'imaginez pas à quel point elle aime rire, précisa Claire; mais lorsqu'elle apprend, elle ouvre ses oreilles si grandes que l'enseignement circule dans tout son être et la touche au cœur. Sans cesser d'être une fillette, elle est déjà plus profonde que la plupart des adultes.

– C'est donc elle qui te succédera, avança Paneb.

– Si les dieux le veulent... Toi, comment supportes-tu cette épreuve ?

– C'est bien ainsi. J'ai peut-être eu tort de ne pas confier à Ouâbet la position que j'adopterais lors du procès d'Aperti, mais je savais que nous serions en désaccord. Sans moi, et plus proche des prêtresses d'Hathor, elle atteindra une forme de bonheur.

Claire sentit que la force intérieure du colosse n'avait pas diminué. Au contraire, le drame qu'il affrontait l'obligeait à vivre sa fonction encore plus intensément.

La femme sage et le maître d'œuvre marchèrent lentement en direction du temple.

– Plus un homme possède de capacités, disaient les Anciens, plus les épreuves qu'il affronte sont redoutables... Je dois être pétri de dons innombrables !

– Le chemin d'un maître d'œuvre est à la fois vaste comme l'univers et resserré comme le sentier de sa propre existence. Selon l'endroit où ton regard se porte, tu éprouves le sentiment que le temple s'édifie ou bien que les échecs s'accumulent.

– Autrement dit, tu ne m'accordes pas une seule seconde pour m'apitoyer sur mon sort.

– D'une part, c'est un exercice futile pour lequel tu ne possèdes aucun talent ; d'autre part, tu dois diriger les travaux de la Place de Vérité. Serait-il raisonnable d'hésiter entre ces deux options ?

Le colosse embrassa avec respect les mains de la mère de la confrérie.

# 48.

Après les coups que le maître d'œuvre avait subis, certains artisans s'attendaient à le voir affaibli ou hésitant. Mais la voix était toujours aussi puissante et l'allure impérieuse.

– La reine Taousert nous a ordonné de préparer la demeure d'éternité du pharaon Siptah et son équipement en vue de la cérémonie des funérailles. L'équipe de droite partira demain pour la Vallée des Rois afin de vérifier le tombeau dans ses moindres détails, et l'équipe de gauche fabriquera les objets dont la liste lui sera communiquée par Hay.

– Ça nous prendra peu de temps, estima Karo le Bourru.

– Le matériel funéraire de Siptah est complet, ajouta le menuisier de l'équipe de gauche.

– Je vous ai donné la version officielle qui a été communiquée à la cour de Pi-Ramsès, précisa le maître d'œuvre ; notre véritable travail s'annonce plus délicat. Il nous faut créer des sceptres, des couronnes et une chapelle couverte de hiéroglyphes.

– Dans quels matériaux ? interrogea Gaou le Précis.

– En or.

– En or ! répéta Thouty le Savant, décontenancé ; mais qui nous le fournira ?

– Nous le produirons, affirma la femme sage, à condition d'obtenir l'appui de notre ancêtre fondateur, Amenhotep Ier. Sans lui, ce serait l'échec.

Le traître exultait. Pour faire de l'or, le maître d'œuvre devrait sortir la pierre de lumière de sa cachette et travailler dans un atelier spécial que garderaient certains artisans. Et il serait certainement l'un d'entre eux.

En ce cas, à lui de se débarrasser d'un ou deux collègues, par n'importe quel moyen, et de s'emparer du trésor.

Amenhotep Ier était honoré lors de plusieurs fêtes, la plus importante donnant lieu à une procession et à un banquet mémorable. Mais celle que s'apprêtait à célébrer le village était d'une autre nature, puisque chaque villageois était invité à se recueillir devant la statue de l'ancêtre fondateur. N'était-il pas le juge suprême et, selon l'inscription gravée sur le socle de la statue, « Celui qui savait comment voir » ?

Quand la femme sage se présenta face à l'effigie, les artisans retinrent leur souffle. De la réaction de l'ancêtre à la prière muette de la mère de la confrérie dépendrait son avenir immédiat : ou bien entamer le processus de fabrication de l'or alchimique, ou bien apprendre à la régente que la Place de Vérité y renonçait et laisser ainsi le champ libre à Seth-Nakht.

Quel que fût le désir de Paneb, il ne pouvait passer outre à cette consultation.

Claire demeura longtemps en méditation, comme si elle exposait au fondateur les motifs de cet entretien capital. Au moment où elle se retira, la statue n'avait donné aucun signe visible d'approbation, et Paneb songea à la détresse de Taousert quand il lui apprendrait que la confrérie était dans l'impossibilité de la satisfaire.

Mais à l'instant où Claire s'inclina respectueusement, la tête de l'ancêtre s'inclina, elle aussi, d'arrière en avant pour signifier son consentement.

Le guetteur qui, du haut du premier fortin, observait la piste menant au village, avala tout rond un morceau de galette.

– Cours prévenir le chef ! cria-t-il, réveillant son collègue en sursaut. Il y a au moins une centaine de soldats !

– Et toi, tu vas leur tenir tête tout seul ?

– Ben... Non. Je cours avec toi.

– On abandonne le fortin ?

– On ne peut pas le défendre à deux !

Les policiers ne manquaient pas de courage, mais la gravité de la situation exigeait la présence de Sobek, et il ne servirait à rien de se faire massacrer.

Par malchance, cette vague d'assaut survenait le seul jour de repos depuis plus d'un mois, et la garde avait été allégée ; heureusement, le chef Sobek se trouvait dans le deuxième fortin où il examinait l'état des murs de briques.

– Chef, chef, une véritable armée, avec des chars !

– Placez des blocs en travers de la piste.

Les policiers se hâtèrent, Sobek se campa devant le modeste barrage.

À la vue de l'athlète noir, le char de tête ralentit avant de s'arrêter, à moins d'un mètre de lui. À son casque et à sa cuirasse, le Nubien reconnut Méhy.

– Où comptez-vous aller, général ?

– J'ai reçu l'ordre de ramener le maître d'œuvre à Thèbes.

– L'ordre de qui ?

– De Seth-Nakht en personne.

– Connais pas.

– De qui te moques-tu, Sobek ?

– Je ne reçois d'ordre que de Pharaon, du maître d'œuvre et du scribe de la Tombe.

– Tu sais bien que tes policiers ne feront pas le poids devant mes soldats.

– On verra sur le terrain.

– N'oublie pas que je suis contraint d'obéir, moi aussi !

– Si Seth-Nakht veut s'entretenir avec le maître d'œuvre, qu'il se rende dans la zone des auxiliaires. Et si le maître d'œuvre accepte de le recevoir, tout ira bien.

– C'est ton dernier mot ?

– Si vous attaquez, Méhy, nous nous défendrons.

Installé dans la luxueuse villa de Méhy, Seth-Nakht ne supportait pas le babillage de Serkéta et il n'était pas sensible à son charme. Aussi s'était-il isolé dans un bureau donnant sur le jardin.

– Le général vient de rentrer, avertit l'intendant.

Nerveux, le vieux courtisan gagna le hall d'accueil.

– Vous êtes revenu seul, général ?

– Comme je vous l'avais prédit, le chef Sobek n'a pas été impressionné par le déploiement de forces.

– Vous avez donc reculé ?

– Si j'avais chargé, les archers de Sobek auraient tiré sur mes hommes, et il y aurait eu de nombreux morts. Une catastrophe pour votre réputation...

La colère de Seth-Nakht retomba.

– Ce n'est pas faux, général... Mais cette Place de Vérité ressemble à une forteresse imprenable !

– Telle est la volonté des pharaons depuis sa création.

– Le maître d'œuvre n'oserait tout de même pas refuser de me recevoir !

– Le chef Sobek vous suggère de vous rendre dans la zone des auxiliaires ; peut-être Paneb vous y rencontrera-t-il.

Méhy sentit que le vieux courtisan était profondément humilié et qu'il ferait payer cher son arrogance à la confrérie.

– Vous êtes administrateur principal de la rive ouest, Méhy ; n'avez-vous aucune prise sur la Place de Vérité ?

– Mon rôle consiste simplement à la protéger des agressions extérieures ; c'est pourquoi le chef Sobek est si sûr de lui. Il sait bien que mes soldats ne l'attaqueront pas.

– Même si Pharaon le leur ordonnait ?

– Ce serait différent, reconnut le général.

– La diplomatie n'est pas ton fort, dit le scribe de la Tombe à Paneb, mais mieux vaudrait t'entretenir avec Seth-Nakht. Quoi qu'il arrive, et même si Taousert accède au pouvoir suprême, il restera un homme influent. C'est à la sauvegarde de la confrérie que tu dois sans cesse penser, même si certaines démarches te déplaisent. Et j'y mettrai les formes en portant moi-même ton invitation à Seth-Nakht.

– Entendu, Kenhir.

Le scribe de la Tombe fut soulagé. Non seulement Paneb n'avait pas succombé sous le poids de son divorce, mais encore il se bonifiait en acceptant sans rechigner les obligations de sa charge.

– Seth-Nakht est un vieux courtisan habile et rusé, il te tendra des pièges. Surtout, ne parle pas trop et tâche de t'en tenir à quelques vérités simples.

– Vous pouvez compter sur moi.

À l'expression féroce du visage de l'Ardent, Kenhir se demanda si l'entrevue était vraiment souhaitable ; mais offenser davantage Seth-Nakht ferait de ce dernier un ennemi irréductible.

– Promets-moi d'être mesuré, Paneb !

– Quelques vérités simples... Ce sera ma ligne de conduite.

– On risque d'être attaqué ? demanda Féned le Nez à Paneb quand il le croisa dans la rue principale du village.

– Tu es bien inquiet...

Le tailleur de pierre, qui reprenait du poids après la longue période de maigreur consécutive à son divorce, prit très mal la remarque du maître d'œuvre.

– Nous avons tous des familles et nous redoutons la violence d'un ambitieux comme Seth-Nakht !

– Je suis inquiet, moi aussi, insista Paï le Bon Pain ; pourquoi le rival de la reine Taousert désire-t-il forcer la porte du village ?

– Pour connaître nos secrets.

– Réexpédie-le à Pi-Ramsès, conseilla Karo le Bourru.

– Au contraire, négocions ! recommanda Rénoupé le Jovial.

– Sois ferme et clair, exigea Gaou le Précis.

– Ce bonhomme-là n'a rien à faire chez nous, trancha Nakht le Puissant. Que le chef Sobek applique les consignes.

– Je parlerai à Seth-Nakht, indiqua le maître d'œuvre.

– Excellente initiative, approuva Ched le Sauveur ; je suis persuadé que tu ne le décevras pas.

# 49.

Elle était magnifique.

Occupée à broder, elle vivait son travail avec passion. Ses doigts longs et fins semblaient infatigables, sa posture évoquait celle d'une danseuse qui terminait un mouvement, déjà prête à en esquisser un autre. Quelle que fût sa tâche, elle lui conférait grâce et beauté.

– Turquoise...

La superbe rousse leva la tête.

– Paneb ! Ne dois-tu pas t'entretenir avec Seth-Nakht ?

– Il n'est pas encore arrivé.

Turquoise posa tissu et aiguilles.

– Ma réponse est non, Paneb.

– Mais je ne t'ai posé aucune question !

– Oserais-tu prétendre que tu ne souhaitais pas me parler

de ta nouvelle situation d'homme libre ? Que tu sois divorcé ou non, peu m'importe. Un vœu est un vœu : je ne me marierai jamais.

– J'avais espéré...

– Quand donc renonceras-tu à cet espoir ?

– Que penses-tu de la décision d'Ouâbet ?

– Ouâbet la Pure est prêtresse d'Hathor, chargée de l'entretien des oratoires. Le reste ne me concerne pas.

– Et que penses-tu de ma propre décision concernant mon fils ?

– Seule l'attitude du maître d'œuvre m'intéresse. Et la confrérie l'a jugée juste.

Le colosse prit fougueusement Turquoise dans ses bras.

– N'as-tu pas un rendez-vous très important ?

– Si, avec toi.

Sur l'ordre de Béken le potier, les auxiliaires avaient évacué la zone où ils travaillaient. Seul Obed avait été autorisé à demeurer dans sa forge, à condition de ne pas en sortir. Sobek et une dizaine de policiers nubiens surveillaient l'endroit.

Seth-Nakht s'étonna de l'absence du maître d'œuvre.

– Je n'ai pas l'habitude d'attendre, dit-il au scribe de la Tombe.

– Paneb ne tardera plus.

– Vous devriez le prévenir de ma présence !

Hochant la tête, Kenhir se dirigea lentement jusqu'à la grande porte. Le gardien le salua, poussa l'un des battants pour le laisser passer, puis le referma.

Bien qu'il ne fût pas craintif, Seth-Nakht se sentit brusquement très seul, et nullement rassuré par la présence des policiers noirs au regard hostile. Il était persuadé que, si des artisans l'agressaient, le chef Sobek ne lèverait pas le petit doigt.

Tenter de s'enfuir, ou simplement demander à regagner les locaux de l'administration, le couvrirait de ridicule. Mais Taousert n'avait-elle pas prévu sa réaction et organisé un guet-apens d'où il ne sortirait pas vivant ? Le vieux dignitaire tenta bien de se rassurer en songeant à la loi de Maât que la régente devait respecter... Mais pourquoi le maître d'œuvre n'apparaissait-il pas ?

Plus les minutes passaient, plus Seth-Nakht se rendait à l'évidence : sur l'ordre de la régente, la confrérie supprimerait l'ultime adversaire qui empêchait une femme ambitieuse de prendre le pouvoir.

Au moins, il mourrait debout et regarderait en face celui qui aurait la lâcheté de le frapper.

Quand la grande porte s'ouvrit, il ne put cependant s'empêcher de frémir.

Vint vers lui Paneb l'Ardent, dont il n'aurait pas cru qu'il fût aussi colossal. Le maître d'œuvre n'était vêtu que d'un pagne de cuir d'ouvrier et il paraissait aussi indestructible qu'une montagne. Seth-Nakht comprit pourquoi la rumeur prétendait qu'il était capable, à lui seul, de terrasser une dizaine d'adversaires.

Encore sous le charme de Turquoise avec laquelle il venait de faire l'amour, Paneb toisa son interlocuteur, visiblement mal à l'aise.

– Vous désiriez me voir ?

Seth-Nakht reprit vite contenance.

– Votre accueil n'est pas des plus chaleureux, maître d'œuvre.

– Comme vous devez le savoir, la confrérie est surchargée de travail, et je n'ai pas le loisir de me répandre en palabres. Dites-moi ce que vous voulez, et je tenterai de vous satisfaire.

– Puisque vous souhaitez aller droit au but... La régente vous a donné l'ordre de fabriquer plusieurs objets en or, mais aucune once de ce précieux métal ne vous sera livrée, car nos réserves doivent demeurer intactes en prévision d'un éventuel conflit. Ou bien vous êtes incapable d'obéir à la reine Taousert, ou bien vous produirez vous-même cet or !

– J'obéirai à la régente.

– Alors, la légende serait réalité ?

– Dans certaines circonstances, oui.

– Lesquelles ?

– C'est le secret de la Place de Vérité.

– Et si Pharaon en personne vous ordonnait de produire sans cesse de l'or pour nourrir le Trésor ?

– Je lui expliquerai que c'est impossible. Nous ne travaillons que pour façonner l'éternité de l'âme royale.

Seth-Nakht ne traita pas par le mépris les révélations du maître d'œuvre. Fort peu d'êtres avaient eu l'occasion de les entendre.

– Vous auriez pu me mentir, Paneb.

– Ce n'est pas dans ma nature.

– Continuez donc à dire la vérité ! Dans combien de temps l'équipement funéraire du roi Siptah sera-t-il prêt ?

– Environ trois mois.

– C'est bien long !

– La chapelle d'or est une œuvre complexe, et la gravure des hiéroglyphes exige une haute précision qui exclut toute précipitation.

– Vous avez pris le parti de la régente, maître d'œuvre, et vous pourriez le regretter.

– Qui reprocherait à la Place de Vérité d'avoir rempli sa fonction et à ses artisans de faire leur métier ?

– N'existe-t-il aucun moyen pour vous acquitter plus rapidement de cette commande ?

– Aucun.

– Réfléchissez davantage, Paneb.

– Je n'ai plus qu'une idée en tête : façonner des objets d'éternité pour donner au pharaon sa pleine capacité d'action dans l'autre monde.

– Avez-vous compris que je ne suis pas un intrigant parmi d'autres ? Ces manœuvres ne m'empêcheront pas de monter sur le trône d'Égypte et de sauver le pays. Et lorsque ma tâche aura été accomplie, je vous briserai.

Ounesh le Chacal nettoyait nerveusement une palette.

– Tout ça ne me dit rien de bon.

– Ce n'est pas la première fois que la Place de Vérité fabrique de l'or, rétorqua Gaou le Précis qui travaillait au dessin préparatoire de la chapelle destinée au roi Siptah.

– D'accord, reconnut Paï le Bon Pain, mais on est quand même entre le marteau et l'enclume ! Et qui sera réduit en bouillie ?

– Le maître d'œuvre sait où il va, affirma Gaou.

– Et s'il l'ignorait ? s'inquiéta Ounesh.

Nakht le Puissant entra dans l'atelier des dessinateurs.

– L'entretien est terminé !

Les trois dessinateurs suivirent le tailleur de pierre jusqu'à la demeure du scribe de la Tombe devant laquelle s'étaient rassemblés d'autres artisans.

– Paneb parle avec Kenhir, indiqua Thouty le Savant.

– Ce n'est pas bon signe, estima Casa le Cordage ; Seth-Nakht a dû lui adresser un ultimatum.

– Simple agitation d'un conquérant de pacotille, observa Ched le Sauveur.

– Sûrement pas ! objecta Karo le Bourru. Un homme dont le nom est marqué par le dieu Seth est forcément dangereux.

– Sa fureur se brisera sur notre maître d'œuvre, promit Ipouy l'Examinateur. La vraie force de Seth, c'est lui qui la possède.

– La porte du village est fermée aux profanes et elle le restera, confirma Didia le Généreux. Et ce n'est certainement pas un vieux courtisan qui réussira à l'enfoncer.

– Si je l'avais eu en face de moi, précisa Ouserhat le Lion, je lui aurais retaillé la tête pour la rendre moins prétentieuse ! Mais pour qui se prend-il, ce tracassier ?

– Tu crois peut-être que la reine Taousert nous sera plus favorable ? interrogea Casa, agressif.

– Elle est la régente, un point c'est tout !

– Comme Casa, je m'en méfie, confia Féned le Nez, la mine sombre.

– C'est bien ce que je pense, répéta Ounesh le Chacal : tout ça ne me dit vraiment rien de bon.

Le maître d'œuvre sortit de chez Kenhir. Les artisans l'entourèrent.

– Que voulait Seth-Nakht ? questionna Paï le Bon Pain, impatient.

– Simplement obtenir nos secrets et notre obéissance absolue.

– Tu n'as pas... Tu n'as pas cédé ? interrogea Ipouy l'Examinateur d'une voix mal assurée.

– À ton avis ?

Nakht le Puissant arbora un large sourire.

– Puis-je donner l'accolade au maître d'œuvre ?

– Rien ne saurait m'encourager davantage à préserver notre liberté.

Tous imitèrent Nakht et partagèrent ainsi une fraternité qui, au-delà des vicissitudes du quotidien, unissait les artisans comme les pierres d'une pyramide.

– As-tu prévu un atelier spécial pour la fabrication de l'or ? demanda Ounesh le Chacal.

– Une Demeure de l'Or sera aménagée dans le temple.

– Qui de nous la gardera ? demanda Casa le Cordage.

– Vous aurez suffisamment à faire. C'est pourquoi je confie cette tâche à Noiraud, à Vilaine Bête et aux prêtresses d'Hathor.

# 50.

Le traître enrageait.

Non seulement le maître d'œuvre avait modifié la coutume en ne choisissant pas les gardiens de la Demeure de l'Or parmi les artisans, mais encore les avait-il consignés chez eux pour qu'ils vénèrent les ancêtres, le matin où débutait l'œuvre alchimique.

Ce luxe de précautions empêchait le traître d'approcher de la pierre de lumière. Il n'y avait pas moins de quatre prêtresses d'Hathor devant le pylône et autant pour interdire l'accès au temple couvert.

– J'espère que tu n'as pas conçu un projet insensé ? lui demanda son épouse.

– Pour le moment, le trésor est hors d'atteinte ; je vais travailler, comme les autres.

– Le maître d'œuvre est tellement méfiant que tu ne pourras jamais t'emparer de la pierre !

– Tu te trompes, femme. D'abord, Paneb ne réussira peut-être pas à produire la quantité d'or nécessaire et, en ce cas, il ne restera pas maître d'œuvre ; ensuite, à supposer qu'il donne satisfaction à la reine, son attention se relâchera forcément à la suite de ce succès, et les mesures de sécurité seront réduites.

– Quand renonceras-tu enfin ?

– Je suis allé trop loin... Et je sais où est cachée la pierre ! Nous réussirons, je te le promets.

– J'ai peur... Paneb ne finira-t-il pas par t'identifier ?

– Quand il saura qui je suis, il sera trop tard, pour lui comme pour la confrérie.

– Seth-Nakht est rentré de Thèbes, annonça le vizir Hori à la reine Taousert. D'après des informateurs dignes de confiance, il est fort mécontent. Sa démarche s'est soldée par un échec, et le maître d'œuvre tient ses engagements.

– Je n'en doutais pas.

– Moi si, Majesté. Vous m'avez nommé à ce poste pour douter de tout le monde.

– Vous avez pourtant rencontré Paneb.

– Mes impressions ne rentrent pas en ligne de compte. Dans la féroce bataille qui vous oppose à un courtisan aussi habile que Seth-Nakht, des retournements d'alliance peuvent se produire à tout moment.

– Tu me parais bien pessimiste, Hori.

– Seulement réaliste, Majesté.

– Aurions-nous perdu du terrain, ces jours derniers ?

– Nous en avons plutôt gagné.

– En ce cas, pourquoi être si sombre ?

– Parce que, même victorieuse, vous seriez vaincue.

Taousert appréciait la franchise d'Hori. Elle se félicitait d'avoir choisi un homme du temple, détaché des réalités de ce monde, afin qu'il ne se répandît pas en flatteries.

– Quelle est la clé de cette énigme ?

– J'ai étudié les personnalités de la cour et les proches de Seth-Nakht. Son fils aîné se situe nettement au-dessus du lot, et lui seul possède la stature d'un homme d'État. Or, il soutient l'action de son père qui a certainement conscience des qualités de son fils.

– Penses-tu vraiment que je m'inclinerai sans mot dire ?

– Je lutte chaque jour pour diminuer l'influence du clan de Seth-Nakht, Majesté, et les résultats sont loin d'être mauvais. Mais je suis persuadé que le fils sera beaucoup plus redoutable que le père. Écarter ce dernier ne vous offrira qu'une satisfaction d'amour-propre, non un authentique triomphe.

Les prévisions du vizir Hori troublèrent la régente.

– Que me conseilles-tu ?

– De persévérer, si vous pensez être dans le vrai, mais en tenant compte de la réalité et en vous rappelant que, quelles que soient les circonstances, c'est l'Égypte qui est essentielle et non votre personne.

La porte du temple couvert s'était refermée sur la femme sage et sur le maître d'œuvre après que ce dernier eut sorti la pierre de lumière de sa cachette et que le scribe de la Tombe lui eut confié le *Livre de l'accomplissement de l'œuvre*, tombé du ciel par une fenêtre de l'espace et recueilli dans la bibliothèque de la confrérie. Cet ouvrage contenait les formules qui dissipaient les forces négatives, ainsi que le processus de construction des temples qu'avaient conçu les Anciens.

Claire avait apporté des fioles, des pots et des vases. Plusieurs torches éclairaient la salle où les deux officiants allaient tenter de créer l'or alchimique. La femme sage était vêtue d'une longue robe rouge, Paneb d'un pagne blanc. À pas lents, il arpenta la salle en s'immobilisant à chaque point cardinal. Il rendait ainsi présents les quatre orients par lesquels passaient quatre types de lumière : naissante à l'est, puissante au sud, accomplie à l'ouest, secrète au nord.

Au centre, la pierre.

– Toi qui ne peux être asservie, lui dit la femme sage, toi qui es l'indomptable que nulle main ne saurait ni entailler ni graver, donne-nous ta lumière.

La pierre prit une teinte vert clair et, de l'ensemble de ses faces, émana une douce clarté. L'œuvre pouvait débuter.

– Prépare le lit d'Osiris, ordonna la femme sage au maître d'œuvre.

Paneb utilisa cinq croix ansées, les « clés de vie », et dix sceptres à tête de Seth pour former la couche sur laquelle il posa un moule contenant des grains d'orge. Un moule qui était le corps d'Osiris.

– À présent, ouvrons le coffre mystérieux.

Se disposant de part et d'autre de la pierre, la femme sage et le maître d'œuvre en soulevèrent la partie supérieure, comme s'il s'agissait d'un couvercle.

– Je connais cette lumière qui est à l'intérieur, affirma Claire, je connais son nom secret, je sais qu'elle est à la fois le Verbe et l'acte.

– J'ai vu le coffre de la connaissance, poursuivit Paneb, je sais qu'il contient les parties du corps démembré d'Osiris qui est à la fois l'Égypte et l'univers. Seule la lumière les rassemble.

De la pierre, la femme sage sortit un vase scellé.

– Voici les lymphes d'Osiris, le liquide mystérieux qui donne naissance à la crue et à toutes les formes d'énergie. Grâce à lui, la matière peut être transmutée en esprit. Façonnons la pierre divine.

Des récipients apportés par la femme sage, Paneb parvint à extraire de petites quantités d'or, d'argent, de cuivre, de fer, d'étain, de plomb, de saphir, d'émeraude, de topaze, d'hématite, de cornaline, de lapis-lazuli, de jaspe rouge, de turquoise et d'autres substances précieuses qu'il broya avant de les verser dans un chaudron contenant du bitume et de la résine d'acacia. Vingt-quatre minéraux, correspondant aux douze heures du jour et aux douze heures de la nuit, s'uniraient sous l'effet du feu, tout en dégageant leurs qualités essentielles.

– Tu es désormais à l'abri de la mort subite, dit la femme sage au moule d'Osiris. Le ciel ne s'écroulera pas, la terre ne chavirera pas.

Commença le long et délicat réglage du feu qu'il fallait tantôt nourrir, tantôt apaiser. À la fin du premier jour, Claire ajouta à la matière obtenue de l'extrait de styrax puis, le lendemain, Paneb la tamisa et la laissa reposer pendant deux jours. Quand il la remit dans le chaudron, il la compléta avec de la résine de térébinthe et des aromates ; puis il pila la mixture et l'essora dans un linge avant de reprendre la cuisson.

À la fin du septième jour, un œil d'Horus apparut à la surface du magma qui occupait le chaudron.

– Nous sommes en bonne voie, constata Claire avec soulagement. Il nous faut maintenant dissocier cette matière pour obtenir d'un côté une poudre très fine et de l'autre un enduit résineux. Seules les lymphes d'Osiris assureront le succès de l'opération.

Claire brisa le sceau du vase et versa quelques gouttes d'un liquide argenté dans le chaudron. Presque aussitôt, le magma se sépara en deux. Paneb recueillit la poudre qui surnageait et laissa l'enduit au fond.

– Dépose-la sur le moule.

Odoriférante, la poudre était d'une incroyable finesse. Le maître d'œuvre eut le sentiment d'agir comme un semeur qui répandait une nouvelle forme de vie.

La femme sage apposa un autre sceau sur le vase qu'elle réintroduisit dans la pierre dont elle referma la partie supérieure.

La lueur verte s'estompa pour céder la place à un rayonnement d'un rouge intense. Un instant, la veuve de Néfer le Silencieux vacilla.

– Claire !

La femme sage retrouva son équilibre.

– Continuons.

Dans le chaudron, Paneb recueillit un onguent noir, « la pierre divine », qui serait exclusivement utilisé dans la Demeure de l'Or pour enduire les statues les plus précieuses et leur conférer une puissance indestructible. À la première naissance, donnée par la main du sculpteur, s'ajouterait la seconde, celle de l'onguent où se cachait la lumière de la transmutation.

Mais ce long travail resterait inutile et la pierre divine sans efficacité tant que l'ultime phase de l'œuvre n'aurait pas été réussie.

– Laissons passer la nuit, Claire, et profites-en pour dormir.

– Impossible, le moindre instant d'inattention nous serait fatal.

La femme sage étendit les mains au-dessus de la tête d'Osiris.

– Les parties de ton corps représentent les forces secrètes de l'univers ; rassemblées, elles le font vivre. Que le potier ajoute de l'eau originelle, qu'il triture la matière première et que le ciel mette au monde l'or du ressuscité.

Le maître d'œuvre s'exécuta.

– Puisse naître l'esprit rayonnant, poursuivit la femme sage ; Osiris est vie, un et multiple. Que le Grand Œuvre s'accomplisse.

Claire et Paneb n'avaient plus aucune possibilité d'intervenir. Après avoir suivi à la lettre les prescriptions des Anciens, ils devaient attendre le verdict de la matière elle-même.

En silence, ils implorèrent Néfer le Silencieux, qui avait vécu dans sa chair et dans son esprit le processus de transmutation qu'ils tentaient de reproduire.

Osiris demeurait inerte.

Alors que Paneb redoutait l'échec, une première tige d'or sortit du cœur d'Osiris, bientôt suivie de deux autres jaillissant de ses yeux.

Et ce fut le corps entier qui ressuscita.

La chevelure du dieu se transforma en turquoise, le sommet de son crâne en lapis-lazuli, ses os en argent et sa peau en or.

# 51.

– Ça commence à faire long, estima Karo le Bourru en lançant les dés.

– On ne fait pas de l'or comme on respire, précisa Casa le Cordage. À moi de jouer.

– Tu as encore perdu, constata Gaou le Précis.

– Ce n'est vraiment pas mon soir !

– Hier soir aussi, tu as perdu. Et tu nous dois déjà un dîner.

– Avez-vous vu Ounesh le Chacal ? demanda Ouserhat le Lion. Ça fait un moment que je le cherche.

– Il est parti du côté du temple, répondit Karo.

– Toujours aussi curieux, celui-là ! S'il s'imagine apprendre quelque chose avant les autres... Enfin, on peut toujours rêver.

– Pas moyen de soudoyer les prêtresses d'Hathor, déplora

Ched le Sauveur qui se contentait d'observer les joueurs. À croire que mon charme n'agit plus.

– Je ne me fais aucun souci, assura Rénoupé le Jovial. La femme sage et le maître d'œuvre seront à la hauteur.

– Ça ne suffira peut-être pas, s'inquiéta Paï le Bon Bain ; la matière première n'est jamais asservie ! Et comme elle est libre de se comporter à sa guise, rien ne prouve que l'or sera produit dans les délais imposés.

– Fais comme ceux qui ne jouent pas, préconisa Ched : dors.

– J'ai peur des cauchemars !

– N'aurais-tu pas la conscience tranquille ?

– Mais... Ça n'a rien à voir !

– Cesse de l'aiguillonner, Ched, recommanda Ouserhat.

– Tu es anxieux, toi aussi ?

– Anxieux et irritable.

– Holà, holà ! intervint Karo ; ça vous sert à quoi de vous exciter ainsi ?

Ched sifflota un air langoureux, Ouserhat haussa les épaules et servit à boire.

Les calmes comme les sanguins étaient au bord de la crise de nerfs. Une nouvelle nuit commençait, et la porte du temple couvert demeurait fermée.

L'épouse du traître le réveilla.

– Ils sont sortis, va vite voir !

Émergeant d'un rêve où il s'était vu couronné d'or et maniant les sceptres de Pharaon, le traître se redressa avec peine.

– De qui parles-tu ?

– De la femme sage et du maître d'œuvre !

Tout à fait réveillé, il se vêtit à la hâte et bondit hors de chez lui. D'autres artisans et plusieurs prêtresses d'Hathor étaient déjà rassemblés devant le pylône que surveillait Turquoise, assistée de Noiraud et de Vilaine Bête.

– Ont-ils vraiment terminé? questionna une voix de femme.

– L'œuvre a été accomplie à l'aube.

– Ça veut dire... que l'or a été produit?

– Ils vous le diront eux-mêmes.

La porte du pylône s'ouvrit, apparurent Claire et Paneb. La femme sage était visiblement épuisée, et le visage du colosse portait quelques traces de fatigue.

– Avez-vous réussi? demanda Féned le Nez.

– Les ancêtres nous ont été favorables, répondit Claire.

Lors de grandes manœuvres placées sous le commandement de Méhy, les charriers s'étaient élancés à vive allure, sans chercher à éviter les fantassins.

Il y avait eu plusieurs blessés, et même un mort, mais il fallait bien aguerrir les troupes en vue d'un éventuel conflit.

Satisfait d'avoir vérifié sur le terrain la compétence de ses corps d'élite et la qualité de leur matériel, Méhy rentra chez lui au triple galop. Il aimait épuiser ses chevaux jusqu'à leur faire éclater le cœur; ce n'étaient que des bêtes, et seuls les vieux sages d'Égypte croyaient qu'un animal incarnait une force divine.

Dès que le général mit pied à terre, son intendant se précipita vers lui.

– Seigneur, votre épouse...

Le domestique tremblait.

– Quoi, mon épouse?

– Elle est entrée dans une violente colère et a cassé de nombreux objets précieux... Personne n'a osé l'en empêcher, et je...

– Où est-elle?

– Dans ses appartements.

Méhy marcha sur des débris de vases et de poteries qui devenaient de plus en plus nombreux au fur et à mesure qu'il s'approchait de la chambre de Serkéta. Les hurlements qui en provenaient étaient ceux d'une hystérique en pleine crise.

Avec des onguents de grand prix, l'épouse du général souillait les murs décorés de délicates peintures. Elle bondissait comme une sauterelle et ne remarqua même pas la présence de son mari.

Méhy l'agrippa par les cheveux et la gifla avec une telle violence que sa pommette gauche éclata.

Le sang qui maculait sa robe épouvanta Serkéta.

– Qu'est-ce que... Qui a osé... Toi, Méhy, c'est toi ?

Le général la saisit par les épaules et il la secoua jusqu'à ce que son regard redevînt normal.

– Ta crise est terminée, Serkéta !

– Terminée... constata-t-elle d'une voix de petite fille prise en faute, avant de s'affaler sur des coussins.

– Pourquoi t'être mise dans cet état ?

– Je ne sais plus... Ah si, je me souviens ! Une lettre... une lettre de notre allié de la Place de Vérité. Il m'a appris que le maître d'œuvre et la femme sage avaient réussi à fabriquer de l'or. Ils sont tout-puissants maintenant, nous ne pouvons rien contre eux, rien...

– Ce sont d'excellentes nouvelles, au contraire ! À présent, nous savons de source sûre de quoi est capable cette confrérie. Plus que jamais, ses secrets nous sont indispensables.

– J'ai peur, Méhy... Des êtres qui accomplissent de tels prodiges nous lacéreront comme les griffons du désert.

– Cesse de délirer, Serkéta ! Drogue-toi avec une décoction de fleurs de pavot et reprends tes esprits. Mais commence par te laver et changer de robe.

Soumise, l'épouse du général se réfugia dans sa salle d'eau.

Quant à Méhy, il s'interrogeait sur la manière dont il lui faudrait négocier ce nouveau virage, particulièrement dangereux. La confrérie donnerait donc satisfaction à la régente qui s'enorgueillirait de ce succès et s'affirmerait davantage encore comme une femme de pouvoir. Mais ce succès passager n'intimiderait pas Seth-Nakht et son fils aîné, trop engagés dans leur conquête du trône. S'incliner maintenant devant Taousert reviendrait à signer leur arrêt de mort.

La guerre civile était inévitable.

Mais dans quel camp se ranger pour mieux, ensuite, abattre le vainqueur ?

– Je vais mieux, doux amour, beaucoup mieux...

Vêtue d'une nouvelle robe, parfumée, sa blessure à la joue soignée avec un onguent, Serkéta paraissait de nouveau maîtresse d'elle-même.

– Je n'aime pas beaucoup qu'on se laisse aller au découragement, ma tendre caille.

– Tu as raison, reconnut-elle ; mais je me suis seulement énervée. Et tu peux compter sur moi pour combattre cette confrérie jusqu'à son anéantissement.

Après avoir passé la matinée en compagnie de la petite Séléna qui apprenait avec sérieux l'art de guérir, Claire s'était recueillie sous le perséa planté dans le jardin funéraire de Néfer le Silencieux. La croissance de l'arbre avait été exceptionnelle, et il dispensait à présent une ombre douce. Ici, la femme sage ressentait la présence de son mari, vivant dans les paradis célestes. En forme de cœur, les feuilles du perséa luisaient sous le soleil qui faisait également resplendir les façades blanches des maisons du village.

Les villageoises allaient puiser l'eau dans de grandes jarres et en profitaient pour échanger des confidences, les enfants jouaient avec des balles de chiffon, les artisans travaillaient dans leurs ateliers respectifs. La vie coulait comme le Nil, paisible, ensoleillée et majestueuse. L'esprit du maître d'œuvre disparu imprégnait les gestes des deux équipages, et la barque communautaire continuait à voguer sur le fleuve qui, année après année, recueillait les larmes d'Isis afin de former sa crue et de déposer sur les berges la terre noire où la vie ressuscitait.

Pourquoi Claire survivait-elle depuis si longtemps à Néfer le Silencieux, sinon pour témoigner qu'aucune catastrophe, si grave fût-elle, ne mettrait en péril la Place de Vérité ? Ces bonheurs quotidiens, auxquels elle n'avait plus accès, elle en demeurait cependant la garante.

Noiraud lui lécha la main et la contempla de ses yeux noisette, rieurs et confiants.

– Aurais-tu faim ?

Une longue et souple langue rose se lécha les babines.

Claire se dirigea vers la cuisine où sa servante faisait rôtir des cailles dont le fumet avait depuis longtemps mis l'odorat du chien en alerte. Servies sur un lit de pois chiches et agrémentées de lardons, elles combleraient tous les appétits.

– Une urgence ! avertit l'épouse de Karo le Bourru. La gamine de ma voisine vient de se couper sous le pied.

– Donne à manger à Noiraud, demanda Claire à la cuisinière.

– Et vous, vous déjeunez quand ?

– Quand ce sera possible, répondit la femme sage en souriant.

Oui, la vie continuait.

# 52.

– Asseyez-vous, Seth-Nakht, et soyez bref, dit Hori. J'ai une matinée plus que chargée.

Depuis son entrée en fonction, le vizir avait beaucoup maigri et son teint s'était parcheminé. Marchant dans les traces du chancelier Bay, il travaillait jour et nuit, approfondissait chaque dossier et servait la cause de la reine avec une absolue fidélité, au désespoir des adversaires de Taousert.

– J'exige de voir la reine.

Le vizir se cala dans son fauteuil à dos droit.

– Vous n'êtes pas le seul.

– Ne feignez pas d'ignorer qui je suis et pourquoi je suis ici.

– Je ne l'ignore pas, en effet.

– Et vous oseriez néanmoins me barrer le passage ?

– Mon rôle ne consiste-t-il pas à protéger la reine ?

– La régente ne saurait se dissimuler derrière vous, vizir Hori. Pour elle, l'heure est venue de rendre des comptes.

– Vos prétentions ne sont-elles pas exorbitantes ?

– Ma patience est à bout, et je veux des réponses claires. M'éconduire ne ferait qu'aggraver la situation.

Le vizir se leva.

– Je vous accompagne donc chez Sa Majesté.

– J'apprécie beaucoup votre comportement, vizir Hori ; lorsque je serai pharaon, j'aurai besoin d'un homme comme vous pour diriger mon gouvernement.

– Je suis aux ordres de la reine Taousert ; si elle devait quitter le pouvoir, je regagnerais le temple d'Amon sans nul regret.

Le vizir guida Seth-Nakht jusqu'à la superbe pièce d'eau qui occupait le centre du jardin du palais royal.

Assise à l'ombre d'un sycomore qui la protégeait d'un soleil déjà ardent, la reine semblait absorbée par l'étude d'une stratégie qui lui permettrait de remporter une partie de *senet** contre un adversaire invisible.

– Majesté, dit le vizir, Seth-Nakht souhaiterait vous parler.

– Qu'il prenne place en face de moi et qu'il joue.

Le vieux dignitaire obéit, Hori s'éclipsa.

De longues minutes s'écoulèrent.

– Je ne vois que trois coups possibles, conclut Seth-Nakht ; mais aucun ne m'évitera une défaite rapide.

– C'est également mon avis, déclara la reine.

Quoique la beauté et l'élégance de la reine fussent éclatantes, son adversaire ne se laissa pas éblouir.

– Le roi Siptah est mort depuis cent soixante-cinq jours, Majesté, et sa momification n'a duré que soixante-dix jours, conformément à la tradition. Vous avez obtenu un délai pour lui offrir un splendide équipement funéraire, avec l'espoir que la Place de Vérité serait capable de produire de l'or destiné à la fabrication des chefs-d'œuvre. Qu'en est-il aujourd'hui ?

* Ancêtre de notre jeu d'échecs.

– Refuseriez-vous de déplacer une pièce ?

– Cet entretien n'est pas un jeu, Majesté. Il me faut des réponses claires.

– Je viens précisément d'en recevoir une du scribe de la Tombe : la chapelle en or dédiée à Siptah est achevée.

La reine avança un pion.

– Cela signifie-t-il... que vous avez enfin arrêté la date des funérailles ?

– Puisque tout est prêt, pourquoi la différer ?

– Auriez-vous l'obligeance de la préciser, Majesté ?

– Dans dix jours.

Se penchant sur l'échiquier, Seth-Nakht para l'attaque de Taousert.

– Lorsque la porte du tombeau se refermera, la période de régence sera terminée. Et vous devrez annoncer au peuple le nom du nouveau pharaon.

– J'en conviens, admit la reine qui brisa l'ultime défense du vieux dignitaire.

– Renoncez-vous au pouvoir, Majesté ?

– Serait-ce raisonnable ? Mon défunt mari avait conçu un ambitieux programme de construction et de rénovation des édifices sacrés, et j'entends le mener à bien pour honorer sa mémoire.

Le visage figé, Seth-Nakht se leva.

– Ainsi, vous avez décidé de déclencher une guerre civile !

– Qui vous a parlé d'une telle horreur ? Terminons cette partie.

– Je l'avais perdue d'avance, puisque c'est vous qui avez disposé les pièces. Mais la conquête du trône est un jeu beaucoup plus cruel dont vous n'êtes pas la seule à fixer les règles.

– C'est exact, et j'en ai pris conscience grâce aux conseils de mon vizir qui m'évite de commettre une erreur tragique.

Seth-Nakht accepta de se rasseoir.

– Alors... Vous renoncez ?

– En raison des convictions qui nous animent, ni vous ni moi ne pouvons renoncer.

– Vous choisissez donc l'affrontement !

– N'êtes-vous pas obsédé par le désir de combattre ? Il existe d'autres chemins pour éviter que des attitudes inconciliables n'aboutissent à un conflit dévastateur.

– Je ne vous comprends pas...

– Je pars demain pour Thèbes afin de présider aux funérailles de Siptah. Mon règne débutera à la fin de la cérémonie... Et le vôtre aussi.

Seth-Nakht demeura bouche bée.

– Il y aurait... deux monarques ?

– L'être de Pharaon ne fut-il pas toujours formé par un couple royal ? En devenant roi tout en restant femme, je pourrais gouverner seule, comme Hatchepsout ; mais je ne dispose pas des forces nécessaires. C'est pourquoi je vous propose un règne commun. Si votre unique but est le bonheur de l'Égypte, vous ne refuserez pas.

– Devrons-nous... tout décider ensemble ?

– Je résiderai à Thèbes, vous à Pi-Ramsès. Je m'occuperai de bâtir, vous de garantir la sécurité du pays. Et si nous devions entrer en guerre, mon accord vous serait nécessaire.

– Vous me le refuserez toujours !

– Pas si vos arguments sont décisifs, Seth-Nakht. Et je compte sur votre honnêteté pour ne pas travestir la réalité.

– Quelle étrange solution...

– Songeons à l'intérêt des Deux Terres et à lui seul.

– Votre aveu de faiblesse ne devrait-il pas m'inciter à refuser votre proposition ?

– Pas plus que moi, vous n'êtes capable de régner seul. J'incarne une forme de légitimité que vous ne pouvez piétiner.

Seth-Nakht se leva et contempla la pièce d'eau où s'épanouissaient des lotus bleus.

– J'aimerais croire à la paix comme vous, Majesté, mais les événements ne m'y autorisent pas.

– Peut-être vous trompez-vous... Les pessimistes n'ont pas toujours raison. Quand me donnerez-vous votre réponse ?

– Avant votre départ pour Thèbes.

Lorsque le vieux dignitaire s'éloigna, Taousert joua un dernier coup victorieux qui mit un terme à la partie.

La tête puissante, le pelage court et soyeux, l'œil noisette très vif, Noiraud jouait à la balle avec la petite Séléna. Intuitif, il devinait la direction dans laquelle la fillette allait la lancer et il déployait ses longues pattes avant même que l'enfant eût terminé son geste.

Prudemment installé sur une terrasse, Charmeur, l'énorme chat de Paneb, assistait à la scène en compagnie du petit singe vert qui restait rarement en place plus de quelques secondes. Vilaine Bête, l'oie gardienne, dormait à l'ombre d'un auvent en attendant le mélange de grains d'orge et d'épeautre que lui servirait bientôt Ouâbet la Pure.

En observant le chien, Séléna apprenait à découvrir le monde de l'instinct. Noiraud lui enseignait l'acte juste au moment juste et la pureté du geste ; en communiant avec l'animal, elle nourrissait sa sensibilité et percevait mieux encore l'enseignement de la femme sage.

Soudain, les oreilles du chien se dressèrent.

Se désintéressant de la balle, il partit à pleine vitesse vers la porte principale du village.

En le voyant passer, l'épouse d'Ouserhat le Lion comprit aussitôt qu'un événement important était sur le point de se produire. Noiraud n'avait pas l'habitude de dépenser en vain son énergie.

Alerté, le chef sculpteur sortit de chez lui et prévint ses collègues. En quelques minutes, la Place de Vérité fut en ébullition, et même le scribe de la Tombe quitta son bureau où il écrivait une nouvelle page de sa « Clé des songes ».

– Pourquoi ce vacarme ? s'étonna-t-il.

– Noiraud a détalé vers la grande porte, répondit Rénoupé le Jovial.

– Et c'est à cause de ce chien que vous me dérangez ?

– Le pouvoir central devra bien répondre à votre lettre ! rappela Ipouy l'Examinateur. Nous sommes certains que Noiraud a pressenti l'arrivée du facteur.

– Retournez chez vous et...

– Le facteur ! s'écria Nakht le Puissant. Tous à la grande porte !

– Si les chiens commencent à faire la loi... marmonna Kenhir, obligé de suivre le mouvement.

Oupouty présenta un papyrus scellé au scribe de la Tombe.

– Courrier en provenance du palais royal de Pi-Ramsès, annonça-t-il.

Les artisans s'écartèrent pour laisser passer Paneb.

– Lisez, demanda le maître d'œuvre à Kenhir.

D'une main encore sûre, le vieux scribe brisa le sceau.

– La reine Taousert sera bientôt parmi nous afin de diriger les funérailles du pharaon Siptah. Que tout soit prêt pour la cérémonie.

# 53.

Prévenu de l'arrivée de la régente, Méhy avait mis ses troupes en état d'alerte. Le général accueillerait-il une reine déchue ou le nouveau pharaon ? Ses informateurs de Pi-Ramsès n'avaient pu lui donner la réponse à cette question essentielle. Ils savaient seulement que Seth-Nakht et Taousert s'étaient longuement entretenus, sans témoin, avant le départ de la régente pour Thèbes. Mais nulle indiscrétion n'avait filtré, et il faudrait attendre les déclarations de Taousert, à l'issue des funérailles du roi Siptah, pour savoir si elle renonçait au trône ou si elle s'apprêtait à déclencher une guerre civile.

Rongé par l'incertitude, Méhy était parti chasser dans le désert de l'ouest. Massacrer ses proies lui soulagerait les nerfs et lui rendrait la lucidité dont il aurait le plus grand besoin lors de sa rencontre avec la régente. En tant que responsable de sa sécurité, il tenterait de lui extirper son ultime décision, et il lui faudrait alors prendre parti, pour elle ou contre elle.

S'il devenait le fidèle serviteur de Seth-Nakht, au moins quelque temps, il lui livrerait la régente. De préférence morte, afin qu'elle ne puisse rien révéler de son comportement. En revanche, s'il se rangeait dans le camp de Taousert, il devrait la persuader de lancer une offensive éclair contre son ennemi, en utilisant les armes dont il disposait.

Après avoir transpercé de ses flèches plusieurs lièvres, un bouquetin et deux gazelles, Méhy n'était pas encore rassasié. Quel chasseur émérite chanterait assez le plaisir de tuer ? Maître de la vie et de la mort, le général foudroyait de sa toute-puissance des créatures terrorisées qui ne parvenaient pas à lui échapper.

C'est alors qu'il l'aperçut.

Un magnifique renard des sables, doté d'une superbe queue où alternaient le blanc et l'orangé. Se sentant repéré, le petit fauve se réfugia sous une pierre plate, au pied d'un monticule de sable édifié par les vents.

Méhy sourit.

En croyant se mettre à l'abri, le renard s'était condamné à mort. Le général n'aurait aucune peine à déplacer la pierre, à élargir le terrier et à atteindre sa victime au fond de son antre. Et il lui transpercerait le cou avant de l'achever au poignard.

Mais un détail insolite attira l'attention de Méhy : une plume d'autruche brisée.

Ce stupide volatile n'était pas rare dans les parages, mais cette plume-là possédait une particularité : elle était peinte de couleurs vives. En creusant le sable, le général trouva les restes d'un feu de camp.

Seuls les Libyens avaient coutume de porter ce genre d'emblème, fiché dans leur chevelure, lorsqu'ils partaient en guerre.

Des éclaireurs venus de Libye avaient osé s'approcher si près de Thèbes... Méhy aurait dû se rendre immédiatement à la caserne principale et déclencher une opération de ratissage.

Mais, dans ce climat troublé, il avait mieux à faire. En dépit de la haine qu'il portait à l'Égypte, un Libyen cédait toujours au plus offrant ; ajouter des mercenaires sans foi ni loi à sa panoplie de guerriers augmenterait les chances de victoire de Méhy. Certes, la prise de contact avec ces combattants souvent ivres ou drogués s'annonçait particulièrement délicate ; mais le général avait déjà un plan pour éviter toute retombée en cas d'échec.

Restait le renard, qui devait croire que sa médiocre ruse lui assurait la vie sauve.

Il se trompait.

Méhy souleva la pierre, agrandit l'orifice du terrier où pénétra la violente lumière du jour. Au fond de sa cachette, le petit fauve contemplait son assassin.

Ce regard-là, Méhy l'avait déjà affronté. Il était empreint d'une dignité et d'un courage plus forts que la peur. Pourtant le chasseur y restait insensible.

La flèche partit, mais elle se ficha dans la terre, à l'emplacement qu'occupait le renard, un instant plus tôt.

Stupéfait, le général constata que l'animal avait creusé un autre boyau, plus profond, où il s'était réfugié après avoir pris le risque de défier son prédateur.

Furieux, Méhy brisa son arc.

– La voilà ! s'exclama le guetteur nubien qui, depuis le début de la matinée, ne quittait pas des yeux la piste menant à la Place de Vérité.

Du haut du premier fortin, il agita les bras afin d'alerter son collègue du deuxième fortin qui l'imiterait, et ainsi de suite jusqu'au cinquième.

Vêtu d'un costume d'apparat, le chef Sobek sortit de son bureau. Coiffé la veille par le barbier, rasé, parfumé de frais, le torse barré d'un baudrier, l'épée courte au côté, il marcha au-devant de la souveraine.

Méhy avait tenu à conduire lui-même le char de Taousert.

Mais la régente était restée hautaine et muette, et le général ne savait toujours rien de ses intentions.

– Bienvenue sur le territoire de la Place de Vérité, Majesté, déclara Sobek en s'inclinant.

Soldats et policiers étaient fascinés par la prestance de la reine, vêtue d'une longue robe vert clair et dont le collier et les bracelets d'or étincelaient sous le soleil.

– Étant donné les circonstances, avança Méhy, je dois accompagner Sa Majesté pour garantir sa sécurité.

– Jusqu'à la zone des auxiliaires, entendu ; mais vous seul et pas vos troupes. Ici, c'est moi qui suis chargé de la sécurité de nos hôtes. Et ni vous ni moi ne pénétrerons à l'intérieur du village.

– Chef Sobek, ce règlement ne peut...

– C'est celui de la Place de Vérité, général, et nous devons tous le respecter, rappela la reine.

Mortifié, Méhy fut contraint d'obéir.

Sous le charme, les policiers nubiens virent la souveraine marcher lentement jusqu'à la grande porte du village.

– Vous pouvez retourner à votre char, dit Sobek à Méhy.

– Mais je dois...

– Le règlement, général, souvenez-vous du règlement ! Sa Majesté elle-même vient de souligner la nécessité de le respecter. Dans ce village dont elle est la reine, quel risque courrait-elle ?

– Je ne sais même pas combien de temps la régente compte y demeurer !

– Quelle importance ? Vous et moi sommes les serviteurs de la Couronne. Quand Sa Majesté décidera de quitter la Place de Vérité, je vous le ferai savoir.

Tous les villageois s'étaient rassemblés pour former une haie d'honneur, et les plus jeunes enfants avaient offert un bouquet de fleurs de lotus à la reine dès qu'elle avait effectué ses premiers pas dans la rue principale.

Les artisans avaient revêtu leur pagne de cérémonie, et même Kenhir, grâce aux soins attentifs de Niout la Vigoureuse, était d'une rare élégance.

Le scribe de la Tombe, le maître d'œuvre et le chef de l'équipe de gauche s'inclinèrent devant la régente.

– Majesté, dit Kenhir, ce village est le vôtre.

– Je résiderai dans le palais de Ramsès le Grand jusqu'à la fin des funérailles, annonça Taousert. Êtes-vous prêts à célébrer la cérémonie ?

– Les sarcophages ont été descendus dans la demeure d'éternité du pharaon Siptah, répondit Paneb. La chapelle d'or est achevée, l'équipement funéraire du défunt est à votre disposition.

– Ainsi, vous avez vraiment réussi...

– Les dieux nous ont été favorables, Majesté, et nous avons respecté les enseignements des Anciens en œuvrant dans la Demeure de l'Or.

– La momie de Siptah sera transportée dès demain à la Vallée des Rois. Ce sont les deux équipes d'artisans, et elles seules, qui participeront au rituel et déposeront dans la tombe les objets qu'elles ont façonnés.

Cette décision inquiéta la petite communauté. Ne signifiait-elle pas que Taousert avait perdu tout pouvoir et que son ultime refuge serait la Place de Vérité ?

– Au terme des funérailles, révéla-t-elle avec solennité, je serai couronnée Pharaon à Karnak, en tant qu'« aimée de la déesse Mout » et « Fille de la lumière divine » ; au même moment, à Pi-Ramsès, Seth-Nakht sera lui aussi couronné. En acceptant ma proposition de partager la Couronne, il évite de plonger les Deux Terres dans le chaos.

Kenhir était abasourdi. Comment l'Égypte survivrait-elle dans de telles conditions ?

– Ma décision surprendra, poursuivit Taousert, mais l'essentiel n'était-il pas de préserver la paix ? Seth-Nakht m'a prouvé qu'il se souciait davantage du bonheur de notre pays que de son ambition personnelle. En scellant ce pacte, il a donné sa parole de ne pas agir sans mon accord. D'ennemis, nous sommes devenus alliés, dans l'intérêt supérieur du royaume.

La grandeur d'âme de la reine bouleversa Paneb. Au ton de sa voix, il sentit qu'elle s'était déjà détachée des impératifs matériels du pouvoir afin de contempler d'autres paysages. Mais elle demeurerait la gardienne inflexible de l'idéal pharaonique et parviendrait peut-être, par sa seule magie, à juguler les pulsions d'un monarque qui prenait le risque de placer son règne sous la dangereuse protection du dieu Seth.

– Souhaitez-vous vous restaurer, Majesté ? demanda Kenhir.

– Plus tard... Je désire d'abord me recueillir au temple.

Précédées par Noiraud, deux prêtresses conduisirent la reine tandis que Niout la Vigoureuse se précipitait au petit palais de Ramsès pour s'assurer qu'aucun grain de poussière ne déparait les lieux et que les appartements étaient fleuris.

Sur le seuil du temple couvert se tenait Claire, supérieure des prêtresses d'Hathor.

– La demeure de la déesse espérait votre venue, Majesté.

– Nous sommes veuves, vous et moi, et fidèles au seul homme que nous ayons aimé et dont le souvenir ne nous quitte pas un seul instant. C'est ici, et nulle part ailleurs, que j'ai perçu le sens véritable de l'amour : une totale communion d'esprit avec le chemin de Maât. Et ce moment de grâce, la Place de Vérité le vit chaque jour. Ramsès le Grand avait raison : il n'est rien de plus important que de préserver son existence.

– Je remets ce temple entre les mains de sa véritable supérieure, dit Claire.

– Vous êtes la femme sage, et c'est vous qui continuerez à célébrer les rites. Je n'ai qu'une exigence : contempler la pierre de lumière.

– Vous la verrez cette nuit même, Majesté.

– J'ai enfin obtenu la réponse à la question qui m'obsède

depuis si longtemps : pourquoi ne parveniez-vous pas à trouver l'emplacement de ma tombe dans la Vallée des Reines ? Parce que, depuis notre première rencontre, vous saviez que la confrérie devrait, tôt ou tard, creuser et décorer la demeure d'éternité du pharaon Taousert dans la Vallée des Rois. Et ce moment est arrivé.

# 54.

Au terme d'un mois de liesse, Pi-Ramsès, encore étourdie par les festivités du couronnement de Seth-Nakht, reprenait peu à peu une vie normale. Aussi le nouveau pharaon ne fut-il pas surpris de voir le vizir Hori forcer la porte de ses appartements privés, peu après le lever du soleil.

– Désolé de vous importuner si tôt, Majesté, mais nous devons examiner ensemble quantité de dossiers pour que je puisse prendre des mesures concrètes.

Le travail n'effrayait pas Seth-Nakht. Aussi abandonna-t-il son plantureux petit déjeuner pour s'asseoir face au premier ministre.

– J'ai d'excellentes nouvelles, continua Hori. Thèbes a célébré avec enthousiasme le couronnement du pharaon Taousert, qui s'est installé au palais après les funérailles du roi Siptah. J'ai ici le programme des grands chantiers à entreprendre, notamment ceux du Delta que vous surveillerez certainement avec attention.

– Je croyais que vous démissionneriez si j'étais nommé à la tête de l'État...

– Comme je vous l'avais promis, Majesté, je reste fidèle à la reine Taousert. Elle aussi a été chargée de gouverner les Deux Terres, et je continue donc à la servir... tout en vous rappelant vos engagements.

Si le roi s'était abandonné à la fureur de Seth, il aurait volontiers écrasé sous ses talons ce vizir insolent, solide comme un obélisque ! Mais à part son fils aîné, Seth-Nakht n'avait confiance en personne... sauf en cet Hori, honnête et intransigeant. Il avait songé à plusieurs courtisans pour le remplacer, mais aucun ne remplirait cette difficile fonction avec autant de compétence.

Une fois de plus, Taousert avait bien joué en nommant ce vizir-là et en pressentant que Seth-Nakht ne le congédierait pas.

– J'ai le sentiment que nous devrons vraiment travailler ensemble...

– Je m'en réjouis, Majesté. Je vais donc vous soumettre plusieurs problèmes, écouter vos solutions et solliciter l'avis de la reine-pharaon Taousert qui, je n'en doute pas, cherchera toujours un terrain d'entente. Avec un minimum de bonne volonté et beaucoup de patience, nous devrions aboutir à d'excellents résultats.

– Comment vous portez-vous, mon père ?

– Je suis épuisé et ravi, répondit Seth-Nakht à son fils aîné. Épuisé, parce que le vizir Hori ne m'accorde pas un seul jour de repos. Ravi, parce qu'il m'écoute avec attention et ne s'oppose pas de manière systématique à mes décisions. Cependant...

– Cependant, il est les yeux et les oreilles de Taousert dans la capitale et il vous empêche d'agir à votre guise.

– On ne saurait mieux dire, mon fils.

– Comme cette situation vous irrite, vous comptez me soumettre une solution qui y mettra fin.

– Lirais-tu dans mes pensées ?

– Je connais votre caractère entier et je sais que ce partage du pouvoir ne vous convient guère.

– À qui conviendrait-il ?

– Quelle est votre solution ?

– Ne l'imagines-tu pas ?

– Je crains que si, père. Mais destituer Hori et le remplacer par un homme de paille serait une grave erreur. Ce vizir est un homme respecté et respectable, dont la gestion n'est critiquée par personne.

– Il est l'éminence grise de Taousert !

– Qu'importe, puisque vous avez conclu un pacte avec elle et que vous respecterez votre parole. Cet accord est un bon accord, père ; n'essayez pas de le briser.

Seth-Nakht respira mieux.

Le jugement de son fils aîné était exactement celui qu'il espérait, et il le nommerait donc, comme prévu, commandant en chef des armées égyptiennes.

Le banquet offert par Méhy en l'honneur de Taousert, qui venait de s'installer dans le palais situé près de Karnak, avait ébloui les plus blasés. Certes, la reine-pharaon n'avait assisté aux festivités que pendant quelques minutes, le temps de recevoir l'hommage des dignitaires thébains. Mais cette brève apparition avait suffi à les séduire au point de les transformer en admirateurs inconditionnels.

– Quelle femme sublime, dit le maire au général, et quelle intelligence politique ! Je ne serais pas surpris si Taousert réussissait à amoindrir progressivement les prérogatives de Seth-Nakht et à reconquérir l'ensemble du territoire.

– Ne seriez-vous pas tombé sous le charme de notre souveraine ?

– Qui ne l'est pas ? Un pharaon qui établit sa résidence à

Thèbes, quel honneur pour notre ville ! Pi-Ramsès perd ainsi un peu de sa superbe. Mais vous avez l'air souffrant, Méhy...

– Une fatigue passagère.

– Vous devriez vous reposer davantage ! Le commandement de nos troupes, l'administration de la rive ouest, votre labeur incessant pour maintenir la prospérité de notre province... Un véritable exploit ! Tant de dévouement pour le bien public vous vaut l'admiration générale, mais il faudrait songer à votre santé.

– Rassurez-vous, elle est excellente.

– N'ayez aucune crainte : les notables ne tarissent pas d'éloges à votre égard, et il est certain que la reine vous reconduira dans vos fonctions. J'ai moi-même parlé avec ferveur de vos qualités d'homme d'État.

– Soyez-en remercié.

– C'était la moindre des choses, Méhy ! Écoutez mon conseil et ménagez-vous.

Le général eut un sourire crispé. Dès que le maire s'éloigna pour déverser son flot de paroles mielleuses dans d'autres oreilles, Méhy quitta la salle de réception où l'ivresse avait gagné la majorité des invités. Après les journées d'angoisse, les riches Thébains pouvaient enfin se détendre. Comme le leur avait promis Taousert, le nouveau régime ne modifierait pas les hiérarchies en place.

Les nerfs à vif, Méhy but une rasade d'alcool de datte qui lui brûla la gorge. La fatigue... Il s'en moquait bien, alors qu'il se sentait pris au piège comme l'une de ces proies auxquelles il n'accordait pas la moindre pitié ! Jusqu'alors maître incontesté de la région, le général devait à présent se soumettre à la volonté de la reine-pharaon qui, à l'évidence, n'avait pas l'intention de lui abandonner une once de souveraineté. À l'issue des funérailles de Siptah, Taousert avait quitté la Place de Vérité pour la rive est où, dans la grande salle d'audience du palais jadis utilisée par Ramsès le Grand, elle avait convoqué les dix personnalités thébaines les plus influentes, au premier rang desquelles figurait Méhy.

Le discours avait été bref et précis : la reine-pharaon entendait superviser tous les secteurs d'activité, y compris l'armée. Méhy s'était vu contraint de lui faire inspecter aussitôt la caserne principale où la reine avait rencontré les officiers supérieurs avant d'assister à des manœuvres de la charrerie et de l'infanterie.

Profondément humilié, le général avait dû se comporter en bon et loyal serviteur de Sa Majesté qui, désormais, serait seule à donner des ordres que Méhy devrait exécuter sans discussion.

– Tu penses à cette maudite reine, mon doux amour, murmura Serkéta en lui caressant la joue.

– Elle ne tardera pas à fourrer son nez dans les archives du Trésor et à contrôler mes activités... Au moindre accroc, des limaces comme le maire n'hésiteront pas un instant à baver sur moi !

– À condition que je leur en laisse le temps, mon tendre lion.

– Ne prends aucune initiative sans mon accord ! ordonna Méhy.

– Ne faudrait-il pas songer à supprimer cette tigresse ?

Le général prit son épouse par la taille et il la serra contre lui.

– Peut-être bien, mon agnelle, peut-être bien... Mais quand moi, je l'aurai décidé. As-tu compris ?

– Le plus tôt ne serait-il pas le mieux ?

– J'espère que l'offensive de Taousert n'est qu'un feu de paille destiné à éblouir les courtisans et qu'elle se restreindra vite à une existence douillette que je m'emploierai à lui garantir. Pourquoi ne m'accorderait-elle pas sa confiance, comme les autres ?

– Parce qu'elle est pharaon et, de plus, une femme de pouvoir ! Méfie-toi d'elle, c'est un adversaire redoutable.

Méhy prit au sérieux l'avertissement de Serkéta.

– S'il le faut, nous interviendrons avant qu'elle ne comprenne comment je manipule Thèbes.

Ravie, Serkéta imaginait déjà le moment délicieux où elle assassinerait un pharaon.

– Daktair est-il arrivé ?

– Il t'attend dans ton bureau.

Le petit homme gras et barbu ne tenait pas en place. Quand Méhy apparut, sa colère éclata.

– Vous voilà enfin ! Pourquoi n'ai-je pas été invité à cette réception et pourquoi m'a-t-on fait entrer ici avec un capuchon sur la tête ?

– Parce que cette entrevue doit rester secrète.

L'animosité de Daktair retomba d'un coup. L'attitude de Méhy signifiait que le général était décidé à reprendre l'initiative.

– Auriez-vous besoin de mes services ? interrogea le savant d'une voix sucrée.

– J'ai repéré un campement libyen dans le désert de l'Ouest.

Daktair blêmit.

– Des Libyens ! Auraient-ils l'intention... d'attaquer Thèbes ?

– Il ne s'agit que d'éclaireurs, mais voilà longtemps qu'ils n'avaient pas osé s'aventurer si près.

– Je suppose que vous avez envoyé un détachement pour les arrêter.

– Taousert me crée beaucoup de difficultés, et je vais peut-être avoir besoin de nouveaux alliés.

– Les Libyens, vos alliés... Mais ce sont les ennemis héréditaires de l'Égypte !

– Tout dépend des circonstances, mon cher Daktair. Tu partiras avec des policiers du désert qui connaissent parfaitement la région et vous intercepterez les éclaireurs.

– Les policiers les tueront !

– Mes ordres seront formels, et tu seras chargé de veiller à leur scrupuleuse exécution : d'abord les interroger, ensuite leur remettre un message de ma part.

Le savant fut stupéfait.

– Autrement dit... on libérerait des prisonniers libyens ! Jamais les policiers n'accepteront.

– Les ordres sont les ordres... Et puis tu auras les tiens.

Le général révéla à Daktair ce qu'il attendait précisément de lui.

– Les risques...

– Tu n'as pas le choix, mon ami.

Le regard glacial de Méhy dissuada le savant de protester.

– Réussis, Daktair. Sinon, je ne te le pardonnerai pas.

# 55.

Répondant à l'urgence, Paneb avait proposé à Taousert de construire son temple des millions d'années entre ceux de Mérenptah et de Thoutmosis IV. La reine-pharaon ayant accepté, le maître d'œuvre avait aussitôt dessiné un plan sur un rouleau de cuir avant de le soumettre à Hay, chef de l'équipe de gauche, chargé de bâtir au plus vite l'édifice. C'était lui, en effet, qui procurerait à la souveraine l'énergie nécessaire pour régner et combattre les forces nocives.

Nul profane n'aurait pu déchiffrer les indications en coudées et les grilles de proportions qu'utilisait l'architecte afin de rendre le temple vivant. Commandés aux carrières dès l'annonce du couronnement de Taousert, les premiers blocs arrivaient sur le chantier, irrégulièrement taillés de sorte que leur puissance ne fût pas perdue lors de l'assemblage ; la symétrie eut engendré l'uniformité et la mort. Posés sur des traîneaux et des balanciers de grande taille qui faciliteraient transport et pose, ils furent examinés un par un. Le maître d'œuvre rejeta trois d'entre eux.

– As-tu préparé le mortier ? demanda Paneb à Hay.

– Nous avons choisi de l'excellent gypse qui a bien réagi à la cuisson, et nos joints horizontaux seront de faible épaisseur. Les essais de lubrifiant pour la glisse des blocs m'ont donné pleine satisfaction.

Avec amour, Hay posa la main sur l'une des pierres destinées à la première assise.

– Ce grès vibre de manière harmonieuse, estima-t-il, et nous bâtirons des murs épais sans oublier de leur donner le fruit qui assurera la circulation de la sève minérale.

Paneb creusa lui-même la première queue d'aronde grâce à laquelle deux blocs s'uniraient à jamais. Hay la remplit avec un morceau de branche d'acacia puis il répartit le travail entre les artisans de l'équipe de gauche, et chacun apposa sa marque sur les pierres qu'il travaillerait.

Quand Paneb entendit siffloter les premières mesures de la chanson célébrant la beauté de l'œuvre, il sut que le chantier se déroulerait sans anicroche.

À côté du maître d'œuvre de la Place de Vérité, les gardes du palais royal semblaient presque gringalets. Aussi leur capitaine se fit-il accompagner de six hommes pour conduire le colosse jusqu'au vaste bureau où Taousert avait travaillé la matinée durant en compagnie des responsables de l'irrigation.

La reine-pharaon chassa sa fatigue en se parfumant et en buvant une coupe de lait frais à la coriandre avant de recevoir Paneb.

– La construction de votre temple des millions d'années a débuté, Majesté. La livraison des derniers blocs de grès sera effectuée avant la fin de la semaine, et vous pourrez consacrer le naos dans moins de deux mois. Dès cet instant, le sanctuaire sera en activité et les ritualistes y officieront chaque matin en votre nom.

– Voilà de réjouissantes nouvelles, maître d'œuvre !

– Le plus difficile reste à entreprendre, Majesté.

– Tu veux parler de ma demeure d'éternité... Quel emplacement me proposes-tu ?

Bien qu'il ignorât l'angoisse, Paneb éprouvait une certaine appréhension en dévoilant son projet, de peur de décevoir la souveraine.

Taousert ne pouvait lui avouer qu'elle était elle-même en proie à l'inquiétude. À quel endroit de la Vallée la confrérie souhaitait-elle ouvrir le creuset alchimique dans lequel son âme de pharaon ressusciterait ?

– Ne serait-il pas préférable que vous le découvriez sur le site même, Majesté ?

Les gardes nubiens s'écartèrent devant Taousert et le maître d'œuvre qui pénétrèrent en silence dans la Vallée des Rois que survolait un couple de faucons pèlerins. La chaleur était intense, les falaises brillaient d'une lumière violente.

Précédant la souveraine, Paneb passa près de la tombe de Ramsès le Grand, laissa sur sa droite celle de son fils Mérenptah et sur sa gauche celle d'Amenmès avant d'emprunter le sentier menant vers le sud, puis de bifurquer vers l'ouest.

Le maître d'œuvre ne s'arrêta pas devant la demeure d'éternité de Siptah, située presque en face de celle du chancelier Bay. Continuant plein sud, il s'immobilisa peu avant la tombe du premier des Thoutmosis, à proximité de laquelle avait été creusée celle de Séthi II.

– Voici l'emplacement qu'a choisi la femme sage, déclara Paneb. D'après Féned le Nez et moi-même, il est excellent.

– Le cœur d'un triangle dont la base est formée de Bay et de Siptah, et la pointe occupée par mon époux défunt... C'est la raison de votre choix ?

– La roche est pure et répond bien au ciseau. Nous creuserons très profondément sans trop de difficultés.

Taousert toucha la falaise.

– Alors, c'est ici !

– S'il plaît à votre Majesté.

– Cet endroit est magnifique, Paneb.

Le maître d'œuvre sentit que Taousert avait besoin de méditer, seule, face à cette roche encore inviolée où son âme résiderait pour l'éternité. Aussi s'écarta-t-il afin de la contempler, immobile sous le soleil et indifférente à ses morsures. Et le maître d'œuvre sut que la reine-pharaon et lui étaient nés du même feu.

Le temps se figea, l'esprit de la Vallée des Rois pénétra dans le cœur de Taousert et fit d'une femme et d'une reine un pharaon d'Égypte.

– Paneb...

Le colosse s'approcha.

– Quand commenceras-tu les travaux ?

– Je n'attendais que votre accord.

– Montre-moi le plan prévu.

Le maître d'œuvre le traça dans le sable. Ce simple geste lui rappela son adolescence et son désir insatiable de dessiner la vie et ses secrets.

– Mais... Tu prévois une tombe immense !

– Non seulement immense, mais aussi décorée de peintures inédites.

– N'est-ce pas un chantier trop ambitieux ?

– La confrérie est formée d'artisans suffisamment expérimentés pour le mener à bien.

Le superbe visage de Taousert s'assombrit.

– Je ne crois pas que le destin m'accordera un long règne... Et je suis impatiente de retourner auprès de Séthi.

Ému, Paneb ne parvint pas à prononcer quelques formules insipides que la souveraine n'aurait même pas écoutées.

– Majesté...

– Je t'écoute, maître d'œuvre.

– La confrérie donnera le meilleur d'elle-même, et je peindrai nuit et jour. Pas un instant ne sera perdu, et c'est ce projet-là qui sera réalisé.

Taousert eut un sourire grave.

– Je te fais confiance, Paneb.

Ce sont d'autres paroles que le colosse eût aimé prononcer, mais les dieux ne le lui permettaient pas. Tout ce qu'il obtiendrait de cette femme sublime, c'était ce regard à la pureté plus ardente que celle de la braise.

Méhy et Serkéta organisaient banquet sur banquet afin de pouvoir s'entretenir en privé avec les principaux notables de la province thébaine. Le général avait constaté que son prestige demeurait intact, bien que l'autorité de la reine-pharaon ne fût discutée par personne.

Mais Taousert ne tarderait pas à identifier les membres du réseau de Méhy et à comprendre la manière dont il les utilisait pour maintenir son emprise sur la cité du dieu Amon. En échange de leur fidélité, ces derniers avaient exigé davantage de privilèges que le général était contraint de leur consentir.

Pendant qu'il broyait du noir, Serkéta déployait ses charmes auprès du gardien des archives du Trésor, un fonctionnaire borné et veule, amateur de jolies femmes inaccessibles. L'épouse du général était un peu plantureuse à son goût, mais il laissait volontiers ses yeux s'égarer sur d'appétissantes rondeurs. Et lorsque Serkéta prenait son ton de petite fille niaise, il sentait monter en lui d'étranges pulsions.

– Avez-vous goûté à ce vin blanc, cher ami ? demanda Méhy en s'approchant du couple.

– Je crains d'avoir déjà commis quelques excès...

– Pensez-vous, il faut savoir profiter des plaisirs de l'existence ! affirma le général en servant généreusement son hôte.

– Notre ami est charmant, ajouta Serkéta. Et il a tellement d'humour !

– Vous me flattez, dame Serkéta.

– Pour être franche, bien des hauts fonctionnaires ne sont pas drôles du tout ! Vous êtes si différent... Je suis persuadée que mon mari ne tardera pas à vous faire obtenir une belle promotion.

– Excellente idée, approuva le général. Que penseriez-vous d'un poste de sous-directeur à l'administration centrale de la rive ouest ?

Le gardien des archives fut agréablement surpris.

– Ce serait... c'est...

– Avec une rémunération doublée, bien entendu.

– Je ne sais pas si mes compétences...

– Ne vous inquiétez pas pour ça. Il n'y a qu'une petite condition à remplir : sortir des archives les papyrus comptables dont voici la liste et me les apporter dès demain matin.

Le fonctionnaire eut un haut-le-cœur.

– Je n'ai pas le droit, je...

Serkéta se suspendit à son bras.

– Vous êtes si gentil, vous ferez bien ça pour nous ?

– Vous me devez votre poste, rappela Méhy, et vous me devrez votre promotion. Puis-je compter sur vous ?

Le regard glacial du général tétanisa le gardien des archives.

– Oui, oui... vous pouvez.

# 56.

Le fonctionnaire avait été tellement effrayé qu'il figurait parmi les premiers visiteurs sollicitant d'être reçus, tôt le matin, par l'administrateur principal de la rive ouest. Pour éviter d'alerter son entourage en lui laissant deviner qu'il était pressé de s'entretenir avec le gardien des archives, Méhy ne l'avait fait passer qu'en troisième position.

Malgré la relative fraîcheur matinale, l'homme suait à grosses gouttes.

– Assieds-toi, lui dit le général en refermant hermétiquement sa porte.

– Ce n'est pas la peine... Je vous ai tout apporté.

– Montre.

Le fonctionnaire ouvrit un panier carré d'où il sortit cinq papyrus que Méhy examina un à un. S'ils étaient tombés entre les mains de Taousert, elle aurait pu comprendre comment, depuis plusieurs années, le général détournait des fonds publics en sa faveur. Il fallait, certes, posséder de sérieuses connaissances en comptabilité et avoir le flair d'un chien de chasse, mais mieux valait ne prendre aucun risque.

– J'ai effacé le numéro de ces papyrus dans la liste générale, ajouta le gardien des archives dont les mains tremblaient. À présent, c'est comme s'ils n'avaient jamais existé.

– Parfait, mon ami.

– Et... mon nouveau poste ?

– J'appuierai ta candidature dès le mois prochain et tu entreras en fonction peu de temps après. Permets-moi de te faire livrer quelques vases crétois très colorés qui ne devraient pas te déplaire.

– C'est trop, vraiment trop !

– Est-on jamais trop bon avec ses amis ? Sois certain que tu as fait le bon choix.

Grâce à son nouveau salaire, l'ex-gardien des archives du Trésor allait d'abord déménager, puis entreprendre la conquête d'une femme agréable qui ne résisterait pas à ses attraits. Pour avoir compulsé trop de documents comptables, le fonctionnaire ne croyait plus aux sentiments mais avait pleine confiance en l'irrésistible pouvoir des chiffres.

C'est avec dégoût qu'il contempla sa petite maison à deux étages, sise dans le faubourg nord de Thèbes. Comment lui, apte à de hautes fonctions, avait-il pu si longtemps se contenter de si peu ? Et ce minuscule jardin, envahi par deux vieux palmiers, n'était vraiment pas digne d'un homme de sa condition ! Bientôt, il se prélasserait à l'ombre d'arbres magnifiques plantés au bord de son étang privé.

Se présenta une livreuse qui baissait humblement la tête.

– Des vases précieux... C'est bien pour vous ?

– Mais oui ! Pose tout de suite ton panier sur cette table basse.

Impatient de découvrir le petit trésor offert par Méhy, le fonctionnaire dénoua la ficelle et souleva le couvercle.

Rendue furieuse par une longue réclusion, une vipère noire bondit pour mordre sa victime au cou.

Pris de panique, le malheureux porta les mains à sa blessure.

– Un médecin, vite !

– Inutile, estima Serkéta que le fonctionnaire reconnut à peine, tant son maquillage était habile. Dans moins de trois minutes, tu seras mort.

– Aidez-moi, je vous en supplie !

– Le général savait que tu ne tiendrais pas ta langue... Je te laisse avec la vipère. Moi, je reprends mes vases.

Serkéta échappa au fonctionnaire dont les mouvements désordonnés ne réussirent qu'à précipiter la diffusion du venin dans son sang.

Tout en assistant à la rapide agonie, la criminelle pensa que, grâce à la disparition des documents compromettants, le général était hors d'atteinte ; mais Taousert continuerait son enquête, et finirait bien par s'apercevoir que Méhy régnait sur Thèbes par la corruption et la menace.

Avant qu'elle ne s'attaquât à son mari, Serkéta la réduirait à l'impuissance.

Réunis dans leur local repeint à neuf, les artisans de l'équipe de droite avaient écouté avec attention le bref discours de Paneb l'Ardent.

Karo le Bourru, indigné, s'exprima avec véhémence.

– Ne nous avais-tu pas promis que tu respecterais les horaires de travail habituels et que tu ne supprimerais aucun jour de congé ? Et voilà que tu nous demandes un labeur de forcenés afin de terminer au plus vite la demeure d'éternité de Taousert !

– Je ne renie pas mes engagements, concéda le maître d'œuvre, et je n'ai pas l'intention d'aller contre votre volonté.

– Si nous refusons, avança Paï le Bon Pain, tu ne pourras pas creuser et décorer cette tombe à toi tout seul !

– Il le faudra bien, si aucun de vous ne consent à déployer des efforts exceptionnels.

– Quelles sont les véritables raisons de ta démarche ? questionna Ched le Sauveur, sur les lèvres duquel flottait un sourire ironique.

– Puisque nous parlons sous le sceau du secret, sachez que le règne de Taousert risque d'être bref et qu'elle attend de notre confrérie excellence et rapidité pour lui donner à la fois un temple des millions d'années et une demeure d'éternité.

– Pourquoi la concevoir aussi vaste ? s'étonna Gaou le Précis. La tombe du premier des Ramsès, qui a occupé le trône moins de deux ans, est petite mais splendide.

– Les dimensions des tombes royales ne dépendent pas de la longueur des règnes, rétorqua Paneb. Après tant d'années d'expérience, vous êtes tous maîtres en votre métier et capables de mener à bien une œuvre de cette taille.

– D'où tiens-tu tes informations ? s'enquit Ounesh le Chacal.

– Un simple pressentiment de Taousert elle-même.

– Et qu'en dit la femme sage ? interrogea Féned le Nez.

– Elle reste muette.

– Mauvais signe, constata Ipouy l'Examinateur.

– Je juge exaltant le projet du maître d'œuvre ! déclara Nakht le Puissant. Nous avons beaucoup travaillé pour l'extérieur, ces derniers mois, et il est temps de nous consacrer à l'essentiel.

– Le plus excitant ne consiste-t-il pas à tenter l'impossible ? suggéra Ched le Sauveur. Disposer d'un long délai pour créer une tombe comme celle de Siptah ne nous a pas permis de puiser dans nos réserves et d'exiger de nos mains ce qu'elles n'avaient pas encore donné. Je n'ai ni la force ni la santé de Paneb, mais je participerai à l'aventure aussi intensément que mon énergie m'y autorisera.

– Nous serons au moins deux, précisa Didia le Généreux, placide.

– Trêve de bavardages, trancha Thouty le Savant : qui s'oppose au maître d'œuvre ?

– Bah ! s'exclama Karo le Bourru. Ici, il n'y a jamais moyen de discuter... Au lieu de perdre des heures précieuses, on ferait mieux de se préparer à partir pour la Vallée des Rois.

Détendue et comblée par le meurtre qu'elle venait de commettre, Serkéta avait dormi jusqu'à midi. Mais sa béatitude s'était brutalement estompée lorsque, en se contemplant dans un miroir, elle avait découvert, horrifiée, la naissance d'une ride à la commissure de ses lèvres.

Poussant des cris stridents, elle avait aussitôt appelé sa femme de chambre et sa coiffeuse pour qu'elles lui apportent crèmes et onguents.

– Dépêchez-vous, dépêchez-vous, il faut empêcher cette monstruosité de me défigurer ! Et convoquez immédiatement mon médecin !

Maquillée à la perfection, Serkéta se sentit un peu soulagée. Son intendant lui adressa la parole avec déférence.

– Un visiteur vous attend depuis le début de la matinée, dame Serkéta.

– Son nom ?

– Il a refusé de me le donner. J'ai tenté de le congédier mais il a prétendu devoir vous délivrer un message important. Dans ces circonstances, seule votre décision...

– Décris-le moi.

– Taille moyenne, trapu, tête ronde, cheveux noirs...

– Installe-le dans le kiosque et dis-lui que j'arrive.

L'intendant n'avait pas osé dire que le visiteur, à l'allure vulgaire, ressemblait beaucoup au général Méhy. Quant à Serkéta, elle était persuadée qu'il s'agissait de Tran-Bel, le petit trafiquant de meubles qu'elle manipulait à loisir.

L'épouse du général vérifia son maquillage avant de rejoindre cet hôte aussi inattendu qu'indésirable.

Hélas! c'était bien le marchand, avec son sourire faux et ses mines hypocrites.

– Quel taon du désert t'a piqué, Tran-Bel? Je ne t'ai pas autorisé à venir m'importuner chez moi!

– Pardonnez mon insolence, dame Serkéta, mais il y avait urgence. Personne ne peut nous entendre, j'espère?

– Personne.

– Thèbes bruit de mille rumeurs... Difficile de trier le vrai du faux, mais il est certain que la reine Taousert se comporte comme un véritable pharaon et que la position de votre époux s'en trouve... fragilisée. Or nous sommes très liés, lui, vous et moi.

– Où as-tu été chercher ça?

– Souvenez-vous, dame Serkéta... L'un des artisans de la Place de Vérité compte au nombre de vos amis très proches, et cet artisan, je le connais. Un renseignement comme celui-là ne vaudrait-il pas de l'or, si je le vendais à Taousert?

Les yeux de Serkéta flamboyèrent.

– Oh! s'exclama-t-il, je sais à quoi vous pensez! Ce brave Tran-Bel devient gênant, et s'il disparaissait, nous ne serions pas chagrinés, mon mari et moi. Surtout, n'y songez plus, car j'ai pris mes précautions. Et puis moi, j'ai confiance en vous et je suis persuadé que le général Méhy a un grand avenir.

– Que veux-tu?

– D'abord, le prix de mon silence; ensuite, être associé à l'une de vos affaires. L'une des meilleures, bien entendu.

Serkéta contempla longuement le marchand.

– Entendu, décréta-t-elle.

# 57.

– Comment, malade ? s'étonna Paneb.

– Oui, malade, répéta la petite brune agressive, épouse du tailleur de pierre Casa le Cordage. C'est comme ça, et il doit rester à la maison.

– Nous partons ce matin pour la Vallée des Rois, et j'ai besoin de tous les membres de l'équipe.

– Tu te passeras de Casa ! Il dort, et je ne le réveillerai pas.

– Je m'en occuperai donc moi-même.

– Tout maître d'œuvre que tu es, je t'interdis de franchir le seuil de ma demeure !

– N'en fais pas trop, sinon je risque de m'énerver.

– Si tu ne me crois pas, va voir la femme sage ! Elle a examiné mon mari et elle l'a jugé trop faible pour se lever.

Intrigué, Paneb marcha d'un bon pas jusqu'à la salle de

consultation où Claire soignait la cheville foulée d'un garçonnet trop fougueux.

– Casa joue les fragiles, accusa le colosse.

– Il souffre d'une infection rénale que je soignerai en quelques jours, précisa la femme sage.

– Ne me dis pas qu'il est incapable de se lever, de marcher et de travailler !

– Malheureusement si.

– Si tu me laisses agir, je le guérirai plus rapidement que toi.

– Notre règle t'interdit d'employer un malade sur un chantier.

Ne pouvant que s'incliner, Paneb passa chez le scribe de la Tombe afin qu'il inscrive sur le Journal le nom de Casa et les raisons de son absence.

Il fut surpris de le trouver vêtu d'une tunique grossière, son matériel d'écriture à portée de la main.

– Compteriez-vous grimper jusqu'au col, Kenhir ?

– Mais... bien entendu ! As-tu imaginé un seul instant que je n'assisterais pas au creusement d'une nouvelle tombe royale ? En route.

Vent du Nord, l'âne de Paneb, avait pris d'autorité la tête du cortège. Aussi robuste que son maître, il avait accepté de porter les affaires du scribe de la Tombe, et c'est lui qui imprimait son rythme à l'ascension, en déplorant la lenteur des bipèdes et le manque de sûreté de leurs pieds.

Ce n'était pas sans émotion que le maître d'œuvre retrouvait le chemin du col où avaient été bâtis des oratoires et des huttes en pierre. Là dormaient les artisans pendant les périodes de travail, là ils se sentaient plus proches du ciel. Pour préserver la sérénité du lieu, il était interdit d'y faire du feu et de cuire des aliments ; mais les villageoises étaient autorisées à livrer d'excellents repas.

Les nuits passées au col étaient inoubliables. Paneb s'asseyait sur le toit de sa hutte, formé de gros blocs de calcaire maintenus par du mortier, et il admirait la Grande Ourse entourée des étoiles impérissables.

– Tu ne dors pas, toi non plus ? constata Kenhir.

– La journée que nous avons passée à restaurer les stèles consacrées aux ancêtres m'a ôté le sommeil. Pas un instant, je n'ai cessé de penser à Néfer dont la présence, ici, est presque palpable.

– Sois rassuré, tu le préserves et tu le prolonges... Mais as-tu bien réfléchi à l'œuvre que tu comptes entreprendre ?

– Le feu qui m'habite depuis toujours m'a dicté le plan de la demeure d'éternité de Taousert.

– Tu n'as pas changé, Paneb... Depuis l'instant où j'ai plaidé en ta faveur, devant le tribunal d'admission de la confrérie, je savais que tu franchirais tous les obstacles. Et même la plus haute fonction ne t'a rien fait perdre de ta détermination et de ton désir. Sois quand même prudent : les autres artisans ne sont pas taillés dans le même bois.

Kenhir regagna sa hutte, la seule riche de trois pièces : la première comportait un banc avec un siège en U marqué au nom de son propriétaire et des jarres d'eau fraîche, la deuxième un lit en pierre recouvert d'une natte et la troisième était un bureau où le vieux scribe rédigeait le Journal de la Tombe.

Dans cette modeste demeure, Kenhir oubliait son âge et ses douleurs car il revivait les grandes heures de la confrérie auxquelles il avait eu la chance de participer. Comme il avait eu raison de renoncer à une carrière aussi brillante que banale pour se mettre au service de la Place de Vérité ! Où, ailleurs, aurait-il approché d'aussi près le mystère de la vie, où aurait-il vécu une fraternité que les épreuves ne cessaient de renforcer ?

Penbou, le policier nubien chargé de surveiller le dépôt de matériel à l'entrée de la Vallée des Rois, laissa passer Vent du Nord, l'âne le plus célèbre de la rive ouest, mais il dévisagea les artisans d'un œil inquisiteur.

– Il y a un absent, remarqua-t-il.

– Casa le Cordage est souffrant, expliqua le scribe de la Tombe ; il nous rejoindra la semaine prochaine.

Le maître d'œuvre appela Tousa, le collègue nubien de Penbou, et lui donna l'ordre de surveiller l'entrée de la tombe de Taousert dès qu'elle serait percée. Armé d'une épée courte, d'un poignard, d'un arc, de flèches et d'une fronde, le policier était autorisé à abattre tout suspect qui tenterait de s'aventurer sur le site.

Avec l'aide du charpentier Didia, Ched le Sauveur installait déjà un atelier dans une profonde anfractuosité de la roche. Ils l'équiperaient de planches pour y poser pots, creusets, vases et pains de couleur, abrités du soleil par une toile blanche. Étant donné la taille de la tombe, dessinateurs et peintres auraient besoin d'un matériel abondant.

Face à la roche encore intacte, la femme sage remit au maître d'œuvre le tablier doré, le maillet et le ciseau en or avec lesquels il détacha le premier éclat de calcaire qu'examina Féned le Nez.

– Parfait, déclara-t-il.

Paneb mania le grand pic sur lequel le feu du ciel avait tracé le museau et les deux oreilles de Seth, puis les tailleurs de pierre le secondèrent avec une belle ardeur. Débuta le ballet bien rythmé des outils, tandis que les autres artisans recueillaient les débris dans de solides paniers d'osier et les emportaient hors du site.

– Un vrai bonheur, cette paroi-là ! s'exclama Nakht le Puissant. On jurerait qu'elle n'attendait que nous.

– Économise ta salive, lui conseilla Karo le Bourru, sinon ton bras va se fatiguer.

– Et toi, frappe en cadence, sinon tu te froisseras un muscle ! Avec Casa, ça nous ferait une deuxième mauviette.

Sans mot dire, Paneb s'interposa aussitôt.

Et les outils chantèrent à l'unisson de la roche.

– Il faut supprimer immédiatement ce Tran-Bel, décida le général Méhy. Je suppose que cette mission ne te déplaira pas, mon doux amour ?

Serkéta massait le dos de son mari, allongé près du bassin aux lotus.

– Elle m'amuserait beaucoup, mais c'est trop tôt, mon tendre lion.

– Tu souhaites accorder un sursis à ce cloporte ?

– Il peut encore nous être utile.

– Je n'ai plus rien à craindre de Taousert, pourquoi me soucierais-je d'un médiocre qui ne songe qu'à nous trahir ?

– Justement parce qu'il possède cette belle qualité ! Nous ne trouverons pas meilleur allié pour mener à bien le petit plan que j'ai imaginé.

Intrigué, le général se retourna.

– Tran-Bel, un allié ? Tu déraisonnes, Serkéta ! Pour lui, seul compte l'appât du gain.

Elle passa lentement l'index sur le large torse de Méhy.

– Justement, mon crocodile, justement ! C'est grâce à ce délicieux défaut que cette vermine de Syrien ne se doutera de rien. Il sera même tellement captivé qu'il ne prendra aucune précaution.

– Tu excites ma curiosité... Deviendrais-tu stratège ?

– À toi de juger...

Au fur et à mesure que Serkéta exposait son plan, Méhy salivait d'aise. Non seulement l'idée était excellente, mais encore elle leur procurerait un avantage décisif sur la confrérie.

Paneb n'aurait pas cru que le chantier avancerait si vite. Mais l'enthousiasme des artisans et la précision de leurs mains avaient permis d'ouvrir largement la roche et de faire progresser la descenderie à une vitesse inhabituelle.

Son affection rénale enrayée, Casa le Cordage avait rejoint ses camarades et démontré que sa vigueur restait intacte.

Dans l'atelier de dessin, le programme iconographique prenait forme ; et les sculpteurs n'étaient pas en reste, sans que le maître d'œuvre eût besoin d'intervenir pour stimuler leur inspiration.

Kenhir connaissait une joie immense, d'une profondeur insoupçonnée : grâce à son rayonnement et à la puissance de sa magie personnelle, Paneb l'Ardent avait réussi à donner un nouvel élan à l'équipage dont les qualités semblaient inépuisables.

Chaque soir, à la station du col, c'était le bonheur. On se réjouissait du travail accompli, on prévoyait celui du lendemain et l'on discutait ferme le moindre détail technique jusqu'à ce que le maître d'œuvre tranchât. La demeure d'éternité de Taousert semblait s'être emparée de l'équipe de droite au grand complet, et même Ched le Sauveur, d'ordinaire si distant, se passionnait pour l'élaboration de ce nouveau Grand Œuvre.

Nourri par cette soif de création, Paneb ignorait la fatigue et ne dormait que deux heures par nuit. Dans la contemplation des étoiles, il puisait ses forces du lendemain.

Premier levé, le maître d'œuvre s'agenouillait devant une stèle gravée par l'un de ses prédécesseurs et prononçait les formules rituelles de salutation au soleil ressuscité avant de réveiller ceux qui avaient le sommeil plus lourd.

Kenhir s'étirait avec peine.

– Ces folies ne sont plus de mon âge... Mais quels moments merveilleux nous vivons !

– Ils paraissent l'être, en effet.

– Tu penses au traître, n'est-ce pas ?

– Et à l'assassinat de Néfer, comme chaque matin.

– Je crains que tout n'ait été dit...

Le regard du maître d'œuvre devint fixe.

– Quelqu'un grimpe le sentier qui mène au col.

– Tu en es certain ?

– Je crois qu'il s'agit d'une femme.

# 58.

Paneb ne se trompait pas.

À sa silhouette fluette, il reconnut Ouâbet la Pure. Comme elle ne portait aucun panier de nourriture, l'Ardent craignit qu'elle eût accompli cette ascension pour lui adresser des reproches d'ordre privé.

Mais la jeune femme détrompa vite le maître d'œuvre.

– Un message urgent en provenance de Pi-Ramsès. Comme le facteur a insisté, j'ai jugé préférable que toi et le scribe de la Tombe en preniez connaissance le plus vite possible.

– Sois-en remerciée, Ouâbet.

– Je redescends au village.

Kenhir lut le courrier du vizir Hori.

– Cette missive n'aurait-elle pas dû passer par les mains de la reine Taousert ? s'étonna Paneb.

Le vieux scribe était très contrarié.

– Un ordre de Seth-Nakht : il exige que nous creusions sa demeure d'éternité dans la Vallée des Rois.

– Thèbes n'est pas sous son autorité !

– Seth-Nakht est pharaon, rappela Kenhir, et ses exigences sont légitimes. Nous devons obéir.

– Deux tombes en même temps... Impossible ! Je demande déjà plus que le maximum à l'équipage de la Place de Vérité.

– Il faut pourtant trouver une solution.

– Ralentir la construction de la demeure d'éternité de Taousert ? Hors de question ! Négociez avec Seth-Nakht, Kenhir ; je suis sûr que vous le convaincrez de patienter.

– Ne surestime pas mes capacités. D'après ce courrier, le roi est pressé et il a une idée très précise sur l'emplacement de sa demeure d'éternité : au centre de la Vallée, afin d'être relativement proche des pharaons qu'il vénère, Ramsès Ier, Séthi Ier et Ramsès II.

– N'est-ce pas à la confrérie de lui adresser une proposition tenant compte des impératifs du terrain ? Jusqu'à présent, aucun monarque ne s'est comporté comme un tyran, et nous avons toujours eu l'initiative du choix !

– Acceptes-tu au moins d'étudier cette hypothèse ? questionna Kenhir qui se sentait pris dans un étau.

– Les artisans sont fatigués, il est temps de regagner le village.

La réunion était houleuse ; cependant, en raison du caractère sacré du lieu placé sous la protection des ancêtres et de la présence invisible de Néfer le Silencieux dont le siège demeurait inoccupé, chacun s'exprima avec dignité.

– La situation est parfaitement claire, résuma Ouserhat le Lion : deux pharaons règnent en même temps, chacun veut sa tombe, et nous ne pouvons en créer qu'une seule ! Puisque celle de Taousert est commencée et que la reine-pharaon réside à Thèbes, le débat me semble clos.

– Pas du tout ! objecta Ounesh le Chacal ; notre règle nous contraint d'obéir à un ordre de Pharaon, surtout lorsqu'il concerne sa demeure d'éternité.

– Es-tu capable de te dédoubler pour travailler à deux endroits en même temps ? ironisa Thouty le Savant. Il nous faut bien prendre parti !

– Seth-Nakht nous ferait payer cher un éventuel refus, s'inquiéta Rénoupé le Jovial.

– À la reine Taousert de se débrouiller avec lui ! avança Karo le Bourru.

– Le rôle du scribe de la Tombe ne consiste-t-il pas à nous tirer de ce mauvais pas ? interrogea Paï le Bon Pain.

– Serrons-nous les coudes et ne nous divisons pas, préconisa Ched le Sauveur.

– Il n'existe donc qu'une seule solution, trancha le maître d'œuvre : donner satisfaction aux deux pharaons.

– Et comment t'y prendras-tu ? questionna Ipouy l'Examinateur.

– D'abord en vous accordant trois jours de repos. Ensuite, en nommant une équipe restreinte qui commencera à creuser un tombeau pour Seth-Nakht dans la partie centrale de la Vallée.

– En feras-tu partie ? s'inquiéta Didia le Généreux.

– Non, je m'occuperai du chantier principal.

– Qui désignes-tu ?

– Nakht le Puissant, Féned le Nez et Ipouy l'Examinateur travailleront d'après la copie du plan de la Vallée que je leur remettrai.

En entendant ces paroles, le traître conçut un projet qui présentait un minimum de risques pour un maximum d'avantages, à commencer par l'inévitable destitution du maître d'œuvre.

Paneb écarté, la confrérie serait ébranlée et ses défenses affaiblies.

Alors, la pierre de lumière serait accessible.

C'est au milieu de la nuit, et sous l'œil attentif de Vilaine Bête et de Noiraud, que Kenhir ôta les trois verrous de la chambre forte dont il était le seul, avec le maître d'œuvre, à connaître le mécanisme.

– Rien d'anormal ? demanda Paneb.

– Aucune trace d'effraction.

S'aidant d'une torche, le vieux scribe déplaça des ciseaux en cuivre de première qualité puis dénoua l'épaisse ficelle qui fermait un coffre en bois d'ébène.

Ce n'est pas sans inquiétude qu'il souleva le couvercle, mais le trésor n'avait pas disparu. Avec délicatesse, Kenhir déroula le papyrus sur lequel était dessiné le plan de la Vallée des Rois révélant l'emplacement des demeures d'éternité.

– Je recopie la partie qui nous intéresse, annonça Paneb, et je la remettrai à Féned demain matin.

Pendant que le maître d'œuvre s'exécutait d'une main sûre, Kenhir tendait l'oreille. Mais l'oie et le chien, qui montaient une garde vigilante, ne manifestaient aucun signe de nervosité.

Quand Kenhir referma la porte de la chambre forte, nul incident ne s'était produit. Paisible, le village dormait.

– Je n'aime pas ça, dit le maître d'œuvre.

– Tu t'attendais à une agression de l'avaleur d'ombres ?

– Non, je veux parler des exigences de Seth-Nakht.

– Tu as trouvé la bonne solution, chacun l'a acceptée.

– La bonne solution... Je n'en suis pas si sûr.

– Que redoutes-tu, Paneb ?

– J'aimerais le savoir moi-même ! Allons dormir.

Des pagnes gisant sur le sol, de la vaisselle sale dans une cuisine en désordre, un lit menaçant ruine... L'intérieur de Féned le Nez manquait de soin. Depuis son divorce, le tailleur de pierre n'accordait guère d'intérêt aux impératifs domestiques.

Paneb le secoua.

– Réveille-toi, Féned !

– Ah, c'est toi... Mais c'est une journée de repos !

– Voici le plan dont tu te serviras après que j'aurai donné le premier coup de pic.

– Avant de l'étudier, il faudrait que j'ouvre les yeux.

– Une aide ménagère ne serait pas superflue...

– Ah non, plus de femme chez moi ! Je manierai moi-même le balai.

– Si tu t'y engages...

– Un Serviteur de la Place de Vérité n'a qu'une parole ! rappela Féned en se levant. Mais dis donc... Pourquoi me confies-tu une tâche aussi lourde ?

– Parce que les circonstances m'empêchent de l'assumer moi-même. Rassure-toi : si un incident se produisait, je serais le seul responsable.

– Bon... Je fais ma toilette et on va tous les deux jusqu'à la Vallée.

Daktair n'en menait pas large.

À cause de ses intestins tourmentés, il avait dû s'isoler à plusieurs reprises, retardant la marche en avant des policiers du désert excédés par la présence d'un savant peu habitué à des expéditions de ce genre. Mais comme le général Méhy en personne leur avait ordonné d'obéir à Daktair sans discuter, le commandant de l'escouade avait imposé silence à ses hommes.

– Toujours aucune trace des Libyens ? demanda Daktair qui calmait ses spasmes en plaquant une pierre chaude sur son ventre.

– Justement si... Et vous devriez réfléchir.

– À quoi, commandant ?

– La situation deviendra bientôt dangereuse. Les Libyens sont plus redoutables que des bêtes féroces, et l'affrontement risque d'être violent. Un homme comme vous n'y est pas préparé.

Daktair se gonfla comme un crapaud.

– Le général Méhy m'a confié une mission, et j'entends bien l'accomplir, quels que soient les risques. C'est moi, le chef de cette expédition, et personne d'autre ! Et je vous rappelle que je veux ces Libyens vivants.

– On voit que vous ne connaissez ni le terrain ni le gibier que nous pourchassons !

– Il paraît que ce commando est formé des meilleurs spécialistes... Qu'il le prouve.

Le défi cingla l'officier.

– Oui, nous sommes les meilleurs et nous vous le prouverons.

– C'est exactement ce que j'espère. Quand mettrons-nous la main sur ces Libyens ?

– Au plus tard dans deux jours... Ils commencent à tourner en rond et ils laissent des traces derrière eux. Autrement dit, ils sont fatigués et manquent d'instructions précises. Si rusés soient-ils, ils ne nous échapperont pas.

# 59.

Six Doigts connaissait le désert à la perfection. On avait surnommé ainsi le chef des éclaireurs libyens parce qu'il était doté d'un doigt supplémentaire à chaque pied qui le faisait considérer comme un démon sans foi ni loi. Pour survivre dans un milieu hostile, Six Doigts savait qu'il ne fallait jamais céder à la mollesse et se tenir sans cesse en état d'alerte, même pendant son sommeil.

Vingt fois, en s'approchant de Thèbes-ouest, il avait échappé aux patrouilles de la police égyptienne, formées de guerriers aussi redoutables que lui-même. Et il se sentait presque invulnérable, avec l'envie de faire payer cher aux sujets de Pharaon les humiliations qu'ils avaient infligées à son peuple.

Certes, il était trop tôt pour envisager une attaque massive contre la riche cité du dieu Amon, bien défendue par les soldats du général Méhy ; il fallait d'abord identifier la position des postes avancés pour préparer l'offensive.

– On peut faire du feu, chef ? demanda son bras droit.

– À l'abri du monticule, là-bas, avec les braises d'hier.

– Pour ça, ce sera difficile...

– Que veux-tu dire ?

– Les braises d'hier, elles sont restées à notre campement d'hier.

Six Doigts gifla son compatriote.

– Je t'avais pourtant ordonné de les emporter !

L'éclaireur brandit un couteau.

– On ne me traite pas comme ça, moi !

– Pauvre idiot ! Pour la police égyptienne, une trace comme celle-là est...

Une flèche se ficha entre les deux hommes, une voix rude les cloua sur place.

– Vos guetteurs sont nos prisonniers. N'essayez ni de résister ni de vous enfuir, sinon vous serez abattus.

Torture, puis exécution sommaire : voilà ce qui les attendait. Six Doigts se serait volontiers lancé dans la bagarre mais les policiers étaient trop proches. Au moindre geste menaçant, le Libyen serait transpercé de flèches.

– Ligotez-les, ordonna Daktair.

Les cordes s'enfoncèrent dans les chairs, l'adjoint de Six Doigts grimaça de douleur.

– Ton nom et l'objet de ta mission, demanda Daktair à ce dernier dont la morgue révélait sa position de chef.

Le Libyen cracha, souillant la barbe du savant qui s'essuya d'un revers de main.

– Laissez-moi m'occuper de cet insolent ! exigea le commandant.

– Pas de violence !

– Mais vous ignorez à qui vous vous heurtez !

– Ce bandit s'appelle Six Doigts, indiqua un policier qui

regardait les pieds du Libyen. C'est l'un de leurs meilleurs éclaireurs, paraît-il... Une sacrée belle prise !

– Je veux être seul avec lui, exigea Daktair.

– Méfiez-vous, recommanda l'officier en s'écartant.

Étonné, Six Doigts dévisageait Daktair.

– Tu n'es pas un soldat...

– Non, un négociateur.

– Si tu as inventé une nouvelle forme de torture, vas-y ! De toute façon, je ne te donnerai aucune information.

– Moi, j'en ai une, et de taille : le général Méhy veut s'entretenir avec l'un de tes chefs, dans le plus grand secret.

– Tu te moques de moi !

– Le rendez-vous est fixé au cœur de la nuit, dans trois nouvelles lunes, près du puits abandonné au sortir de l'oued des gazelles.

– Et tu crois que des Libyens tomberont dans un piège aussi grossier !

– Le général ne viendra qu'avec quelques policiers du désert, pas avec son armée. Tu le vérifieras aisément. Que ton chef se comporte de même, sinon l'entrevue n'aura pas lieu. Et crois-moi, vous auriez beaucoup à y perdre, car le général a l'intention de se montrer particulièrement généreux avec ses futurs alliés.

– Ses futurs alliés... répéta Six Doigts, interloqué.

– Méhy désire vous confier une mission, et il paiera très cher.

Une fraction de seconde, l'appât du gain surpassa l'incrédulité.

– Tu ne fais que mentir !

– Toi et tes hommes, je vais vous relâcher pour que le message soit transmis.

– Nous relâcher... Impossible !

Daktair revint vers les policiers.

– Libérez les Libyens et laissez-les partir.

Comme piqué par un taon du désert, le commandant se dressa face au petit homme barbu.

– Hors de question ! Tous ces criminels sont passibles de la peine de mort.

– Vous ne comprenez pas, commandant ?

– Comprendre quoi ?

– Ces quelques éclaireurs n'intéressent pas le général Méhy, dit Daktair à voix basse. Il désire mettre la main sur leurs chefs, et seul un traquenard bien organisé permettra d'y parvenir. Vous en serez d'ailleurs les acteurs principaux.

– Ça me plaît et ça ne me plaît pas, conclut Féned le Nez.

Nakht le Puissant posa son pic et s'épongea le front.

– Si tu étais plus clair ?

– La roche est accueillante, le calcaire de qualité, mais l'emplacement ressemble à une femme qui n'a envie de rien.

– C'est ton divorce qui continue à te ronger la cervelle ! estima Ipouy. Oublie ton épouse une bonne fois pour toutes, et tu verras que la vie vaut la peine d'être vécue.

Féned bomba le torse.

– Je n'ai jamais confondu mes problèmes personnels et mes devoirs professionnels... Puisqu'on te surnomme l'Examinateur, tu devrais le savoir.

– Les histoires de femmes, ça gâche la main des plus robustes, asséna Nakht.

– Au lieu d'inventer des proverbes sans intérêt, manie plutôt le maillet et le ciseau, ça nous permettra d'avancer.

– Il y en a qui bavardent, il y en a d'autres qui travaillent, observa Ipouy en nettoyant le grand pic.

– Toi, tu regrettes la tombe de Taousert ! observa Féned.

L'Examinateur posa l'outil avec délicatesse et dévisagea son collègue.

– Le monde des humains se divise en deux catégories : les imbéciles et les autres. Et j'ai peur que tu ne sois rentré dans la première. En nous désignant tous les trois pour cette tâche exploratoire, le maître d'œuvre nous a honorés de sa confiance, et moi, j'en suis particulièrement fier.

– Tu viens de me traiter d'imbécile, c'est bien ça ?

– Ce n'est pas encore l'heure de la pause du déjeuner, intervint Nakht. Vous poursuivrez vos palabres plus tard.

Le Puissant continua à creuser le couloir. S'observant du coin de l'œil, ses deux compagnons l'assistèrent.

– Un peu plus sur la droite, exigea Féned qui suivait scrupuleusement le plan dessiné par le maître d'œuvre.

– Bizarre...

– Que se passe-t-il ?

– La roche résonne d'une manière différente.

– Laisse-moi voir.

Féned utilisa un ciseau large.

– Tu as raison, on jurerait qu'elle manque d'épaisseur.

– Consulte ton plan à nouveau.

– Pas d'erreur possible, nous sommes dans la bonne direction.

– Alors, continuons !

Les trois Serviteurs de la Place de Vérité mirent encore un peu plus de cœur à l'ouvrage. Sans pouvoir rivaliser avec leurs collègues qui progressaient à une vitesse stupéfiante sur le chantier consacré à Taousert, ils leur montreraient qu'une petite équipe était capable d'obtenir des résultats exceptionnels.

Et le pic de Nakht s'abattit une nouvelle fois, avec la puissance nécessaire pour entamer l'obstacle sans abîmer l'outil. Mais la pointe s'enfonça si profondément que le tailleur de pierre fut déséquilibré, au point de lâcher le manche.

– Qu'est-ce qui te prend ? s'irrita Ipouy. Je parie que tu as bu dans notre dos !

Penaud, Nakht se releva avec hargne.

– Cesse de divaguer ! C'est la première fois que je tombe sur un tel os... L'endroit est maudit, c'est la seule explication.

Ipouy se pencha sur la fente ouverte par le pic.

– Pas le moindre maléfice dans les parages... Tu as seulement ouvert une faille dans une sorte de caverne.

Féned approcha une torche de l'orifice.

– Élargissons le trou.

Nakht ne se fit pas prier.

Au prix de rudes efforts, le Puissant dégagea un passage suffisant pour qu'Ipouy l'Examinateur parvînt à se glisser dans l'anfractuosité.

– Que vois-tu ? interrogea Féned.

– Un autre passage... Il faut que je grimpe.

– Sois prudent !

– Ça ira, ne t'inquiète pas.

Ipouy ne disparut que quelques minutes, mais son absence parut interminable.

Quand l'Examinateur réapparut, il était livide.

– Ce n'est pas croyable... On vient de déboucher dans la tombe du pharaon Amenmès !

# 60.

– Ça semble grave, dit Ched le Sauveur à Paneb ; le trio qui creusait la tombe de Seth-Nakht te réclame.

Le maître d'œuvre remonta à l'air libre.

– Un ennui, Féned ?

– Plutôt une catastrophe ! En suivant ton plan, nous sommes tombés en plein dans la demeure d'éternité d'Amenmès !

– Impossible !

– C'est pourtant la vérité, déplora Ipouy l'Examinateur.

Paneb se rendit immédiatement sur place et constata qu'Ipouy n'exagérait pas.

– Que doit-on faire ? questionna Nakht qui accusait un coup de vieux.

– Rebouchez hermétiquement le couloir que vous avez creusé.

– On abandonne le site ?

– Il n'y a pas d'autre solution.

– Ça ne me plaisait pas, rappela Féned le Nez, ça ne me plaisait pas du tout !

– Tu protesteras plus tard, intervint Nakht. Pour le moment, on rebouche.

L'équipe avait pris le chemin du col dans un silence pesant. Paneb marchait en tête, les autres avaient du mal à suivre. Arrivé le premier au hameau, il fixa le soleil couchant comme si plus rien d'autre n'existait.

Les artisans commencèrent à dîner sans prononcer un mot, et seul Kenhir osa s'approcher de l'Ardent dont l'ombre gigantesque couvrait une partie de la montagne.

– Je dois rédiger le Journal de la Tombe, Paneb.

– Qui vous en empêche ?

– Toute l'équipe est informée de ce terrible accident, et je suis obligé de le consigner par écrit.

– Remplissez votre office, Kenhir.

– Ce ne sera malheureusement pas suffisant...

– Quoi d'autre ?

– Le maître d'œuvre n'est pas au-dessus des lois de la confrérie, bien au contraire ; en raison de la gravité de la faute, je suis contraint de convoquer le tribunal.

Paneb se retourna vers Kenhir.

– C'est moi que vous voulez juger ?

– Ou bien le tribunal t'acquittera, et tu continueras à diriger les travaux de la confrérie, ou bien tu seras jugé coupable de cette erreur et condamné à te retirer.

Un très long silence succéda à la déclaration du scribe de la Tombe.

– Je ne me présenterai pas devant le tribunal, annonça

Paneb, car je connais d'avance le résultat des délibérations. Je suis seul responsable, donc seul coupable.

Saisis par la voix puissante du maître d'œuvre, les artisans avaient cessé de manger pour tendre l'oreille.

– Ne réagis pas ainsi, recommanda le scribe de la Tombe ; tu sais bien que tu bénéficies de l'estime générale.

– Une estime qui conduira à ma destitution... Vous vivez dans un pays de soleil, mais vous ne supportez pas son rayonnement. Vous et moi ne sommes pas tissés dans la même étoffe. Ce que vous cherchez, c'est votre confort, votre sécurité, mais vous n'acceptez pas que la lumière du grand été inonde votre cœur. Demain, vous rentrerez au village et vous élirez un autre maître d'œuvre.

Tous les artisans se levèrent.

– Que comptes-tu faire ? s'inquiéta Kenhir.

– Aller respirer l'air de la cime et me brûler à son feu.

Personne n'osa protester, tant le visage du colosse était devenu impérieux. Mais lorsque Paneb sortit du hameau, Nakht le Puissant le rattrapa.

– Tu ne reviendras pas vivant de là-haut !

– Qu'importe, puisque je suis exclu de la confrérie ?

– Le tribunal ne s'est pas encore prononcé !

– Ma faute est pire qu'un crime, aucun artisan ne prétendra le contraire. Alors, je demande justice à la cime.

– Si elle innocente Paneb, précisa Thouty le Savant, il restera notre chef d'équipe et le maître d'œuvre.

Kenhir gardait la tête basse. Il savait bien que, dans le passé, la cime n'avait jamais accordé son pardon aux coupables. Mieux aurait valu pour l'Ardent comparaître devant « l'assemblée de l'équerre et de l'angle droit » qui aurait reconnu sa bonne foi.

Mais Paneb n'était pas un être de demi-mesure ; de maître d'œuvre, il ne redeviendrait pas simple artisan. En affrontant le feu dévorant de la cime, il voulait être purifié de sa faute par les puissances divines elles-mêmes et continuer à créer la demeure d'éternité de Taousert dans laquelle il comptait exprimer tout son art.

En tant que scribe de la Tombe, Kenhir n'avait pas le droit de se montrer indulgent envers un maître d'œuvre, quelles que soient ses qualités, car l'œuvre à accomplir passait avant l'homme. Telle était la loi de la Place de Vérité depuis sa fondation et, si elle n'était plus appliquée, la confrérie disparaîtrait. Étant donné la popularité acquise par Paneb, le scribe de la Tombe serait haï des artisans pour s'être montré aussi intransigeant, mais il n'en avait cure ; grâce à sa rigueur, c'était le village entier qu'il protégeait.

– Je suppose que nous nous reposerons chez nous en attendant le jugement de la cime ? suggéra Ounesh le Chacal, mordant.

– À moins que Kenhir ne décide de prendre en main les travaux, ironisa Casa le Cordage.

Le vieux scribe ne répondit pas à la provocation et, s'aidant de sa canne, il entama la descente. Ses os étaient douloureux, et il n'avait même pas envie d'admirer le splendide panorama qui l'avait si souvent ébloui. Désormais, il serait considéré comme le persécuteur de Paneb l'Ardent, et sans doute devrait-il prendre enfin sa retraite hors d'un village qu'il continuerait pourtant à aimer. Au moins mourrait-il la conscience satisfaite d'avoir rempli ses obligations de scribe de la Tombe, tâche ingrate entre toutes ; mais pourquoi un dessinateur aussi exercé que Paneb avait-il commis une erreur aussi grossière en recopiant le plan original ?

Turquoise se heurta à Niout la Vigoureuse qui barrait l'accès du bureau de Kenhir.

– Est-il exact que le scribe de la Tombe a envoyé Paneb à la mort ?

– Bien sûr que non ! C'est l'Ardent qui a décidé d'affronter la cime, personne ne l'y obligeait.

– Mais c'est Kenhir qui voulait le traîner devant le tribunal !

– Tel était son devoir, Turquoise, en raison de la faute grave commise par le maître d'œuvre. Sache que j'ai donné les mêmes explications à Ouâbet la Pure et que ni un artisan ni une prêtresse d'Hathor ne sauraient critiquer la rigueur de notre règle. Mon mari l'a simplement appliquée, et nous devons l'en féliciter.

– Pourquoi ne se montre-t-il pas ?

– Parce qu'il est épuisé et déprimé. Crois-tu que le choix de Paneb l'ait réjoui ? Inutile de tourmenter davantage le scribe de la Tombe, qui n'a fait que son devoir.

Impressionnée par la détermination de la jeune épouse de Kenhir, Turquoise battit en retraite et se dirigea vers la demeure de la femme sage. Jamais la superbe rousse n'avait imaginé que le colosse pût disparaître ; elle ressentait la chaleur de son désir, comme s'il la serrait dans ses bras sans l'avoir jamais quittée.

Depuis leur première rencontre au cours de laquelle leurs corps enfiévrés avaient vécu une communion demeurée aussi intense chaque fois qu'ils faisaient l'amour, Turquoise n'avait pas trompé Paneb. Elle restait pourtant une femme libre, prête à charmer qui lui plaisait, mais elle n'avait plus éprouvé d'autre passion après être devenue la maîtresse du colosse.

Elle, amoureuse à ce point... Le jeune insoumis, élevé à la dignité de maître d'œuvre de la confrérie, déployait une étrange magie dont elle ne connaissait pas encore tous les secrets. Non, elle ne voulait pas le perdre !

La femme sage était en grande conversation avec la petite Séléna qui lui demandait des nouvelles de son père.

– C'est vrai qu'il est parti tout seul dans la montagne ?

– Oui, Séléna.

– Il veut atteindre le sommet et voir la déesse ?

– C'est son but, en effet.

Sachant que la femme sage ne lui mentait jamais, la fillette demeurait pensive.

– Bon, je vais lire le papyrus sur les maladies du poumon.

Séléna se retira dans la bibliothèque de Claire.

– Elle ne se rend pas compte de la gravité de la situation, estima Turquoise.

– Tu te trompes.

– Séléna paraît si calme, si indifférente !

– Elle connaît à la fois la cime et son père.

– Laisse-moi monter, Claire, afin que j'aide Paneb !

– Trop tard, Turquoise. Ce jugement, il doit l'affronter seul.

– Buvez au moins un peu de bouillon de légumes, recommanda Niout à Kenhir, tassé dans un fauteuil bas.

– Je n'ai ni faim ni soif.

– Ce n'est pas en vous rongeant les sangs et en vous privant de nourriture que vous ferez revenir Paneb.

– Le village entier me déteste.

– Quelle importance, puisque vous êtes en paix avec vous-même ?

– En paix, en paix... C'est vite dit !

Niout la Vigoureuse fronça les sourcils.

– Que vous reprochez-vous ?

– Je ne sais pas, mais il me semble que j'ai omis un détail important... Donne-moi un peu de vin.

– Croyez-vous qu'il vous éclaircira l'esprit ?

– Sait-on jamais ?

Niout ne remplit que le fond d'une coupe.

Et c'est en la vidant que Kenhir retrouva enfin la réalité qui le fuyait.

– J'ai trop mal aux jambes pour me déplacer... Va me chercher Féned le Nez et dis-lui de venir immédiatement avec le plan dessiné par Paneb.

# 61.

En grimpant vers la cime, Paneb se souvenait de l'avertissement de Ched le Sauveur : « L'existence nous réserve fatalement des épreuves qui nous font tomber de haut. Et pour toi, la chute sera encore plus rude que pour les autres ; alors, souviens-toi de la victoire sur le dragon des ténèbres. »

Écrasée de soleil, la montagne de Thèbes cachait-elle vraiment un monstre contre lequel il fallait lutter ? Le colosse songeait plutôt à la chute inattendue qui venait de le priver de la fonction de maître d'œuvre dans laquelle il s'était investi sans compter. L'Ardent se sentait prêt à combattre les adversaires les plus résolus, mais l'événement l'avait pris au dépourvu, et il avait été vaincu sans livrer bataille.

Les prêtresses d'Hathor affirmaient qu'il ne fallait pas monter à la cime sans offrir des bouquets de fleurs à la déesse de l'Occident, afin d'apaiser son éventuelle colère; pourtant, Paneb avait les mains vides avec, pour seule offrande, une colère capable de faire trembler les collines environnantes.

L'Ardent ne voulait ni du levant ni du couchant; seule la pleine lumière du midi aurait valeur de jugement. C'est pourquoi il attendit que la chaleur fût à son apogée pour affronter la cime, à la fois protectrice de la Place de Vérité et flamme impitoyable qui anéantissait imprudents et vaniteux.

Parvenu à l'oratoire du sommet, Paneb brandit le poing.

– Toi qui aimes tant le silence, réponds-moi ! Puisque tu es l'incarnation de Maât, la maîtresse du ciel, des naissances et des transformations, dis-moi si tu me juges digne de diriger la confrérie de tes serviteurs ! La faute que j'ai commise est-elle si grave qu'elle m'empêche de créer la demeure d'éternité du pharaon Taousert ?

D'abord, il n'y eut que le silence.

Un silence implacable, si pesant que même les épaules de Paneb faillirent ployer sous son poids. Mais il tint bon et interrogea de nouveau la déesse, avec la même véhémence.

Alors, la montagne bougea.

Ce n'était pas un tremblement de terre, mais une sorte de danse très lente qui fit pourtant vaciller le colosse.

– Enfin, tu parles ! N'hésite pas, parle plus fort, que j'entende bien ton verdict !

Paneb retrouvait l'équilibre lorsque les roches du sommet se fendirent, laissant jaillir une lumière rouge.

Il poussa un cri de douleur en portant les mains à ses yeux, mais resta debout.

Quand il rouvrit les paupières, il était aveugle.

– Tu veux m'empêcher de peindre parce que tu es une déesse cruelle ! Ai-je oublié de distinguer le bien du mal ? Ai-je prêté un faux serment, ou souillé le nom de Ptah, le patron des bâtisseurs ? Parce que je me révolte contre ton mutisme, tu tentes de me détruire en m'humiliant, mais tu échoueras ! Que le lion qui est en toi me dévore et que le vent furieux m'emporte !

La voix de Kenhir tremblait.

– C'est une terrible méprise... Non, une sordide manipulation... Paneb n'a commis aucune faute... Regarde le plan, Claire, regarde-le bien !

La femme sage examina le document avec attention.

– Ce trait n'est pas celui de Paneb.

Le scribe de la Tombe jubila.

– Exactement ma conclusion ! Le traître a dérobé le dessin du maître d'œuvre chez Féned le Nez, il en a fait une copie volontairement erronée, et c'est celle-là que Féned a utilisée... Voilà la cause réelle de ce terrible accident ! Si je n'avais pas eu l'idée de revenir à ce dessin truqué, je croirais encore Paneb fautif.

– Avez-vous interrogé Féned ?

– Bien sûr que oui ! Il affirme que rien n'était plus facile que de voler ce document et de lui en substituer un autre. Féned, l'avaleur d'ombres assez pervers pour commettre un faux et se faire passer pour victime... Absurde !

– Je vais chercher le maître d'œuvre, décida la femme sage.

– Si la cime l'avait épargné, il serait revenu depuis longtemps...

Telle était l'évidence, en effet, et le traître avait réussi à supprimer le maître l'œuvre par la ruse. Mais Claire voulait encore espérer.

– Ne prends aucun risque, implora Kenhir ; nous avons tellement besoin de toi !

Alors que la femme sage s'engageait sur le sentier menant à la cime, une petite main serra la sienne.

– Puisque tu vas chercher papa, je viens avec toi.

La femme sage aurait dû refuser, mais le visage de Séléna était si déterminé qu'elle accepta. La fillette saurait se montrer assez forte si, comme probable, le pire s'était produit.

Elles grimpèrent lentement et, à quelques mètres du sommet, découvrirent le maître d'œuvre assis sur un rocher et contemplant la cime.

– Papa !

Séléna courut se blottir dans les bras du colosse.

– Le bras de la cime m'a frappé, lui confia-t-il, et j'ai senti son souffle après qu'elle m'eut fait voir sa puissance. Elle m'a donné des yeux neufs au moment où pour moi, l'obscurité régnait en plein jour. Ouvre grand tes oreilles, Séléna : la cime sera généreuse si tu sais lui parler.

La femme sage donna l'accolade au maître d'œuvre.

– Tu n'as commis aucune faute, Paneb ; c'est le traître qui a dérobé chez Féned le plan que tu avais dessiné. Il l'a modifié dans l'espoir que les tailleurs de pierre commettraient une erreur fatale dont tu serais considéré comme seul responsable.

Serrant sa fillette contre lui, le maître d'œuvre se dressa de toute sa taille.

– Cela signifie-t-il que je suis confirmé dans toutes mes fonctions ?

– La déesse t'a jugé innocent et le tribunal de la confrérie confirmera son jugement. Cette épreuve t'aura permis de connaître le feu de la cime, qui animera désormais tes mains et tes œuvres.

Quand le traître croisa Turquoise dans la rue principale du village, il s'étonna de son air joyeux.

– Qu'y a-t-il de si réjouissant ? lui demanda-t-il.

– Paneb est de retour !

– Une prêtresse d'Hathor vient de me dire que la cime l'avait rendu infirme ?

– Au contraire, elle l'a innocenté ! La femme sage a emmené le maître d'œuvre à l'oratoire de la déesse du silence pour qu'il lui rende hommage et, demain, nous organiserons un banquet en son honneur. Si tu savais comme je suis heureuse !

– Ça se voit, Turquoise, ça se voit... Moi aussi, je suis très heureux que Paneb ait survécu à cette épreuve.

– Son cœur est un vase immense qui contient encore beaucoup de chefs-d'œuvre que nous verrons bientôt, grâce à la cime.

Plus épanouie que jamais, elle se dirigea vers l'oratoire d'un pas de danseuse, tandis que le traître, les épaules voûtées, rentrait chez lui où sa femme préparait du porc aux lentilles.

À la vue de son visage décomposé, elle comprit.

– Paneb est sain et sauf ?

– La montagne l'a épargné.

– Ce n'est pas un homme comme les autres, il bénéficie des faveurs de Seth !

– On croyait Néfer le Silencieux protégé par les dieux, lui aussi, et je l'ai assassiné ! Ces superstitions ne m'empêcheront pas d'agir.

– J'ai peur, de plus en plus peur...

– Cesse de larmoyer ! Nous ne renoncerons pas à la fortune qui nous attend à l'extérieur. Songe à une grande et belle maison, à des domestiques, à des terres que cultiveront nos paysans, et oublie ta peur. Paneb n'est qu'un homme, je l'abattrai comme j'ai abattu son père spirituel, je m'emparerai de la pierre de lumière et nous obtiendrons ce que nous avons toujours désiré.

On frappa à la porte.

Terrorisée, l'épouse du traître se plaqua contre un mur.

– Ils t'ont identifié et ils viennent nous chercher !

Inquiet, le traître entrebâilla la porte et découvrit Niout la Vigoureuse.

– Le scribe de la Tombe convoque chez lui les membres de l'équipe de droite.

– J'arrive.

Niout alla prévenir un autre artisan.

– N'y va pas, c'est un piège ! supplia la femme du traître. Le vieux Kenhir t'arrêtera devant tes collègues.

Le traître était perplexe. Si son épouse avait raison, l'unique solution consistait à fuir sans délai. Mais quel impair avait-il commis ?

Même si la déesse du silence avait refusé de prendre la vie de Paneb, restait son erreur professionnelle, ce plan inexact qui avait conduit à une catastrophe indigne d'un maître d'œuvre... Et le traître le rappellerait fermement au scribe de la Tombe afin que Paneb fût condamné.

– Quittons immédiatement le village ! recommanda sa femme.

– Je me rends chez Kenhir, décida le traître.

Face aux artisans de l'équipe de droite, Paneb examina le plan que Féned le Nez avait utilisé.

– C'est un faux, conclut-il, et ce n'est pas difficile à prouver, pour trois raisons : d'abord, ce n'est pas l'encre que j'ai utilisée pour recopier l'original ; ensuite, l'épaisseur des lignes ne correspond pas à celle que j'obtiens avec mon pinceau ; enfin, la qualité du papyrus, que vous pourrez comparer avec le morceau qui subsiste dans la réserve du scribe de la Tombe, n'est pas identique.

– Je confirme, déclara Kenhir, et il n'est donc pas nécessaire de convoquer le tribunal puisque le maître d'œuvre n'a commis aucune erreur.

Tous les artisans se montrèrent soulagés, et Karo le Bourru fut le premier à congratuler Paneb.

Ched le Sauveur s'adressa à Féned le Nez.

– N'aurais-tu pas quelques explications à nous donner ?

# 62.

Féned le Nez s'affola.

– Des explications... Mais à quel propos ?

– C'est très simple, estima Ched : ou bien quelqu'un t'a volé le plan confié par le maître d'œuvre pour le remplacer par ce faux, ou bien c'est toi qui es l'auteur de cette machination.

– Moi, avoir commis un acte pareil ? Tu divagues !

Sentant peser sur lui les regards accusateurs de tous les artisans, le tailleur de pierre perdait pied.

– Vous vous trompez, je suis innocent !

– Viens avec moi, ordonna Paneb.

– Où m'emmènes-tu ?

– Si tu es coupable, le châtiment sera sévère ; si tu es innocent, tu n'as rien à redouter.

Comprenant qu'il n'existait pas d'échappatoire, Féned le

Nez suivit le maître d'œuvre qui le conduisit jusqu'à l'un des oratoires dont Ouâbet la Pure assurait l'entretien.

La prêtresse s'écarta pour laisser les deux hommes pénétrer dans une pièce voûtée, faiblement éclairée.

Entre les statues du fondateur de la confrérie, Amenhotep Ier, et de sa mère à la peau noire, symbole de l'œuvre alchimique, se tenait la femme sage qui élevait dans ses mains jointes une statuette de la déesse Maât.

– Face à l'éternelle rectitude et à nos saints patrons, jures-tu, sur la vie de Pharaon et sur celle du maître d'œuvre, que tu as le cœur et les mains purs ?

Sans quitter Maât des yeux, Féned le Nez s'agenouilla.

– Je le jure.

Paneb le releva.

– À moi de te donner l'accolade.

Les nouvelles que Taousert recevait du vizir Hori n'étaient guère réjouissantes. Se fondant sur des rapports rassemblés par son fils aîné dont personne ne contestait l'honnêteté, Seth-Nakht intensifiait l'effort de guerre. Les bouleversements politiques en Asie faisaient de plus en plus apparaître l'Égypte comme une proie tentante, et les maigres résultats de la diplomatie accréditaient l'hypothèse d'une tentative d'invasion.

Comme aucun incident grave ne s'était produit dans les protectorats, Seth-Nakht n'exigeait pas encore l'indispensable approbation de la reine-pharaon pour lancer l'offensive destinée à étouffer les velléités de l'ennemi dans l'œuf. Et le vizir Hori continuait à gérer avec soin l'économie du pays.

Taousert aimait Thèbes, elle y connaissait une sérénité qui lui avait paru inaccessible à Pi-Ramsès. Elle se rendait souvent à Karnak, célébrait des rituels dans le grand temple d'Amon-Râ et passait des heures trop brèves dans le jardin du palais.

La reine-pharaon quittait le bureau où elle avait reçu le supérieur des greniers lorsque son secrétaire particulier lui présenta une requête inattendue.

– Le maître d'œuvre de la Place de Vérité souhaiterait voir Votre Majesté de toute urgence.

Taousert eut une sorte d'éblouissement qui, pendant un instant, la fit vaciller.

– Majesté… Vous vous sentez bien ?

– Oui, oui, ne vous inquiétez pas.

– Je renvoie le maître d'œuvre pour que vous puissiez vous reposer.

– Non, j'accepte de le recevoir… Qu'il me rejoigne dans le jardin.

Jamais auparavant Taousert n'avait éprouvé une telle sensation de lassitude ; c'est avec peine qu'elle sortit du palais pour s'asseoir à l'ombre d'un grand sycomore.

Épuisée, elle ferma les yeux et songea à son mari défunt, chaque nuit plus présent dans ses rêves. Parfois, en écoutant les rapports des administrateurs qu'elle convoquait, elle s'étonnait de ses distractions, comme si l'exercice du pouvoir ne l'intéressait plus ; mais n'était-ce pas la conséquence d'une fatigue passagère ?

Pressentant une présence, Taousert sortit de sa léthargie.

Paneb l'Ardent se tenait devant elle, en plein soleil.

– Quelle urgence t'amène ici, maître d'œuvre ?

– Vous savez que le roi Seth-Nakht m'a ordonné de creuser sa demeure d'éternité dans la Vallée des Rois.

– Quoi d'étonnant ?

– La confrérie n'est pas en état de lui donner satisfaction.

– Que dois-je comprendre ?

– Que l'équipage de la Place de Vérité est occupé à construire votre temple des millions d'années et à préparer votre demeure d'éternité. L'ampleur de l'œuvre prévue ne laisse place à aucun autre travail d'envergure.

– N'êtes-vous pas contraints d'obéir ?

– Pas quand l'ordre est absurde et qu'une meilleure solution s'impose.

– Laquelle ?

– Elle vous surprendra, Majesté, et j'ai besoin de votre entière approbation. Étant donné que j'ai conçu une tombe très vaste et que deux pharaons règnent en même temps, pourquoi ne pas les associer à jamais ?

– Cela signifie-t-il... que je devrais accueillir Seth-Nakht dans ma demeure d'éternité ?

– En effet, si vous êtes la première à rejoindre la lumière divine d'où vous êtes issue. Sinon, c'est le roi Seth-Nakht qui vous accueillera.

Taousert était choquée.

– Surprenante proposition, en effet ! Pensais-tu vraiment que je l'accepterais ?

– Oui, Majesté, parce que je vous parle d'une œuvre où les querelles de personnes et les affaires temporelles n'ont pas leur place. Pas une scène, pas un texte n'évoqueront, de près ou de loin, les vicissitudes quotidiennes et les aspects humains de votre règne ; c'est votre dialogue avec les dieux et votre résurrection dans la lumière qui seront incarnés. Seul l'être de Pharaon vivra à jamais en ces lieux.

La tombe de Taousert et de Seth-Nakht... La reine ferma de nouveau les yeux pour envisager cette étrange réalité.

– Sur la déesse Maât, Majesté, je vous jure que je travaillerai sans relâche pour faire de votre demeure d'éternité la plus belle de la Vallée des Rois. Je transmettrai dans ma peinture tout ce que la confrérie m'a appris et tout ce que j'ai découvert au cours de mes années de travail. Votre visage rayonnera auprès des déesses, et la magie des couleurs le rendra inaltérable.

Plus jeune, plus vigoureuse, Taousert aurait rejeté la proposition de Paneb ; mais sachant qu'elle ne quitterait plus Thèbes et que le maître d'œuvre était sincère, elle céda.

– J'accepte, mais je ne suis pas seule en cause. Seth-Nakht, lui, refusera.

– Ne parviendrez-vous pas à le convaincre, Majesté ?

– Je suis certainement la plus mal placée pour entreprendre une pareille négociation.

– Si vous m'y autorisez, je m'en charge. Je pars pour la capitale afin de m'entretenir avec le roi.

– Mon secrétaire te donnera une lettre d'accréditation, mais je crains que cette démarche ne se traduise par un échec.

– Je veux être optimiste, Majesté.

– Et si le refus de Seth-Nakht est définitif ?

– Quoi qu'il arrive, je me consacrerai à votre demeure d'éternité.

– Continuez comme ça, dit le maître d'œuvre aux tailleurs de pierre qui progressaient dans la roche à une vitesse remarquable.

– C'est notre plus beau chantier ! s'exclama Nakht le Puissant. Je n'avais jamais travaillé avec autant d'enthousiasme... Tout se passe comme si cet endroit avait espéré notre venue ! Nous ne rencontrons aucune difficulté.

– Parce que toi, tu n'as pas de rhumatismes, objecta Karo le Bourru.

– J'ai une douleur dans le milieu du dos, se plaignit Casa le Cordage.

– Plaque-toi contre ma poitrine, ordonna Paneb.

Le colosse plaça la pointe de son sternum sur la vertèbre douloureuse, entoura Casa de ses bras puissants et le serra contre lui comme s'il voulait l'étouffer.

– Expire à fond !

Au moment où les poumons du tailleur de pierre se vidaient, Paneb serra encore plus fort, et chacun entendit un craquement.

– Ça va beaucoup mieux, constata Casa, libéré.

– Pas d'autre malade sur le chantier ? demanda le maître d'œuvre.

– Rien à signaler, répondit Kenhir, assis à l'ombre de la falaise.

– Ched le Sauveur et Gaou le Précis veilleront à l'exécution des plans que je leur ai confiés et que vous vérifierez avec soin, Kenhir.

Le scribe de la Tombe se leva et s'appuya sur sa canne.

– C'est un voyage dangereux, Paneb.

– Ne soyez pas inquiet, je reviendrai.

– Pi-Ramsès est plus redoutable qu'un nid de vipères ! Seth-Nakht te considère comme l'un des soutiens majeurs de Taousert et il ne te le pardonne pas. Je suis persuadé qu'il refusera ta proposition et te retiendra prisonnier.

– Il ne pourra pas imposer seul un nouveau maître d'œuvre à la Place de Vérité. Et je compte sur vous pour faire respecter notre Règle.

– Si tu écoutais enfin les conseils d'un homme d'expérience, tu ne partirais pas.

– Sans rencontrer Seth-Nakht, comment lui faire admettre la nécessité d'une tombe unique ?

Ses cheveux roux dissimulés par une magnifique perruque noire, les yeux délicatement fardés, Turquoise se tenait devant la grande porte du village.

Un sac sur l'épaule, Paneb s'immobilisa.

– Serais-tu hostile à ce voyage ?

– Qui, même la femme qui t'aime, pourrait t'empêcher de l'entreprendre ?

Le colosse contempla Turquoise avec un regard d'une telle intensité qu'elle frissonna.

– Pars, maître d'œuvre, et remplis ta fonction, même si elle doit brûler ta vie. Sinon, je ne t'aimerais plus.

# 63.

Habitué à se lever tôt, Seth-Nakht était resté cloué au lit par d'atroces douleurs dans le bas des reins, que son médecin personnel n'avait réussi à apaiser qu'en lui prescrivant un puissant calmant à base de pavot. Peu avant midi, le roi s'était soumis à une série d'examens.

– Alors, docteur ?

– J'aurais aimé vous dire qu'il s'agissait d'un banal lumbago mais je n'ai pas l'habitude de mentir. Désirez-vous entendre la vérité ?

– Ne me cachez rien.

– À votre guise, Majesté... Cette vérité, elle est toute simple : vous êtes un homme âgé et vos organes vitaux sont usés. Comme vous êtes doté d'une énergie supérieure à la moyenne, vous parvenez encore à l'oublier, mais cette bravoure s'épuisera vite. Bien entendu, vous absorberez des fortifiants, mais ils n'auront qu'une efficacité restreinte et ils ne feront que retarder l'échéance.

– Vous voulez dire... la mort ?

– Il faut vous y préparer, Majesté.

– Combien de temps ?

– Si vous viviez plus d'une année, ce serait une sorte de miracle. Je vous recommande vivement de restreindre dès aujourd'hui vos activités et de prendre un maximum de repos. Sinon, mon pronostic sera beaucoup plus pessimiste.

– Merci de votre franchise, docteur.

– Encore un détail, plus réjouissant celui-là : grâce à l'étendue de notre pharmacopée, vous ne souffrirez pas. Et je me tiens naturellement à votre disposition jour et nuit.

Malgré son manque d'appétit, Seth-Nakht s'était forcé à manger des côtes d'agneau et une salade. Le dos moins douloureux, grâce aux remèdes, il avait reçu le vizir Hori pendant une demi-heure avant que son secrétaire particulier ne lui apportât les messages confidentiels.

– Une lettre de la reine Taousert, Majesté. C'est le maître d'œuvre de la Place de Vérité qui vous l'apporte.

– Paneb l'Ardent, tu es sûr ?

– C'est un colosse qui domine d'une bonne tête le capitaine de votre garde d'élite.

– Alors, c'est bien lui ! Mais pourquoi s'est-il déplacé pour me transmettre un courrier ?

Intrigué, Seth-Nakht parcourut la missive qui était un simple mot de recommandation, priant le pharaon de recevoir au plus tôt le maître d'œuvre.

– Combien de rendez-vous cet après-midi ?

– Quatre, Majesté : le responsable de l'arsenal, le...

– Reporte-les à demain et fais venir Paneb.

Seth-Nakht se rinça la bouche avec de l'eau fraîche coupée de natron et il s'assit sur une chaise dont le dossier était orné de sceptres « puissance » en liaison symbolique avec Seth, son protecteur divin qui l'abandonnait au moment où il exerçait enfin le pouvoir.

Comme Séthi, deuxième du nom, Seth-Nakht s'était montré présomptueux en choisissant d'être un serviteur de Seth, ce feu céleste que seul Séthi Ier, le père de Ramsès le Grand, avait su dompter pour vivre l'un des règnes les plus grandioses de l'histoire égyptienne. Nul n'aurait dû tenter de l'imiter.

Rencontrer Paneb l'Ardent réconforta le monarque.

– D'après la lettre de Taousert, tu es pressé de me consulter.

– L'emplacement que vous souhaitiez pour votre tombe ne saurait convenir, Majesté.

– Ah... Tu souhaites donc m'en proposer un autre ?

– Exactement.

– Et tu as effectué ce voyage pour m'en parler...

– Oui, Majesté, à cause du caractère exceptionnel de cet emplacement.

– Est-il bien situé dans la Vallée des Rois ? s'inquiéta Seth-Nakht.

– Je pense que la vaste tombe en cours de construction pourrait abriter les deux pharaons qui gouvernent actuellement l'Égypte.

La voix grave de Paneb n'avait pas tremblé.

– Une même tombe pour moi et Taousert...

– La reine a accepté.

Seth-Nakht ne dissimula pas sa stupéfaction.

– Tu en es... certain ?

– Aucun doute, Majesté.

– Taousert et Seth-Nakht associés pour l'éternité... Et tu réclames mon accord ?

– Je l'espère de tout cœur.

Le vieil homme aurait aimé se lever, prendre l'air, réunir ses conseillers, mais il n'en avait plus la force. Quelques jours plus tôt, il aurait couvert Paneb d'injures pour avoir osé le défier ainsi. Mais aujourd'hui, tout était différent, si différent...

– Les travaux sont-ils très avancés ?

– Nous progressons vite, affirma Paneb, et je commencerai bientôt à incarner les divinités dans ma peinture. Désirez-vous que je vous soumette mes projets ?

– Ce ne sera pas nécessaire, tes compétences sont connues. J'accepte ta proposition, moi aussi, mais j'ai une exigence à formuler : hâte-toi, maître d'œuvre.

Accompagné de l'escouade de policiers du désert qui avait permis à Daktair d'intercepter les éclaireurs libyens, Méhy était fidèle au rendez-vous nocturne qu'il leur avait fixé.

Bien qu'un peu rassurés par la présence du général, les policiers redoutaient de s'aventurer en pleine nuit dans le désert. Outre les serpents, aussi nombreux que redoutables, il était peuplé de mauvais génies que les plus aguerris ne pouvaient terrasser.

Seule consolation : les Libyens et autres coureurs des sables devaient être aussi terrorisés qu'eux.

– Nous sommes trop peu nombreux, estima le commandant de l'escouade.

– Cette expédition doit rester secrète, rappela Méhy.

– Vous prenez trop de risques, général.

– Mettre la main sur un chef de clan libyen est particulièrement difficile, tu le sais aussi bien que moi. Quel que soit le péril, l'occasion était trop belle ! Et je suis heureux de prouver que je ne passe pas mon existence dans un bureau. Imagines-tu la joie de notre souveraine lorsque nous lui amènerons ce rebelle ?

– Ce serait une belle prise, reconnut le commandant.

Dès qu'ils s'engagèrent dans l'oued des gazelles, les cinq hommes marchèrent l'un derrière l'autre en redoublant de vigilance. Le policier de tête martelait le sol d'un long bâton fourchu, celui de queue portait une lourde besace que lui avait confiée Méhy.

En vue du puits abandonné, les policiers devinrent nerveux.

– N'allons pas plus loin, général. J'envoie l'un de mes hommes vérifier les alentours.

– Inutile, les Libyens seront au rendez-vous.

– Si nous ne prenons aucune précaution, nous serons abattus comme du gibier !

– Ne t'angoisse pas, commandant ; ils voudront d'abord voir ce que nous leur offrons.

La sérénité de Méhy ne rassura pas les policiers, redoutant de tomber dans un traquenard.

À quelques mètres du puits, les Libyens surgirent.

Huit guerriers, disposés en demi-cercle et brandissant des piques.

– Pas un geste, ordonna le général aux policiers égyptiens.

Méhy s'avança.

– J'ai demandé à rencontrer un chef de tribu. A-t-il eu le courage de venir ?

Six Doigts s'avança à son tour.

– Je ne suis pas un simple éclaireur, mais aussi le chef d'une tribu qui ne redoute aucun soldat égyptien. Et toi, es-tu vraiment le général Méhy, chef de l'armée thébaine ?

– Je le suis.

– Pourquoi voulais-tu me rencontrer ?

– Tu t'es approché bien près de notre territoire, ces temps derniers.

– Un jour, l'Égypte entière nous appartiendra !

– En attendant, je te propose une affaire.

Six Doigts fut aussi étonné que les policiers égyptiens.

– Je ne m'occupe pas de commerce !

– Si tu continues à attaquer des caravanes, je lancerai mes troupes à ta poursuite et tu n'auras aucune chance de m'échapper. J'ai beaucoup mieux à t'offrir.

Au policier qui portait la besace, Méhy fit signe de s'approcher.

– Ouvre-la et répands son contenu sur le sol.

Six Doigts n'en crut pas ses yeux. La faible luminosité nocturne devait l'abuser.

– C'est bien ce que tu penses, dit Méhy; n'hésite pas à toucher.

Le Libyen s'agenouilla.

De l'or... Plusieurs petits lingots d'or qui représentaient une véritable fortune!

Six Doigts leva des yeux interrogateurs vers Méhy.

– Que demandes-tu en échange?

– Aucun pillage dans la région thébaine, et un commando libyen que je pourrai contacter à ma guise et qui m'obéira au doigt et à l'œil.

– Tu te moques de moi! Comment pourrais-je avoir confiance en un général à la solde du pharaon?

Avec une vivacité qui stupéfia Six Doigts, Méhy dégaina un poignard et trancha la gorge du commandant de l'escouade égyptienne puis celle du policier qui avait porté l'or.

– Tuez les autres! ordonna-t-il aux Libyens.

Lancées avec violence et précision, deux piques se fichèrent dans la poitrine du troisième policier. Le quatrième, blessé à l'épaule, tenta de s'enfuir.

Méhy empoigna une pique plantée dans le sable et ne rata pas sa cible.

Frappé dans le dos, l'Égyptien s'écroula.

– Avoir confiance en moi te rapportera encore beaucoup d'or, annonça Méhy à Six Doigts, subjugué.

# 64.

Daktair avait encore grossi : impossible de résister aux petits plats de sa cuisinière égyptienne. Et plus il était soucieux, plus il mangeait. Ce matin-là, il avait dévoré un jarret de porc, du fromage frais et plusieurs grappes de raisin sans parvenir à retrouver un semblant de sérénité.

Lui, le brillant scientifique devenu directeur du laboratoire central de Thèbes, s'était embourbé dans un confort douillet au lieu de lutter avec acharnement contre les vieilles superstitions qui empêchaient l'Égypte des pharaons de s'engager sur la voie du progrès.

Le responsable de sa déchéance avait un nom : Méhy. Ce maudit général lui avait fait miroiter un avenir radieux sans tenir ses promesses. Il n'était pas parvenu à s'emparer de la pierre de lumière, le secret majeur de la Place de Vérité, et sa volonté de conquérir le pouvoir suprême n'était qu'illusion.

À l'heure présente, le général félon devait être mort, tué par les Libyens qu'il avait rencontrés dans le désert. Cette démarche prouvait que Méhy était devenu fou.

– Seigneur, puis-je lisser et parfumer votre barbe ? lui demanda sa coiffeuse.

– Dépêche-toi, je dois partir.

Daktair ne se rendrait pas au laboratoire où sommeillaient ses inventions rejetées par les temples, mais au palais royal pour y demander des nouvelles de Méhy.

Soit on avait ramené son cadavre, soit il avait disparu. Et si, par malheur, le général était revenu blessé ou indemne, Daktair avait décidé de le dénoncer à la reine-pharaon Taousert en lui racontant tout ce qu'il savait sur ce monstre. Le savant expliquerait qu'il avait été menacé et manipulé, et que son seul souci était la vérité.

Ainsi, il se vengerait de ce dément qui l'avait entraîné à l'échec.

Daktair terminait de se vêtir lorsque son intendant lui annonça une visite.

– Le général Méhy se trouve dans votre salle de réception. Il est pressé.

Le savant blêmit.

L'unique solution ne consistait-elle pas à s'enfuir en passant par le jardin ? Mais le général ne tarderait pas à comprendre et il rattraperait sa proie avant qu'elle ait eu le temps de passer sur la rive ouest et d'atteindre le palais.

Méhy n'oserait quand même pas le supprimer dans sa propre demeure ! Les domestiques accuseraient le général de crime, et leurs témoignages le feraient condamner à la peine capitale. Non, il n'avait rien à craindre tant qu'il ne sortirait pas de chez lui... Et si Méhy esquissait le moindre geste menaçant, il appellerait au secours.

L'estomac noué, le savant pénétra dans la salle de réception où son visiteur faisait les cent pas.

– J'ai failli attendre, Daktair !

– Général... C'est bien vous ?

– Redoutais-tu que je disparaisse dans le désert ?

– Cette aventure présentait beaucoup de risques, et je...

– Rassure-toi, mon fidèle ami, je suis indestructible ! Tout s'est fort bien passé, et je dispose à présent d'un commando libyen qui, dans quelque temps, me sera très utile.

– Mais... Comment ont réagi les policiers égyptiens ?

Méhy planta son regard dans celui du savant.

– Ils sont morts, bien entendu.

– Vous ne voulez pas dire que...

– Il n'y a pas dix façons d'être mort, mon cher Daktair, et il ne devait rester aucun témoin de ma rencontre avec les Libyens.

Daktair déglutit avec difficulté.

– Toi, c'est différent... Tu es mon allié.

– Vous pouvez en être sûr, général !

– J'ai d'excellentes nouvelles : la reine Taousert a annulé ses audiences parce que sa santé vient brusquement de décliner. Elle n'est plus capable d'examiner les dossiers et de tenir le gouvernail du bateau de l'État. Autrement dit, je redeviens le maître de Thèbes, et la Place de Vérité est privée de son principal soutien. Quelle meilleure occasion de lui porter un coup fatal ?

– Quelle merveilleuse nouvelle, en effet...

– J'ai besoin d'une arme particulière, mon très cher ami, et c'est toi qui vas me la procurer.

Bien qu'il disposât des pleins pouvoirs pour gérer la vaste villa de Moyenne-Égypte qui appartenait à Méhy, le scribe Imouni n'admettait toujours pas son exclusion de la Place de Vérité. C'était à lui, et à personne d'autre, qu'il revenait de la diriger. N'avait-il pas réuni les documents qui prouvaient le bien-fondé de ses revendications ?

Sa longue dépression terminée, Imouni passait enfin à l'offensive. Grâce à une argumentation détaillée, il ferait casser la décision du tribunal du village, obtiendrait la destitution de Kenhir et sa nomination comme scribe de la Tombe. Ensuite, il expulserait Paneb l'Ardent et s'imposerait comme patron de la confrérie.

Restait la femme sage, sur laquelle il n'avait aucune prise ! Il lui faudrait l'accord du tribunal local pour supprimer ce poste. Question de patience...

Imouni salua avec chaleur l'adjoint au maire de Thèbes, un excellent juriste au fait des législations les plus complexes.

– Merci d'avoir pris le temps d'étudier mon dossier et d'être venu jusqu'à moi.

– J'aime beaucoup cette région, et votre cas m'intéresse.

Les traits d'Imouni se crispèrent.

– Que pensez-vous de mon argumentation ?

– Elle n'est pas sans intérêt, mais elle ne suffira pas à terrasser vos adversaires.

– Alors, je n'ai aucune chance !

– Je n'ai pas dit ça, objecta le juriste, mais la meilleure solution consiste à trouver un vice de forme et à ne surtout pas aborder le fond. Étant donné la spécificité du tribunal de la Place de Vérité, vous seriez débouté.

– Mais j'ai tout de même été victime d'une injustice ! On n'a pas reconnu ma valeur, on a ignoré mes compétences et l'on m'a refusé le poste auquel j'avais droit !

– Sans doute, cher ami, mais je me place sur un terrain strictement juridique où vos affirmations n'auront aucune valeur.

Imouni se calma.

– Ce vice de forme... Vous l'avez trouvé ?

– Je crois que oui. D'après le calendrier des jours fastes et néfastes que la confrérie, dont la fonction religieuse est indéniable, aurait dû respecter, votre expulsion du village a été décidée un jour défavorable. En agissant ainsi, elle vous a mis en danger et vous doit donc réparation, à savoir votre réintégration. Ensuite, vous poserez officiellement et de l'intérieur votre candidature à la direction de la Place de Vérité.

– La reine-pharaon Taousert approuvera-t-elle ma démarche ?

– La santé de notre souveraine chancelle... C'est sans doute Seth-Nakht qui procédera à votre nomination.

Pour la première fois depuis qu'il avait été chassé du village, Imouni sourit.

Le flacon à long col contenait un onguent composé d'huile dite « stable », de fleurs d'acacia et de graisse fondue ; il avait l'apparence d'un gel, parfumait la peau et la brunissait légèrement pour la protéger du soleil.

Nue sur sa terrasse baignée de la puissante lumière de midi, Turquoise s'en enduisait les seins du bout des doigts.

Assis près d'elle, Paneb ne perdait pas une seconde du merveilleux spectacle.

– Peut-être pourrais-tu m'aider pour le bas des reins ? suggéra Turquoise.

Elle s'allongea sur le ventre, et la main du colosse se fit douce et précise pour déclencher chez sa maîtresse des vagues d'un plaisir auquel elle s'abandonna sans retenue.

Et lorsqu'il l'embrassa dans le cou, Turquoise ne résista plus au désir de l'attirer sur elle afin qu'il lui fasse l'amour avec cette fougue inépuisable dont elle ne se lasserait jamais. Complice de leurs étreintes, le soleil leur offrait une caresse brûlante qui nourrissait leur désir.

– Refuses-tu toujours de m'épouser ?

– Plus que jamais, répondit la prêtresse d'Hathor ; quelle folie d'échanger un amant comme toi contre un mari banal ! Rompre mon vœu nous conduirait tous les deux au malheur.

Chasse définitivement cette idée de ta tête et pense plutôt au discours que tu dois prononcer devant les deux équipes.

De retour de Pi-Ramsès, Paneb avait fait un court rapport oral au trio formé de la femme sage, du scribe de la Tombe et du chef de l'équipe de gauche pour leur annoncer l'accord de Seth-Nakht ; mais la confrérie, qui voyait de plus en plus le maître d'œuvre comme un héros capable de surmonter les pires difficultés, espérait davantage de détails.

Le colosse avait préféré rendre visite à Turquoise dont l'accueil avait été à la hauteur de ses espérances.

– J'ai horreur des discours... Puisque le chemin est libre, il ne nous reste plus qu'à œuvrer et à rendre incomparable la tombe de Taousert et de Seth-Nakht.

– Tu n'es pas en compétition avec tes prédécesseurs, Paneb.

La réflexion de Turquoise le cingla comme un coup de fouet.

– Je le suis avec moi-même ; sinon, je m'endormirais sur ma technique. C'est pourquoi j'exigerai de mes mains tout ce qu'elles n'ont pas encore donné.

# 65.

Pendant vingt heures, Paneb avait surveillé la cuisson d'un silicate double de cuivre et de calcium auquel était ajouté un sel de potassium comme fondant. Dans le moule, la température pouvait atteindre mille degrés, et le colosse régulait le feu afin d'obtenir un pigment, réduit en une poudre qui serait humidifiée et compactée de façon à lui procurer un bleu inimitable.

Il n'avait laissé à personne le soin de broyer cette poudre avant de l'agglomérer en pains discoïdes dont il délaierait des parcelles au fur et à mesure de ses besoins. Et c'était avec des graines de pistachier que le maître d'œuvre avait préparé un vernis de première qualité, indispensable pour fixer la peinture.

Quand il pénétra dans la demeure d'éternité où résideraient Taousert et Seth-Nakht, chaque artisan sentit qu'une étape essentielle de l'œuvre allait être franchie. Même Ched le Sauveur avait la gorge serrée.

– L'éclairage te convient-il ? demanda le peintre au maître d'œuvre.

Savamment disposées, trente lampes à trois mèches dispensaient une lumière intense dans le couloir descendant.

– Excellent. Les lampes de rechange ?

– Kenhir nous en accorde un coffre plein.

Le maître d'œuvre vérifia une dernière fois la qualité du support. Le calcaire avait été correctement recouvert d'un fin enduit qui formait une surface idéale pour le pinceau.

– Ce travail est une merveille, constata-t-il.

– Les plans détaillés sont prêts, et nous pouvons procéder à la mise au carreau.

– Ce ne sera pas nécessaire.

Ched le Sauveur fut étonné.

– Pas nécessaire... Tu comptes te passer du quadrillage qui t'offrira le système de proportions ?

– Ou bien elles sont vivantes dans ma main, ou bien j'échouerai.

– Tu cours un grand risque !

– Je sais, Ched. La vision de cette demeure d'éternité me hante depuis de nombreuses nuits, je vois chacune de ses figures, je ressens leur intensité, celle des signes de puissance qui transmettent la lumière dans les ténèbres. Lorsque nous refermerons la porte de la tombe, un rituel se mettra en acte, et les divinités parleront. En les peignant, en dessinant le Verbe qui les imprègne, je désire être digne de la Place de Vérité.

La voix grave du colosse avait empli un lieu qui n'était encore qu'un vide inanimé. Et tous les artisans de l'équipe de droite, qui croyaient pourtant bien le connaître, lui découvrirent soudain une nouvelle stature.

– Néfer le Silencieux est ressuscité dans son fils spirituel, murmura Didia le Généreux.

– Et c'est toujours le même maître d'œuvre qui dirige la confrérie, ajouta Thouty le Savant.

Paneb demeura un long moment immobile face à la paroi lisse.

– Il est l'heure de partir vous reposer au col, rappela-t-il. Moi, je passerai la nuit ici.

Dès que le cortège des artisans eut quitté la Vallée des Rois, Paneb se mit au travail. De même que le soleil mourant pénétrait dans les ténèbres pour se régénérer au cours des douze heures rituelles, de même l'artisan affronterait l'épreuve du silence de la tombe, seul face à l'œuvre naissante.

De retour sur le site, l'équipe trouva le maître d'œuvre assis près de l'entrée de la demeure d'éternité, les yeux mi-clos. Le soleil triomphait déjà dans le ciel.

– Je peux entrer ? demanda Ched le Sauveur.

Paneb hocha doucement la tête.

Suivi des autres artisans, le peintre pénétra dans le couloir encore illuminé par les lampes qui faiblissaient.

Et ils découvrirent les figures fantastiques des gardiens des portes de l'au-delà, armés de couteaux. De ces êtres redoutables, dont il fallait connaître les noms pour franchir le seuil de chaque heure de la nuit sans être détruit, Paneb avait fait autant de chefs-d'œuvre aux couleurs vives, heurtant l'âme et l'éveillant aux réalités invisibles.

– Sans quadrillage préliminaire, quelle incroyable précision dans les formes et dans les détails ! s'étonna Gaou le Précis.

– Si nous ne connaissions pas les textes qui apaisent ces créatures, je serais terrifié, avoua Paï le Bon Pain.

– Le feu de la cime anime les mains de Paneb, estima Ounesh le Chacal.

Interloqués, les frères du maître d'œuvre ne pouvaient détacher leur regard de ces gardiens impitoyables, garants de la rectitude.

– Au travail, ordonna Paneb en rejoignant ses compagnons.

– Ne devrais-tu pas dormir un peu ? suggéra Rénoupé le Jovial.

– Kenhir me traiterait de paresseux ! Continuons à creuser et préparons de nouvelles couleurs.

Comme de coutume, le banquet organisé par Méhy et Serkéta avait été un grand succès apprécié des notables thébains, parmi lesquels figurait le médecin-chef du palais. L'épouse du général, au décolleté généreux, se montrait particulièrement aimable avec lui.

– La province entière vante vos mérites, docteur, le félicita Méhy ; beaucoup affirment que votre sens du diagnostic est exceptionnel.

Le praticien serra sa coupe remplie d'un vin rouge de Khargeh.

– Vous me flattez, général.

– Pas du tout, mon cher ! La jalousie de vos collègues n'est-elle pas la meilleure preuve de votre succès ?

– Auriez-vous eu vent de certaines critiques ? s'inquiéta le médecin.

– J'ai horreur des envieux et je les ai découragés.

– Comment vous remercier, général ?

– Par bonheur, je jouis d'une parfaite santé ! Au moindre ennui, je ferais appel à vous.

– J'en serais très honoré. Ces critiques... Menaçaient-elles ma position ?

– De nombreux thérapeutes souhaiteraient prendre votre place et bénéficier des avantages importants qui lui sont attachés... Mais soyez rassuré : vous n'avez pas de meilleur défenseur que moi, et Thèbes ne néglige pas mes avis.

– J'en suis tout à fait conscient, général, et vous pouvez me considérer comme votre obligé.

Méhy entraîna son hôte dans le jardin, loin du brouhaha

de la grande salle de réception où des dizaines d'invités appréciaient les mets délicieux.

– Vous connaissez ma profonde affection pour notre souveraine qui illumine Thèbes de sa présence, dit le général d'une voix sourde, et je vous avoue mon inquiétude à la suite de rumeurs contradictoires. Les uns prétendent qu'elle souffre d'une indisposition passagère, les autres d'une maladie grave, voire incurable... Comme je ne suis pas parvenu à m'entretenir avec Sa Majesté depuis trois semaines, plusieurs décisions demeurent en suspens, et je ne sais plus quoi penser.

Le médecin parut gêné.

– Je vous comprends, mais le secret médical...

– Félicitations pour votre rigueur et votre sens de la déontologie, docteur; mais ne devez-vous pas admettre qu'il s'agit d'une affaire d'État ? Notre souveraine m'a chargé d'assurer la sécurité de la ville et de la province, et, sans directives précises, ma tâche s'annonce difficile. C'est pourquoi je compte sur vous.

En proie à un profond débat intérieur, le praticien se mordillait les lèvres.

– Puis-je exiger de vous une totale discrétion, général ?

– Dois-je répéter qu'il s'agit d'une affaire d'État et que mon appui vous est acquis ?

– Je vais en avoir besoin...

– Vos difficultés seraient-elles plus graves que je ne le supposais ?

– La reine souffre d'une maladie du sang incurable, général. Lorsque mes collègues constateront mon échec, ils m'accuseront d'incompétence et je perdrai mon poste, bien que je n'aie commis aucune faute.

– Voulez-vous dire que notre bien-aimée souveraine se meurt ?

– Son cas est désespéré, en effet.

– Quelle terrible nouvelle ! Mais vous avez eu raison de me faire confiance : je vous couvrirai.

– Général, je ne sais que dire et...

– Allez vous distraire un peu, mon ami.

Aussitôt après la mort de Taousert, Méhy licencierait cet incapable et l'enverrait moisir dans une bourgade de Nubie.

Restait l'essentiel : bientôt, il n'aurait d'autre adversaire que le vieux Seth-Nakht.

– Un message urgent, général.

L'intendant remit à Méhy un papyrus scellé en provenance de Pi-Ramsès.

Serkéta vit son mari s'isoler pour lire ce rapport écrit par un officier fidèle à Méhy et chargé de lui transmettre des informations confidentielles.

Le visage de Méhy s'empourpra, son épouse s'approcha.

– C'est incroyable, Serkéta, incroyable ! Le maître d'œuvre de la Place de Vérité s'est rendu à Pi-Ramsès, il s'est entretenu avec Seth-Nakht, et je ne l'apprends que ce soir ! Nous aurions pu organiser un guet-apens, intercepter Paneb, le...

Le général ouvrit largement la bouche comme s'il manquait d'air, il lâcha le papyrus et porta les mains à sa poitrine.

– Que t'arrive-t-il, mon doux amour ?

– Une terrible douleur... J'ai mal, je...

L'intendant intervint juste à temps pour retenir son patron qui s'écroulait, les yeux fixes.

– Un médecin, vite ! hurla Serkéta. Le général a une crise cardiaque !

# 66.

Au grand complet et en habits de fête, l'équipage de la Place de Vérité attendait l'arrivée de la reine-pharaon Taousert venue présider au rituel d'inauguration de son temple des millions d'années. Le soleil atteindrait bientôt le zénith, baignant de lumière le petit édifice aux proportions admirables.

Dans un ciel calme volaient des ibis et des flamants roses, tandis que Vent du Nord faisait une orgie de luzerne.

– Passerons-nous toute la journée ici ? s'inquiéta Karo le Bourru.

– Pourquoi pas, s'il le faut ? rétorqua Rénoupé le Jovial.

– Tu ne souffres pas de la chaleur, toi ! protesta Gaou le Précis.

– Maintenant que tu le dis...

– On pourrait demander l'autorisation de boire, suggéra Casa le Cordage.

Assis à l'ombre sur un tabouret, le scribe de la Tombe avait veillé à l'ordonnancement d'une cérémonie qui aurait dû commencer à l'aube. Plus les minutes passaient, plus il s'inquiétait.

– Taousert ne viendra pas, murmura Paneb.

– Ce n'est peut-être qu'un retard...

– Vous savez bien que non.

– L'inauguration n'a pas été reportée ! Encore un peu de patience...

– Les artisans ont faim et soif, Kenhir.

Le vieux scribe se leva avec peine et il s'entretint avec le prêtre chargé de faire des offrandes, chaque jour, au *ka* de la souveraine. Le ritualiste accepta de se rendre au palais pour y prendre des nouvelles.

Alors qu'il quittait le site, il se heurta à une délégation venant de la capitale. Après un bref échange de propos, il revint vers Kenhir.

– Sa Majesté est retenue, déclara-t-il ; nous procéderons sans elle à l'inauguration de ce temple.

– Pourquoi ne pas reporter la cérémonie ? suggéra le maître d'œuvre.

– Les ordres de Sa Majesté sont formels.

La confrérie se dirigea vers le sanctuaire afin de le rendre vivant et de faire rayonner son énergie, grâce à l'intervention de la femme sage ; mais cette naissance serait-elle suffisante pour restaurer la santé de la souveraine ?

La grande villa du général Méhy ne connaissait pas son animation habituelle. Le cuisinier ne savait quels plats préparer, et personne n'osait demander des instructions à Serkéta, car la maîtresse de maison était dans un état de nerfs proche de la folie.

Enfin, la porte de la chambre de Méhy s'ouvrit. Apparut le médecin-chef du palais.

– Alors, docteur ?

– Votre mari est sauvé.

– Son cœur est-il gravement atteint ?

– Je ne le crois pas. Il s'agit d'une simple alerte qui doit néanmoins l'inciter à restreindre ses activités et à prendre davantage de repos. Je lui ai prescrit des remèdes qui le remettront sur pied, à condition qu'il ne commette aucun excès.

Sans remercier le thérapeute, Serkéta fit irruption dans la chambre, angoissée à l'idée de trouver un mari diminué, incapable de poursuivre son chemin vers le pouvoir. En ce cas, il était regrettable que le médecin l'eût sauvé, et elle s'arrangerait pour se débarrasser de ce poids inutile.

Mais Méhy était debout, le teint rose, en train de manger des figues.

– Comment te sens-tu, mon doux amour ?

– Parfaitement bien, et j'ai faim ! Rassure-toi, mon cœur est aussi solide que du granit, et ce n'est pas un moment de fatigue qui ralentira mon rythme.

Serkéta se trémoussa comme une petite fille.

– Tu n'as pas envie de me le prouver ?

Méhy lui malaxa les seins.

– Tu n'auras jamais de meilleur mâle que moi, mais j'ai une urgence. Il me faut de l'or pour le commando libyen, et je le reçois aujourd'hui de Nubie.

– Ne dois-tu pas le livrer au temple de Karnak ?

– Bien sûr que si, et je ne manquerai pas à mes devoirs.

– Mais alors...

– Notre ami Daktair est un savant remarquable. Il m'aidera à résoudre ce petit problème.

C'est sous le commandement du général Méhy en personne qu'un détachement militaire convoya jusqu'au Trésor de Karnak les lingots d'or et d'argent destinés à l'embellissement du sanctuaire. Le grand prêtre reçut le général quelques instants et le félicita pour les précautions prises ; depuis qu'il veillait sur le transport de ces matériaux précieux entre tous, ni vol ni incident ne s'étaient produits.

L'or était destiné à orner des portes monumentales et des statues, l'argent à recouvrir le sol d'un sanctuaire qui deviendrait ainsi semblable au lac primordial d'où émanaient les forces essentielles de la vie.

Comme de coutume, un orfèvre de Karnak vérifia la qualité des métaux. D'ordinaire, c'était un vieil artisan, proche de la retraite, qui s'acquittait rapidement de cette tâche ; jamais les contrôleurs égyptiens travaillant en Nubie n'auraient expédié à Thèbes de l'or et de l'argent de mauvaise qualité.

Mais ce matin-là, le vérificateur était souffrant, et un jeune orfèvre, connu pour son caractère pointilleux, le remplaçait. Il s'acharnait donc à examiner chaque lingot avant d'imprimer la marque « bon ».

– Viens déjeuner, lui dit un collègue ; voilà plus de cinq heures que tu travailles sans lever la tête !

– J'arrive... Ah, encore un instant !

– Dépêche-toi, j'ai faim.

– Non, ce n'est pas possible...

– Qu'y a-t-il ?

– Il faut avertir l'orfèvre en chef.

– On ne va pas le déranger maintenant !

– Oublions le déjeuner... C'est trop grave.

Le scribe de la Tombe devisait avec le maître d'œuvre quand Niout la Vigoureuse les interrompit.

– L'orfèvre en chef de Karnak vous demande à la grande porte.

Kenhir et Paneb se regardèrent, étonnés ; l'important personnage ne sortait pas souvent de la cité sainte d'Amon et il ne passait pas pour un ardent défenseur de la Place de Vérité.

Le maître d'œuvre aida le scribe de la Tombe à se lever et il lui donna sa canne.

– Il faudrait faire renouveler votre traitement par la femme sage et prendre correctement vos remèdes, estima Niout ; sinon, vous finirez vraiment par vieillir.

Préférant ne pas entamer une polémique dont il n'avait aucune chance de sortir vainqueur, Kenhir se hâta de sortir de chez lui.

L'orfèvre en chef de Karnak semblait toujours aussi imbu de son titre, mais Paneb discerna néanmoins de l'inquiétude sous l'arrogance. Et il avait visiblement de la peine à aborder de manière directe le sujet de préoccupation qui l'avait conduit jusqu'à la zone des auxiliaires.

– Personne ne doit entendre notre entretien, déclara-t-il, nerveux.

– Asseyons-nous au pied de la colline, à une centaine de mètres d'ici, décida Paneb ; nous y serons tranquilles.

Kenhir avait l'œil amusé. Sans nul doute, l'orgueilleux personnage avait besoin des services de la confrérie ; et c'était la raison pour laquelle les mots sortaient de sa bouche avec tant de difficulté.

– Nous avons un ennui, avoua-t-il.

– Un artisan indélicat ? suggéra Kenhir.

– Non, bien sûr que non... Mais une livraison suspecte.

– En provenance de Nubie ?

– Oui, c'est bien ça.

– Impossible ! s'exclama le scribe de la Tombe ; les vérificateurs sont impitoyables !

– C'est également ce que je pense et c'est ce que nous avons toujours constaté... Mais cette fois, nous avons un doute et j'aimerais... un avis extérieur.

– Autrement dit, vous souhaitez consulter Thouty le Savant, l'orfèvre de la Place de Vérité.

– Si vous parvenez à le convaincre... Car lui et moi, nous ne nous aimons guère.

De fait, Thouty avait quitté Karnak sans regret, ne supportant plus d'être contraint d'obéir à un carriériste moins compétent que lui.

– La réponse appartient à notre orfèvre, précisa le scribe de la Tombe, non sans satisfaction. Le maître d'œuvre le sollicitera, mais je ne vous promets rien.

Comme Kenhir, Paneb n'avait nulle envie de baisser la tête devant leur hôte, mais il eut le sentiment que ce dernier était l'instrument du destin et qu'il ne fallait surtout pas négliger un tel signe.

Thouty sortait de chez la femme sage qui, en quelques séances de magnétisme, avait réussi à lui déboucher les canaux du foie. Enfin débarrassé d'une migraine tenace, l'orfèvre songeait au déjeuner plantureux qu'il comptait s'offrir lorsqu'il se heurta au maître d'œuvre.

– J'ai besoin d'une expertise, Thouty.

– Sans problème... Quel est l'objet en cause ?

– Des lingots de métal précieux.

– J'ai vérifié ceux que nous possédons : leur qualité est parfaite.

– Il s'agit de ceux du temple de Karnak qu'a apportés l'orfèvre en chef.

Thouty le Savant s'emporta.

– Ce petit tyran aussi vantard qu'incapable ? Qu'il se débrouille sans moi !

– Pour lui, venir jusqu'à nous fut une rude épreuve.

– Insuffisant ! Qu'il grimpe à genoux tous les sentiers de la montagne, on verra après.

– C'est moi qui te demande cette expertise, Thouty.

– Tu veux dire... En tant que maître d'œuvre ?

– Exactement.

– Là, c'est différent... Et je n'aurai pas à converser avec ce médiocre ?

– Je ferai l'intermédiaire.

– Les lingots d'or nous ont paru parfaits, déclara l'orfèvre en chef d'une voix mal assurée, à l'exception de celui-ci.

Thouty le pesa, le gratta avec un ciseau miniature et le posa sur son cœur.

– Il contient de l'argent, ce qui n'a rien d'anormal. Si on m'a convoqué ici pour se moquer de moi, je quitte les lieux immédiatement !

– Non, non ! supplia l'orfèvre en chef, nous partageons le même avis, et j'ai réprimandé notre jeune vérificateur qui a tendance à faire du zèle. En revanche, en ce qui concerne ce lingot d'argent, je crains que son appréciation...

– N'en dites pas davantage, exigea Thouty.

Cette fois, son examen ne lui donna pas satisfaction.

– Je dois me rendre dans mon atelier.

Thouty revint une heure plus tard et il planta son regard dans celui de son ex-supérieur.

– Qu'est-ce qu'il en pense, votre jeune vérificateur ?

– Ce lingot lui paraît bizarre, il hésite à le qualifier de « bon ».

– Avec le flair qu'il a, vous devriez l'élever rapidement dans la hiérarchie, car il a le sens du métal, lui ! Vous êtes victime d'un faussaire de génie, spécialiste d'un coup tordu que je croyais être l'un des seuls à connaître. On nettoie quatre fois de l'étain blanc et doux, on en mélange six parcelles avec du cuivre blanc de Galacie, et l'on obtient un faux argent de première qualité dont l'apparence abuserait n'importe quel technicien, même expérimenté.

Pendant que la femme sage ranimait l'orfèvre en chef de Karnak qui avait tourné de l'œil, Kenhir avertissait le chef Sobek.

Le scribe de la Tombe, le maître d'œuvre, Thouty le Savant, le policier nubien et leur hôte dont les mains tremblantes trahissaient le trouble se réunirent dans le bureau du cinquième fortin.

– Il faut envoyer quelqu'un de sûr à la mine d'où provient ce lingot d'argent, préconisa Kenhir, et sans prévenir la hiérarchie de Karnak qui est peut-être impliquée dans un trafic.

– Vous n'y pensez pas ! s'indigna l'orfèvre en chef.

– Cessez de cacarder comme une vieille oie, recommanda le scribe de la Tombe. Ou bien il y a complicité entre la mine et Karnak, ou bien les lingots livrés par cette mine sont corrects.

– En ce cas, estima Paneb, il y aurait eu vol et substitution pendant le transport.

– Il faudra donc en vérifier les conditions et interroger les responsables, jugea Sobek.

– C'est pourquoi tu dois partir immédiatement avec deux de tes hommes et Thouty le Savant, décida Kenhir. Et ne revenez qu'avec des certitudes !

# 67.

– Éveille-toi en paix, puissance divine, implora le maître d'œuvre dans le silence du sanctuaire qu'éclairait une faible lumière.

Paneb sortit de son naos la statue de la déesse Maât, la parfuma, l'orna, la vêtit et lui offrit les essences subtiles des nourritures afin de conclure une fois encore le pacte entre la confrérie et l'univers divin, à l'aube d'une nouvelle création.

Les formules de connaissance prononcées, Paneb éleva Maât vers elle-même en présentant à la protectrice de la confrérie une statuette en or d'une coudée, façonnée dans la pierre de lumière.

Particulièrement bouleversé par ce qu'il venait de vivre, le colosse referma les portes du Saint des saints après avoir effacé toute trace de ses pas.

Éblouissant, le soleil naissait de la montagne d'Orient. Et le doux sourire de Claire était, lui aussi, lumineux.

– Jamais je ne m'habituerai, lui avoua Paneb alors qu'ils sortaient de l'édifice; comment un être humain peut-il rencontrer Maât sans disparaître sur-le-champ?

– C'est ta fonction de maître d'œuvre qui communie avec la déesse, observa la femme sage. Confortons la présence de Maât en ce monde et rendons-le ainsi habitable.

Bientôt, le village serait presque désert, car chacun profiterait de la journée de repos accordée par Paneb pour effectuer des emplettes en vue de la grande fête de Ptah, le patron des artisans.

Pendant que son épouse achetait des étoffes sur un marché aussi coloré qu'animé, le traître faisait semblant de s'intéresser aux fines herbes que vendait une marchande dont le visage, savamment maquillé pour en modifier les traits, était en partie caché par une perruque lourde et grossière.

– J'ai bien reçu votre courrier codé, murmura le traître.

– As-tu progressé? demanda Serkéta.

– Je pense connaître la cachette de la pierre de lumière, mais elle est très difficile d'accès, et je ne veux prendre aucun risque.

– Ne modifie pas ton attitude. Dans peu de temps, nous t'aiderons de manière plus active.

– Qu'avez-vous prévu?

– Tu le verras bien. Pour le moment, nous avons un ennui.

– Je suis concerné? s'inquiéta le traître.

– Non, rassure-toi; mais il me faut un renseignement que toi seul peux me fournir et qui me permettra de résoudre cette difficulté.

Le traître donna satisfaction à Serkéta.

Turquoise avait appliqué sur sa peau des fards mélangés dans une coquille nacrée et s'était coiffée avec des aiguilles démêloirs et un peigne en bois aux dents fines avant d'utiliser un parfum que Paneb avait acheté au laboratoire du temple de Karnak. Il s'agissait d'un produit de synthèse*, obtenu au terme de cinquante jours de travail et dont le mélange de senteurs rendait Turquoise encore plus attirante.

Il ne lui restait plus qu'à passer la longue robe rouge des prêtresses d'Hathor et à orner son cou d'un collier de perles en cornaline alternant avec des pendentifs qui représentaient des grenades.

Lorsqu'elle sortit de chez elle pour emprunter la rue principale en direction du temple, les villageoises les plus acerbes en restèrent muettes d'admiration. À quarante-sept ans, la beauté de Turquoise était éblouissante.

La superbe rousse ne fut pas la dernière à rejoindre la confrérie rassemblée devant le pylône, car l'épouse de Casa avait dû changer de robe au dernier moment à cause d'une bretelle défectueuse.

– Ipouy l'Examinateur et Ouâbet la Pure ont été chargés d'organiser la fête, annonça le maître d'œuvre ; ils vous indiqueront les différentes étapes de son déroulement qui s'ouvrira, comme de coutume, par un hommage à Ptah.

Ouserhat le Lion dévoila une impressionnante statue du dieu, enserré dans un vêtement blanc d'où sortaient ses mains tenant le pilier « stabilité » et le sceptre « puissance ». D'une seule voix, les artisans entonnèrent un hymne à l'harmonie de la création, suivi d'un concert donné par l'orchestre des prêtresses d'Hathor. Lyres, flûtes et harpes unirent leurs sonorités.

– La fête commence bien, jugea Karo le Bourru, mais on s'inquiète tous pour Thouty ; ne devrait-il pas être revenu de Nubie ?

– Vu le nombre de vérifications qu'il doit effectuer, il n'y

* Des analyses récentes ont prouvé que l'art des parfumeurs égyptiens avait atteint un niveau exceptionnel.

a pas de quoi s'alarmer. Et n'oublie pas que Sobek est chargé de sa protection.

Rassurés, les artisans préparèrent avec entrain le premier banquet.

Alors que le soir tombait, ce fut Vilaine Bête qui donna l'alerte, aussitôt suivie de Noiraud. On approchait du village.

– Va voir, Nakht, ordonna le maître d'œuvre.

Par chance, le rituel de la fin du jour qui célébrait l'accomplissement du Grand Œuvre dont dépendait la sérénité de la confrérie venait de s'achever.

Nakht le Puissant courut jusqu'à la grande porte. Il revint quelques minutes plus tard, le visage radieux.

– C'est Thouty ! Il t'attend dans le bureau de Sobek.

Paneb emmena avec lui la femme sage et le scribe de la Tombe.

– Tu voulais des certitudes, lui rappela l'orfèvre : nous en avons. Les mineurs nous ont plutôt mal reçus mais, quand j'ai révélé mon appartenance à la Place de Vérité, le ton a changé. J'ai pu vérifier les lingots, Sobek a interrogé les contrôleurs. Tout était en règle.

– Vous vous êtes donc intéressés aux transporteurs.

– Ce sont des soldats placés sous l'autorité directe du vice-roi de Nubie. Leur chef exclut toute manœuvre frauduleuse et il a tenu à venir jusqu'ici pour prêter serment devant Maât et rédiger une déposition. Si tu désires t'entretenir avec lui, il se trouve au deuxième fortin.

Ainsi, l'oie et le chien ne s'étaient pas trompés : ils avaient bien senti une présence inhabituelle.

– À qui a-t-il remis son chargement ? questionna Paneb.

– Au général Méhy en personne, répondit Sobek. Et un détail l'a étonné : au lieu de le livrer immédiatement à Karnak, le général l'a entreposé une journée entière sur la rive ouest. De plus, selon le témoignage d'un garde, on a vu Méhy pénétrer dans la réserve en compagnie de Daktair, le patron du laboratoire central.

– Daktair, un excellent chimiste...

– La conclusion s'impose d'elle-même, trancha Thouty : le général a ordonné à son complice Daktair de fabriquer un faux lingot d'argent, et ils ont procédé ensemble à la substitution.

– Cela signifie que Méhy avait besoin de cette petite fortune pour soudoyer des sbires de manière occulte, avança Paneb.

– Ce trafic dure probablement depuis très longtemps, ajouta Sobek; le général est un voleur et un corrupteur qui achète les consciences afin de maintenir son emprise sur Thèbes.

– Nous n'avons malheureusement aucune preuve concrète.

– Ce faisceau d'indices concordants ne suffit-il pas? J'ai rédigé un rapport détaillé auquel s'ajoutent les divers témoignages recueillis.

– Tout converge vers Méhy, reconnut le scribe de la Tombe; et n'oublions pas sa dernière tentative pour discréditer le maître d'œuvre.

– N'oublions pas non plus nos multiples soupçons, recommanda Sobek avec animosité; ce voleur ne serait-il pas aussi un criminel? Il faut le faire comparaître devant un tribunal et lui extorquer des aveux. Lorsque Méhy sera privé de ses prérogatives et face à ses juges, sa vraie nature se révélera : celle d'un lâche.

– Étant donné sa position éminente, précisa Kenhir, une seule personne peut donner l'ordre d'arrêter le général : la reine-pharaon Taousert.

– Je me rendrai demain matin au palais, promit Paneb, et je lui exposerai ce que nous avons découvert. Même alitée, elle saura prendre la bonne décision.

Pour la première fois depuis de nombreuses années, Sobek

ressentit une certaine joie de vivre ; enfin, le général Méhy allait cesser de nuire !

Grâce à son insistance et à sa faculté de persuasion, le maître d'œuvre de la Place de Vérité avait franchi presque tous les obstacles. Il n'en restait plus qu'un : le médecin-chef du palais qui interdisait l'accès à la chambre de Taousert.

– Ce que je dois révéler à notre souveraine est de la plus haute importance, dit Paneb au praticien.

– Elle ne peut vous recevoir.

– Il s'agit de la sauvegarde de Thèbes, affirma le maître d'œuvre. Autorisez-moi à lui parler, docteur, ou bien vous serez jugé responsable d'un désastre !

– Il m'est impossible de vous aider, déplora le thérapeute.

– Pour quelle raison ?

– Sa Majesté est dans le coma et elle ne se réveillera pas.

# 68.

– Une lettre pour vous, annonça Niout la Vigoureuse à Kenhir qui dégustait un petit déjeuner reconstituant, composé de lait frais, de poisson séché, de figues et de pain chaud sortant du four.

– Lis-la-moi.

À l'écoute de la missive, le scribe de la Tombe manqua s'étrangler.

– Va me chercher Paneb !

La lecture de l'incroyable document provoqua chez le maître d'œuvre la même stupéfaction.

– C'est une provocation, estima-t-il.

– Et si ce délateur nous disait la vérité ? Dans ce genre de situation, il y a souvent quelqu'un qui craque, de peur des conséquences.

– Que préconisez-vous, Kenhir ?

– La solution la plus simple. Et nous saurons peut-être, enfin, qui nous persécute !

C'est une Serkéta méconnaissable qui pénétra dans l'entrepôt de meubles de Tran-Bel, occupé à faire ses comptes.

Depuis que le traître de la Place de Vérité ne lui fournissait plus de modèles à partir desquels il fabriquait de nombreuses répliques, chacune vendue comme objet unique et original, le chiffre d'affaires de Tran-Bel avait baissé. Or, la seule religion de ce dernier était précisément ce chiffre d'affaires dont il suivait l'évolution comme une mère la courbe de poids de son nourrisson.

Malgré le nombre important de ses clients et son habileté à les abuser, le marchand déchantait. N'étant qu'un comptable, il n'avait aucun sens de la création en ébénisterie, et ses rares idées avaient été des échecs. Aussi devait-il redresser au plus vite sa situation financière ; c'est pourquoi il s'était décidé à exploiter l'information plus que confidentielle qui lui permettait de faire chanter le général Méhy et son épouse.

– Je commençais à m'impatienter, dame Serkéta, et je me demandais si vous aviez réellement l'intention de m'associer à vos grands projets.

– Au plus grand d'entre eux, mon ami.

Tran-Bel roula son papyrus comptable.

– Vous... vous êtes sérieuse ?

– Autant qu'on peut l'être. Puisque le destin nous oblige à être alliés, pourquoi ne pas additionner nos forces ?

– Quel est ce projet ?

– Quand j'aurai parlé, tu ne pourras plus reculer, et nous agirons ensemble, sans arrière-pensée. Tu es bien d'accord ?

– Parlez, dame Serkéta.

– Après de longues années de recherche, nous savons enfin où se trouve la tombe d'Amenhotep I^er^, le fondateur de la Place de Vérité. Et nous allons la piller.

– Mais... Comment pénétrerez-vous dans la Vallée des Rois ?

Serkéta eut un sourire méprisant.

– La ruse des artisans consistait à faire croire que cette sépulture, qui contient d'inestimables trésors, avait été creusée dans la Vallée interdite. Or, nous savons aujourd'hui que ce n'est pas le cas.

– Et vous en connaissez l'emplacement exact ?

– Nous nous emparerons des richesses d'Amenhotep la nuit prochaine. Si tu le désires, tu participeras à l'expédition.

– Je désire beaucoup plus : l'organiser moi-même avec les hommes que je choisirai.

Serkéta parut boudeuse.

– J'aurai du mal à convaincre Méhy...

– Ce sont mes conditions, elles ne changeront pas. Où est cachée la tombe ?

– Rendez-vous au pied de la colline de Thot, après le coucher du soleil. Je te remettrai un plan et je t'attendrai là pour partager le butin.

– D'accord, mais venez seule.

Accompagné de ses trois plus anciens employés, aussi excités que lui par l'appât du gain, le marchand avait inspecté les alentours. Isolé, l'endroit semblait parfait pour dissimuler une tombe d'une telle importance.

Et le guetteur avait vu arriver Serkéta, seule.

– Vous avez le plan ? lui demanda Tran-Bel, nerveux.

– Le voici.

Elle lui tendit un étui de cuir fermé par une grosse ficelle, que le marchand dénoua avec difficulté avant d'en extirper un papyrus.

La lumière de la lune l'éclaira.

– La tombe n'est pas loin d'ici... Juste derrière la deuxième colline, vers l'ouest.

– Avez-vous le matériel nécessaire pour creuser jusqu'à la porte ?

– Bien entendu, et nous la forcerons facilement.

– Faites vite !

D'un pas pressé, les quatre voleurs se dirigèrent vers leur but, certains de dérober une immense fortune en toute impunité. Tran-Bel songeait déjà à s'attribuer la plus grosse part du butin.

Dès que la bande fut hors de vue, l'épouse de Méhy s'empressa de quitter le site. Si Tran-Bel avait effectivement rédigé une lettre de dénonciation qui mettait en cause le général, il avait eu le tort de l'adresser au substitut du vizir, l'un des meilleurs soutiens de Méhy. En échange de la destruction de ce document diffamatoire, le haut fonctionnaire avait été grassement payé.

Et Tran-Bel ne constituait plus une menace, mais un pion utile dans la partie qui opposait le général à la confrérie.

– C'est ici, chuchota Tran-Bel ; creusons.

Les pioches déchirèrent le sol avec une belle ardeur, et les quatre hommes dégagèrent une volée de marches.

Devant les yeux exorbités du marchand, la porte d'une tombe, scellée.

– Nous sommes riches, les gars !

Tran-Bel levait son pic pour fracasser les sceaux lorsque la voix impérieuse de Sobek interrompit son geste et figea les voleurs sur place.

– Vous êtes pris en flagrant délit de violation de sépulture, déclara le policier nubien. Ne tentez pas de vous enfuir, sinon mes hommes vous abattront.

Chacun savait qu'un délit aussi grave était passible de la peine capitale et qu'aucun juge ne se montrerait indulgent.

L'un des voleurs voulut s'échapper en courant vers le désert. Une flèche se planta dans son cou et il s'effondra, mort.

– Restez tranquilles, les autres, sinon vous subirez le même sort !

Ainsi, la lettre de dénonciation envoyée à Kenhir et signée du nom d'un des employés de Tran-Bel n'était pas un leurre. Mandaté par le scribe de la Tombe, Sobek avait opté pour une procédure de flagrant délit et il s'en frottait les mains.

– Je suis Tran-Bel, un commerçant honorablement connu ! Surtout, ne me touchez pas !

– Un peu tard pour avoir peur, mon gaillard ! Menottez-moi tout ça.

– Je... Ce n'est pas moi... C'est...

Ses cheveux noirs plaqués sur son crâne rond, les traits déformés par la souffrance et le ventre en feu, Tran-Bel tendit les bras vers Sobek et s'écroula, face contre terre.

– On ne l'a pas touché, chef, s'étonna un policier.

Du cadavre se dégageait déjà une odeur putride. Serkéta avait choisi un poison doté d'un effet retard qui empêcherait le maître-chanteur de révéler quoi que ce soit aux forces de l'ordre que Kenhir, informé par la lettre qu'elle avait écrite, ne manquerait pas d'alerter afin qu'elles arrêtent une bande de pillards.

Comme prévu, Tran-Bel avait manipulé la ficelle imprégnée de la substance mortelle avant de la jeter dans le sable. À partir de cet instant, il ne lui restait plus qu'une demi-heure à vivre, le temps d'atteindre la porte de la sépulture et d'agoniser en quelques secondes.

Kenhir était perplexe.

– Ce serait donc ce marchand de meubles qui cherchait à détruire la Place de Vérité...

– Sûrement pas, objecta le chef Sobek ; ce bonhomme n'était qu'un comparse.

La femme sage approuva, de même que le maître d'œuvre.

– Cet incident n'est qu'une tentative de diversion, continua le policier ; il ne faut plus lâcher Méhy. Tran-Bel a été empoisonné, et qui manie cette science redoutable mieux que

Daktair, le patron du laboratoire central de Thèbes-ouest et ami du général ?

– Ce ne sont que des suppositions, répondit Kenhir.

– Mon flair m'affirme que Méhy sera bientôt aux abois, insista le Nubien.

– C'est également mon avis, dit la femme sage avec calme, et il n'en devient que plus dangereux.

– Que faire, interrogea Kenhir avec angoisse, puisque Taousert est incapable de le mettre hors d'état de nuire ?

– Alertons le roi Seth-Nakht, proposa le maître d'œuvre.

– Sans preuve formelle ?

– Je prends sur moi cette responsabilité.

– Si Méhy se sent acculé, il réagira de manière violente, affirma Sobek.

– Il n'osera quand même pas nous attaquer ! s'emporta le scribe de la Tombe ; les soldats thébains n'obéiront pas à un ordre aussi insensé.

– Je prendrai quand même mes précautions, promit le Nubien.

– Et le traître tentera de l'aider de l'intérieur, rappela Paneb.

# 69.

Niout la Vigoureuse, sous la dictée de Kenhir, rédigeait le long rapport destiné au pharaon Seth-Nakht pour lui exposer les soupçons de la Place de Vérité sur le général Méhy. Hay, le chef de l'équipe de gauche, les interpella.

– Le facteur Oupouty souhaiterait voir le scribe de la Tombe.

– C'est vraiment indispensable ?

– D'après lui, c'est très important.

– Quand me laissera-t-on enfin tranquille... maugréa le vieillard. D'abord ce rapport interminable où je ne dois commettre aucune erreur, et puis mon départ imminent pour la Vallée des Rois ! Qui respecte encore mon âge ?

– Seul le travail vous maintient en bonne santé, jugea Niout.

S'appuyant lourdement sur sa canne, le vieux scribe gagna

avec lenteur la zone des auxiliaires. L'insistance du facteur ayant attisé sa curiosité, il franchit rapidement les derniers mètres du parcours.

– Saviez-vous qu'Imouni était de retour dans la région ? lui demanda Oupouty.

– Ce petit serpent, à Thèbes ?

– Malheureusement oui, Kenhir ; et il a tenu à me remettre en mains propres le texte d'une procédure qui vise à annuler son expulsion de la confrérie. Grâce à l'appui d'un adjoint au maire de Thèbes, un excellent juriste, il est persuadé d'obtenir sa réintégration et de devenir le prochain maître d'œuvre.

Kenhir consulta aussitôt le texte de la mise en demeure.

– C'est grave ? s'inquiéta Oupouty.

– Je crains que oui... Il ne s'agit que d'arguties juridiques, mais qu'il convient de prendre au sérieux.

– Cette vermine ne va tout de même pas gagner !

– Nous lutterons avec acharnement, promit le scribe de la Tombe. Mais oublions ce parasite, car je dois te confier une mission.

Oupouty adopta une attitude très digne.

– Je suis prêt.

– Dans quelques jours, je te remettrai un courrier à l'intention du pharaon Seth-Nakht et tu l'apporteras toi-même à Pi-Ramsès.

– C'est un grand honneur. Mais je dois signaler ce déplacement à ma hiérarchie.

– Sois très prudent, Oupouty.

– J'emprunterai le bateau postal réservé aux messages urgents ; que pourrait-il m'arriver ?

Daktair avalait une énorme cuisse d'oie qui avait mijoté dans une sauce au cumin lorsque le général Méhy fit irruption dans sa salle à manger.

– En route, Daktair.

Le savant faillit s'étrangler.

– Où... où allons-nous ?

– Tu pars pour le Gebel el-Zeit avec mon aide de camp et cinq de mes serviteurs capables de tenir leur langue.

– Un voyage épuisant...

– Tu connais l'endroit et tu sais ce que tu dois me rapporter au plus vite.

– Je ne suis peut-être pas l'homme de la situation et...

– Au contraire, mon cher Daktair, au contraire ! Tu es même le seul à pouvoir remplir cette mission délicate en toute discrétion. Dès ton retour, nous agirons. Toi qui souhaites depuis si longtemps que je tranche dans le vif, tu devrais être ravi.

Pendant que les deux équipes de la Place de Vérité, sous la direction de Paneb, travaillaient à l'achèvement de la vaste tombe de Taousert, le chef Sobek mettait en place un nouveau système de sécurité tout autour du village. Redoutant de plus en plus une agression, il était convaincu que les sbires de Méhy n'emprunteraient pas la piste officielle, trop surveillée ; c'est pourquoi il avait disposé des guetteurs à des endroits inhabituels.

Avec délectation, le policier nubien avait repris l'ensemble du dossier Méhy, en commençant par vérifier un détail qui ne lui était pas accessible à l'époque des faits. Muni d'un ordre d'investigation signé du scribe de la Tombe et contresigné du délégué du vizir qui n'avait pas osé refuser ce service à Kenhir, Sobek était à présent autorisé à fouiller dans les archives concernant les mutations à l'intérieur des divers corps de police.

D'après un document explicite, classé au nombre des propositions refusées par le vizir, ce n'était pas le défunt Abry, alors administrateur principal de la rive ouest, qui avait désiré muter Sobek dans la police fluviale, mais bel et bien le général Méhy !

Ainsi, cet hypocrite avait voulu écarter le Nubien, faire nommer à sa place un homme de paille et priver la Place de Vérité de protection rapprochée. En éloignant Sobek, il l'empêchait surtout d'enquêter sur le meurtre d'un policier... Un meurtre dont il était l'auteur !

Le cœur battant, Sobek traversa le Nil en barque puis força son cheval afin d'atteindre le village aussi vite que possible.

Prévenus de son retour, le maître d'œuvre, le scribe de la Tombe et la femme sage ne tardèrent pas à le rejoindre dans son bureau.

– Je n'ai plus aucun doute sur la culpabilité du général, conclut-il après avoir exposé sa découverte, et le pharaon Seth-Nakht en sera convaincu, lui aussi ! Méhy est un assassin, il a éliminé les gêneurs qui auraient pu le dénoncer, comme l'administrateur Abry, les soudards libyens payés pour s'introduire dans le village et d'autres encore.

– Tu nous décris un véritable monstre ! remarqua Kenhir.

– Il y a plus atroce, poursuivit le policier. Voici la lettre anonyme qui accusait Néfer le Silencieux d'être le meurtrier de mon jeune subordonné et voici le courrier de Méhy préconisant ma mutation.

– L'écriture est identique ! constata Paneb. Mais alors...

Claire avait blêmi.

– Le général Méhy a tenté de nous faire croire que l'assassin de Néfer était un auxiliaire, rappela Sobek. Pourquoi, sinon pour protéger son complice, l'artisan qui trahit la confrérie ? Ce dernier fut le bras armé de Méhy qui n'a d'autre but que de détruire la Place de Vérité et de s'emparer de ses trésors.

Un long silence succéda à ces déclarations. La femme sage ferma les yeux.

– Sobek ne se trompe pas, déclara-t-elle.

– Je tuerai Méhy de mes mains ! promit Paneb.

– Ce n'est pas à toi de faire justice, objecta Kenhir ; j'ajouterai ces éléments à mon rapport, et Seth-Nakht ordonnera l'arrestation du général.

Méhy avait passé la matinée à chasser les oiseaux au bâton de jet dans les fourrés de papyrus ; vu son maigre butin, il était rentré à sa villa de fort méchante humeur et, une fois de plus, avait passé ses nerfs sur son personnel.

Le visage radieux de Serkéta, alanguie au bord de la pièce d'eau, le rassura.

– Notre petit problème est réglé, annonça-t-elle.

– Tran-Bel est mort ?

– Ai-je déjà échoué, mon tendre chéri ? Regarde... Un gradé t'a apporté un rapport de police.

Le général le lut avec satisfaction.

– Selon tes prévisions, le chef Sobek a pris en flagrant délit une bande de pillards commandée par Tran-Bel. Lui et l'un de ses employés sont morts, les deux autres ont été arrêtés et jetés en prison.

– Pour Sobek et la Place de Vérité, plus aucun doute : leur pire ennemi est éliminé. Ils baisseront donc la garde et...

L'intendant s'inclina.

– Votre secrétaire particulier vous demande, général.

– Qu'il me rejoigne dans ma salle d'audience, ordonna Méhy, intrigué.

Le fonctionnaire avait l'air sombre.

– J'ai des nouvelles alarmantes, général.

– À quel propos ?

– Le chef Sobek mène une enquête approfondie sur votre compte, avec l'accord du palais. Il a soustrait le document prouvant que vous avez demandé sa mutation, il y a de nombreuses années.

– Fâcheux, en effet.

– Peut-être a-t-il découvert autre chose...

– Pourquoi cette inquiétude ?

– Parce que le facteur Oupouty doit bientôt partir pour Pi-Ramsès en mission spéciale. Autrement dit, il est chargé d'un message important destiné au roi Seth-Nakht.

– En soupçonne-t-on la teneur ?

– Il pourrait vous concerner, général...

– Préviens-moi immédiatement si tu apprends du nouveau.

Méhy retourna auprès de sa femme.

– Un nouvel ennui, ma douce.

Toujours alanguie, elle ouvrit des yeux avides.

– Qui cherche encore à te nuire ?

– Sobek n'a toujours pas renoncé... Ce Nubien, je m'en occuperai moi-même dès le retour de Daktair. Toi, tu te chargeras du facteur Oupouty.

– Ce ne sera pas bien difficile...

– Le courrier dont il est responsable ne doit pas parvenir à Seth-Nakht. Tu le remplaceras par un autre que l'on retrouvera sur son cadavre et qui sera aussitôt apporté au roi. Dans cette lettre, signée de ma main, je dénoncerai Paneb et les artisans de la confrérie comme de dangereux comploteurs opposés à notre monarque bien-aimé.

– Délicieuse idée, apprécia Serkéta.

# 70.

Violemment frappée par Méhy parce qu'elle avait renversé une coupe de vin, la petite servante nubienne, en pleurs, s'était réfugiée dans l'étable. Pendant que l'intendant la cherchait en vain, elle avait pris la décision de quitter ce domaine où elle subissait trop de sévices.

Mais elle, à la différence de ses collègues terrorisées par le général, aurait le courage de révéler la vérité. La servante avait entendu parler du policier qui assurait la sécurité du village des artisans, un compatriote passant pour incorruptible. À lui, elle avouerait tout.

Quand la voie fut libre, la petite Nubienne sortit de la propriété et passa par les champs pour atteindre la lisière du désert. Là, elle demanda son chemin à une paysanne.

Ignorant la fatigue, la servante marcha jusqu'au premier fortin. Un policier nubien l'arrêta.

– Où vas-tu comme ça, gamine ?

– Voir ton chef.

– Qu'as-tu à lui raconter ?

– Je veux porter plainte contre le général Méhy.

Le policier aurait dû éclater de rire, mais la petite semblait si convaincue qu'il la prit au sérieux.

– On va le prévenir, attends ici.

– Tu désires me parler de Méhy ? demanda Sobek dont la stature impressionna la Nubienne qui surmonta pourtant ses craintes, décidée à aller jusqu'au bout.

– Le général m'a frappée à plusieurs reprises. J'en ai encore les marques.

Sobek constata que la victime ne mentait pas.

– C'est un délit extrêmement grave qui enverra le général en prison.

– Tant mieux !

– Auras-tu le courage de l'affronter face à face au tribunal et de répéter cette accusation ?

– Plutôt dix fois qu'une !

– Je vais donc prendre ta déposition, et nous nous rendrons ensemble chez un juge pour y enregistrer ta plainte.

Avant même que le pharaon n'examinât le dossier rédigé par le scribe de la Tombe, le général serait incarcéré.

– Il n'y a pas que lui qui mérite d'être condamné, ajouta la Nubienne.

– Ah... Qui d'autre ?

– Sa femme... Une folle ! La dame Serkéta prend des colères à faire trembler les murs, elle se trémousse par terre, elle mange pendant des heures ou bien elle hurle ! Il la calme en lui faisant l'amour comme une bête en rut. Et puis elle se déguise...

– Je ne comprends pas.

– Elle qui est si riche cache des vêtements de paysanne dans un coffre, et je l'ai déjà vue sortir habillée en pauvresse.

Sobek se souvint qu'une paysanne avait été soupçonnée de meurtre... Une meurtrière qui n'était autre que Serkéta, l'exécutrice des basses œuvres de Méhy !

– Une fois, continua la servante, ils ont parlé de la Place de Vérité et de vous avec un petit scribe au ton mielleux et au visage de rongeur.

– Te souviens-tu de son nom ?

– Imouni, je crois.

Ainsi, c'était bien lui, le traître ! La confrérie en était donc débarrassée, mais Sobek ne devait pas perdre une minute pour empêcher le couple maléfique de nuire à nouveau.

– On va te donner à boire et à manger, et tu seras protégée.

La petite Nubienne embrassa le policier sur la joue. Plus ému qu'il ne le laissa paraître, le chef Sobek courut jusqu'au village.

Dès que Kenhir en sortit, il lui fit part des révélations capitales de la servante.

– Cette fois, le général est perdu, jugea le scribe de la Tombe. Dommage qu'Oupouty soit déjà parti pour Pi-Ramsès, j'aurais joint à mon rapport les accusations de cette petite... Mais ce n'est que partie remise.

– Déjà parti... Mais il est en danger de mort ! Jamais il ne se méfiera d'une paysanne !

Le facteur Oupouty avait revêtu ses plus beaux habits, ciré lui-même le lourd bâton de Thot, signe visible de sa charge, et glissé dans son sac à dos en cuir blanc le rapport du scribe de la Tombe.

Sur le chemin menant à l'embarcadère, il croisa deux jeunes scribes qui le saluèrent respectueusement.

Au pied d'un vieux tamaris, une paysanne au visage en

partie dissimulé par une perruque grossière se tordait de douleur.

Oupouty n'aurait pas dû s'arrêter, mais il ne pouvait pas laisser cette femme souffrir ainsi. Et puis le bateau ne partirait pas sans lui.

– Que t'arrive-t-il ?

– Je crois que je me suis cassé la jambe, gémit Serkéta d'une voix plaintive.

– Je vais alerter les secours.

– Non, non, j'ai trop peur de rester seule... Aide-moi à me relever !

– Ce n'est pas prudent, tu risques d'aggraver ta blessure.

– Je t'en prie, aide-moi...

La stratégie de Serkéta était aussi simple qu'efficace. Lorsque le facteur lui tendrait la main, elle se servirait du poignard dissimulé sous sa tunique et lui percerait le cœur. Mais pour se redresser et obtenir un bon angle d'attaque, elle dut prendre appui sur le bâton de Thot.

– N'y touche pas ! s'indigna Oupouty en reculant avec vivacité.

Debout, poignard en main, Serkéta avait raté son attaque-surprise.

– Mais... Tu es folle !

Poussant un cri de rage, l'épouse de Méhy se rua sur sa proie.

Estimant le courrier en danger, Oupouty n'hésita pas. Il se servit du bâton de Thot comme d'une massue et fracassa le crâne de l'hystérique.

Le visage en sang, les yeux révulsés, les doigts crispés sur le manche de son arme, Serkéta vacilla avant de s'effondrer sur elle-même, morte.

– Thot, le dieu de la connaissance et des paroles sacrées, ne permet pas que l'on s'attaque aux facteurs, déclara Oupouty en guise d'oraison funèbre.

Il y avait Hathor, coiffée d'une perruque bleue surmontée d'un soleil rouge d'où jaillissait un cobra rouge et noir ; Ptah, dans sa tunique moulante d'un blanc éclatant qu'enveloppaient les ailes de Maât ; Osiris, orné d'un collier d'or et vêtu d'une cape rouge, assis sur son trône face à un grand lotus sur lequel se tenaient ses quatre fils ; et tant d'autres divinités que Paneb avait peintes avec un génie incomparable.

Mais son chef-d'œuvre le plus extraordinaire, auquel il mettait la dernière main, était l'immense salle du sarcophage dont les piliers étaient décorés de figures élancées, les soubassements des divers éléments du mobilier funéraire et la grande paroi d'une scène géante évoquant la transmutation alchimique et la préparation du nouveau soleil. Au-dessus d'un gigantesque bélier pourvu de deux ailes vert et rouge, deux hommes, accompagnés d'âmes-oiseaux, soutenaient un disque solaire rouge qu'avait façonné un scarabée noir ; et se formait un enfant solaire, protégé par la déesse Ciel qui le ferait surgir dans la lumière de l'aube, conçue dans le giron de l'univers.

Le colosse avait utilisé une énorme quantité de lampes sans que Kenhir s'autorisât la moindre remarque ; et Ouâbet la Pure s'était montrée particulièrement active lors de la fabrication des mèches. Alliant la puissance de travail à la finesse de l'exécution, Paneb avait illuminé la tombe de couleurs vives tout en transmettant la force spirituelle des symboles qui maintiendraient l'âme de Taousert au cœur de l'éternité.

Ne dormant qu'une heure de temps à autre, Paneb voulait remporter le combat contre la mort qui rôdait autour de la reine-pharaon. Persuadé de la tenir en respect grâce à sa peinture, il ne s'était accordé aucun répit.

Le son caractéristique de la canne de Kenhir frappant les marches retentit dans la descenderie.

Ébloui, le vieux scribe s'immobilisa sur le seuil de la salle du sarcophage.

– Qui es-tu vraiment, Paneb, pour avoir créé de telles merveilles ?

– Ni plus ni moins qu'un Serviteur de la Place de Vérité.

– Au cours de ma longue existence, je n'ai pas admiré grand monde et je ne devrais pas te l'avouer... Mais je remercie les dieux de m'avoir accordé la chance de contempler ces peintures.

– Nous vaincrons la mort, une nouvelle fois !

– Sobek nous attend à l'entrée de la Vallée. Des événements graves viennent de se produire.

– Le facteur Oupouty a tué Serkéta, l'épouse du général Méhy, révéla le policier nubien. Elle était déguisée en paysanne et a tenté de le poignarder pour détruire le rapport du scribe de la Tombe destiné au roi Seth-Nakht et lui substituer une lettre signée de Méhy, accusant la confrérie de comploter contre Pharaon. Je me suis rendu à la villa du général et à son bureau de l'administration de la rive ouest, mais il ne s'y trouvait pas.

– Sans doute s'est-il réfugié à la caserne principale de Thèbes, sur la rive est, avança Kenhir.

– C'est certain, et je ne suis malheureusement pas autorisé à l'arrêter.

– Je rédige immédiatement les compléments indispensables à mon rapport, et tu les remettras à Oupouty.

– Le facteur est placé sous la protection de la police, et il n'attend que vos ordres pour partir. Une autre bonne nouvelle : grâce au témoignage de la servante que brutalisait Méhy, nous connaissons le nom du traître : l'ex-scribe assistant Imouni.

– Imouni, l'assassin de Néfer le Silencieux... balbutia Kenhir. Comment a-t-il pu commettre un acte aussi abominable ?

Paneb demeura imperturbable.

– Je vous conseille de retourner au village et de prendre les armes, déclara Sobek avec gravité ; je redoute que le général, comme n'importe quel fauve sur le point d'être capturé, ne redouble de férocité.

# 71.

– La Place de Vérité est sous l'autorité directe de Pharaon, rappela le commandant de l'infanterie ; sans un ordre explicite de Sa Majesté, aucun soldat thébain ne se lancera à l'assaut du village et ne fera couler le sang de la confrérie.

Cette prise de position ne surprit pas le général Méhy. Et ce n'était pas Seth-Nakht qui donnerait un ordre pareil.

– Soyons fiers du loyalisme de nos hommes, fanfaronna Méhy ; c'est grâce à lui que l'Égypte demeurera une grande puissance. Bientôt, nous procéderons à un exercice avec les armes nouvelles qu'a fabriquées l'arsenal. Qu'elles soient déposées dans la première réserve.

Le commandant s'inclina et sortit du bureau.

Dès que Méhy avait appris la mort de Serkéta, il avait traversé le Nil pour se réfugier dans la caserne principale de

Thèbes-est où il était momentanément hors d'atteinte. Mais quand le décret royal promulgué par Seth-Nakht parviendrait à Karnak, la police serait en droit de l'arrêter.

La Place de Vérité n'était pas encore victorieuse. La violence permettrait au général de triompher.

Daktair n'avait qu'une journée de retard sur l'horaire prévu. Il était aussi épuisé que l'aide de camp du général et les cinq serviteurs, éreintés par la marche forcée.

– As-tu le nécessaire ?

– Oui, général : une belle quantité d'huile de pierre !

– Tu en as vérifié les propriétés ?

– Vous ne serez pas déçu.

– Il ne nous reste qu'à sortir les armes de la première réserve et à rejoindre les Libyens qui se cachent dans un fortin en ruine.

Le gardien fut étonné de voir Méhy en personne, son aide de camp et des civils charger épées, lances, arcs et flèches sur des ânes et quitter la caserne en toute hâte, mais un simple soldat n'avait pas son mot à dire.

Six Doigts appréciait en connaisseur le tranchant des épées, la légèreté des lances et la dureté des pointes de flèche.

– Notre meilleur matériel, indiqua Méhy, et ce n'est pas tout ! Nous disposerons aussi d'une arme inédite avec laquelle nous détruirons la Place de Vérité après avoir tué les policiers nubiens qui tenteront en vain de la défendre.

– Où est-elle ?

– Dans ces jarres.

Le Libyen en ouvrit une.

– Mais... Ce n'est qu'une huile grasse et puante !

– Elle possède une qualité remarquable, comme mon ami Daktair va te le prouver.

Le chimiste répandit un peu du liquide sur l'un des coffres

qui avaient servi à transporter les armes et, à l'aide d'un briquet en silex, il y mit le feu.

L'intensité des flammes et leur vitesse de propagation stupéfièrent Six Doigts et ses hommes.

– Avec cette huile-là, affirma Méhy, nous brûlerons n'importe quoi, même de la pierre !

Se saisissant de la jarre, il en aspergea Daktair.

– Général... Qu'est-ce que vous faites ?

– Un savant aime les expériences, non ? Voyons si celle-là réussira.

Méhy jeta sur Daktair un débris de coffre enflammé, et le malheureux s'embrasa aussitôt. Il partit vers le désert en courant et en poussant des hurlements qui glacèrent le sang des Libyens, avant de s'effondrer, réduit à l'état de cadavre noirci.

– Voilà comment finiront les Serviteurs de la Place de Vérité, prophétisa Méhy. À présent, Six Doigts, débarrasse-moi de mon aide de camp et de ces imbéciles de domestiques. Je veux effacer toute trace du passé.

Seul l'aide de camp tenta de lutter, mais un poignard lui trancha la gorge.

– Cette huile qui brûle si bien n'est rien en comparaison du fabuleux trésor dont nous allons nous emparer, précisa le général ; grâce à lui, je mènerai la Libye à la victoire totale.

Alors que tout paraissait tranquille, les poils de Charmeur, l'énorme chat tacheté de blanc, de noir et de roux, se hérissèrent, Noiraud grogna et Vilaine Bête parcourut la rue principale en battant des ailes.

Et le gardien de la porte frappa de grands coups.

Les artisans sortirent du village, Paneb et la femme sage à leur tête.

– L'un de mes guetteurs vient d'apercevoir une trentaine d'hommes armés, révéla Sobek. J'ai alerté l'état-major, mais aucun gradé ne prendra la moindre responsabilité en l'absence de Méhy.

– Nous ne sommes pas des soldats et nous ne savons pas nous battre, déplora Paï le Bon Pain.

– Que le silencieux devienne violent si les lieux sacrés sont menacés, car Dieu ne laissera pas agir celui qui se rebelle contre le temple, préconisa Claire en citant un sage. S'il le faut et quand il le faudra, je ferai intervenir mes alliés de la montagne.

Kenhir avait extrait de la chambre forte épées, lances et poignards fabriqués par Obed le forgeron.

– Étant donné la gravité de la situation, jugea le scribe de la Tombe, je vous autorise à vous servir de ces armes.

– L'équipe de gauche viendra avec moi, décida Paneb, l'équipe de droite restera au village pour assurer la protection des femmes et des enfants.

Sobek comprit la raison de cette décision : le maître d'œuvre ne croyait pas qu'Imouni, l'ex-scribe assistant, fût le traître. S'il avait offert une arme à ce dernier, il aurait été frappé dans le dos au cours de la bataille.

Paneb emmena le chef de l'équipe de gauche à l'écart.

– J'ai totale confiance en toi, Hay ; tu te tiendras près de la femme sage, tu la protégeras et tu lui obéiras, quoi qu'elle te demande.

– Tu as ma parole, Paneb.

Si le traître tentait de nuire à l'intérieur du village, Claire le repérerait-elle à temps et Hay réussirait-il à le terrasser avec l'aide des membres de l'équipe de droite ?

– Suivez-moi, exigea Sobek ; je vous expliquerai comment agir.

Paneb n'utiliserait qu'une seule arme : le grand pic marqué par le feu céleste. Qui mieux que Seth, le maître de l'orage, lui insufflerait la force de vaincre ?

Méhy avait évité le chemin d'accès traditionnel pour choisir un sentier où Sobek ne disposait jamais de guetteur. Les Libyens supprimeraient les policiers nubiens, et le général planterait son épée dans le ventre de leur chef en lui infligeant une agonie lente et douloureuse.

Et puis ce serait le massacre. Pas un des villageois n'en réchapperait, les Libyens s'empareraient de l'or alchimique, Méhy de la pierre de lumière, et il répandrait partout de l'huile de pierre afin que le feu n'épargne aucune parcelle de la Place de Vérité.

Le commando longeait les cultures quand le premier Libyen s'effondra, le cou transpercé d'une flèche.

Le temps que Méhy repère la direction d'où elle avait été tirée, quatre autres coureurs des sables furent abattus.

– Là-bas, le monticule ! hurla Six Doigts qui partit aussitôt à l'assaut de la position.

Méhy se sentit perdu.

Pourquoi cette attaque, si loin du village, à un endroit que les policiers n'auraient pas dû surveiller ?

Quand plusieurs autres Libyens mordirent la poussière, le général comprit que l'opération tournait au désastre. Aussi essaya-t-il de s'enfuir par les champs.

Mais trois artisans de l'équipe de gauche lui coupèrent la retraite. Méhy déguerpit vers les collines, avec l'espoir de grimper plus vite que ses poursuivants.

Il se rapprocha de Six Doigts et de ses lieutenants qui se battaient avec férocité et tentaient de retourner la situation en leur faveur. Deux Nubiens avaient été tués, plusieurs autres blessés.

Et deux artisans allaient succomber sous les coups de l'adversaire quand plusieurs cobras semblèrent surgir de terre pour mordre les Libyens au mollet.

– Les alliés de la femme sage ! cria Paneb ; avec eux, nous ne risquons plus rien !

Obstiné, Six Doigts affronta un Sobek déchaîné. Il tenta de frapper l'athlète noir au flanc, mais ce dernier, plus prompt, lui planta son épée dans la poitrine.

# LA PLACE DE VÉRITÉ

Les artisans avaient cessé de se battre, car les cobras se chargeaient des derniers Libyens.

– Emmenez les blessés au village, ordonna Paneb aux membres de l'équipe de gauche ; Claire les soignera.

L'affrontement avait été aussi bref que violent, et le calme était revenu dans les collines inondées de soleil. Pas un membre du commando libyen n'avait échappé à la mort.

– Chef, on ne trouve pas le cadavre du général Méhy, déplora un policier.

– Ce lâche s'est enfui dans la montagne... Mais il ne nous échappera pas !

Le maître d'œuvre, qui avait sauvé plusieurs artisans en repoussant les tueurs libyens, reprenait son souffle, adossé à un rocher.

– Paneb, attention ! hurla Sobek.

Surgissant de sa cachette, Méhy planta dans le dos du colosse un poignard à double lame.

Comme s'il ne s'agissait que d'une piqûre anodine, Paneb se retourna sans un gémissement.

Méhy était livide.

– Ce n'est pas possible... Tu devrais être mort !

– Toute ta maudite existence, tu n'as su que frapper par-derrière... Moi, j'agis en pleine lumière, les yeux dans les yeux !

Comme il l'avait promis à Claire, Paneb ficha de toutes ses forces la pointe de son grand pic dans le crâne du général Méhy.

# 72.

Claire sortit enfin de son cabinet de consultation.

– Alors ? interrogea Kenhir, entouré de tous les villageois.

– Paneb est vivant, malgré l'extrême gravité de sa blessure. Il lui faudra un long repos.

Le torse recouvert d'un épais bandage et le visage creusé par la souffrance, le colosse apparut.

– Je me reposerai plus tard... Après ce que nous venons d'apprendre, il me reste un travail urgent à terminer. Acheminons immédiatement le sarcophage à la Vallée.

– C'est de la folie ! objecta Hay ; écoute la femme sage.

– En route !

Le facteur Oupouty avait apporté deux messages à la Place de Vérité : l'un relatif au décès de Taousert, l'autre à celui de Seth-Nakht. Les deux pharaons seraient inhumés dans la même demeure d'éternité, le deuil débutait, et l'Égypte choisirait un nouveau roi.

Le traître jubilait.

Pendant le combat au pied des collines, il n'avait rien tenté. Serkéta et Méhy disparus, il n'avait plus de comptes à rendre à personne. Pendant la période troublée qui commençait, il trouverait l'occasion de s'emparer de la pierre de lumière et de quitter le village. Elle lui appartiendrait, à lui, et à lui seul !

Personne ne pouvait plus le dénoncer, et le meurtre de Néfer le Silencieux demeurerait impuni.

Lorsqu'il fut seul avec Claire dans la tombe de Taousert, Paneb posa l'ultime touche de bleu sur la coiffe de la déesse Maât, la dernière déesse qu'il désirait peindre. De ses mains sortaient deux lignes brisées, symbole du fluide vital qu'elle dispensait à ses fidèles.

En admirant le visage sublime de la divine protectrice de la Place de Vérité, Claire sut que le maître d'œuvre avait enfin atteint la sérénité du cœur et la beauté absolue de la forme. En travaillant à sept demeures d'éternité au cours de sa carrière, Paneb était devenu l'un des plus extraordinaires serviteurs de Maât.

– Procédons à l'animation du sarcophage, décida la femme sage qui paraissait entièrement vêtue d'or.

À la tête de la barque de granit où l'âme de Taousert voguerait dans les paradis célestes, la pierre de lumière.

Claire s'agenouilla, mains levées en signe de vénération, et prononça les formules de puissance.

– Ici s'accomplit le travail mystérieux de la transmutation, en cette Demeure de l'Or où la Veuve ressuscite Osiris. La mère Ciel s'étend sur le corps de lumière et place l'esprit parmi les étoiles qui ne peuvent pas périr. Toi qui conduiras notre souveraine sur les beaux chemins de l'au-delà, je te donne tes yeux, et tu vois !

De la pierre jaillit une lumière à la fois douce et intense qui enveloppa le sarcophage. À présent, il n'était plus seulement une sculpture monumentale, mais aussi « le pourvoyeur de vie ».

– L'énergie de la pierre est épuisée, indiqua la femme sage ; prends-la et pose-la près de la grande paroi.

Le colosse eut l'impression de soulever un bloc sans poids.

– Fixe le scarabée, Paneb ; fixe-le avec toute l'intensité de ton regard.

Le maître d'œuvre se concentra.

Soudain, de tous les soleils qu'il avait peints avec de la matière alchimique, jaillirent des faisceaux lumineux qui pénétrèrent dans la pierre.

Et cette dernière se rechargea.

– Ce que tu fais te fait, ajouta Claire, et notre plus grand secret est l'échange des feux. Aussi longtemps que nous saurons peindre des soleils vivants, la pierre rayonnera.

Kenhir se rongeait les sangs. D'abord, il s'inquiétait pour la santé de Paneb qui avait pris des risques insensés en retournant dans la Vallée des Rois ; ensuite, il ne cessait de s'interroger : quel artisan avait pu tuer, se parjurer et feindre la fraternité pendant tant d'années ?

Casa le Cordage, parfois acide et revendicatif ; Féned le Nez, trop taciturne et mal remis de son divorce ; Karo le Bourru, bien digne de son surnom ; Nakht le Puissant, aux réactions excessives ; Ouserhat le Lion, dont l'orgueil devenait parfois prétention ; Ipouy l'Examinateur, pointilleux et si nerveux ; Rénoupé le Jovial, trop attaché à son confort ; Ched le Sauveur, hautain et distant ; Gaou le Précis, rigoureux mais dépourvu d'humour ; Ounesh le Chacal, inquisiteur aux allures inquiétantes ; Paï le Bon Pain, dont la naïveté n'était peut-être qu'apparence ; Didia le Généreux, lent et impénétrable ; Thouty le Savant, à la fois fragile et résistant... Non, aucun de ces hommes, quels que fussent leurs défauts, ne pouvait être un monstre comparable au général Méhy !

Pourtant, Kenhir avait accepté le plan proposé par la femme sage et le maître d'œuvre pour identifier le traître.

Le cortège des artisans s'immobilisa devant le temple de Maât et d'Hathor.

– Notre œuvre présente est achevée, déclara Paneb qui s'épuisait à lutter contre la douleur. Aujourd'hui, plus aucune menace ne pèse sur nous.

– Et si le nouveau pharaon nous était hostile ?

– Le fils aîné de Seth-Nakht sera bientôt proclamé roi, révéla Kenhir, et il a clairement proclamé ses intentions : il assistera aux funérailles de son père et de Taousert, et il m'a assuré par courrier que la Place de Vérité resterait l'une des institutions essentielles du pays.

De joyeuses exclamations ponctuèrent ces excellentes nouvelles.

Voyant Paneb vaciller, Nakht le Puissant le soutint.

– Nous avons tous besoin de repos, estima le maître d'œuvre dont la voix faiblissait.

– À commencer par toi, précisa Ipouy l'Examinateur.

Les artisans se dispersèrent, mais le traître ne rentra pas chez lui.

Dissimulé à un angle du temple, il vit le colosse soulever une forme cubique dissimulée par un voile et la caler sur son épaule. Suivi par Kenhir qui se retourna à plusieurs reprises, Paneb emprunta le sentier qui menait à la nécropole principale du village.

Ainsi, c'était bien la pierre qu'ils transportaient, et le traître allait enfin connaître sa cachette !

Quand Paneb et Kenhir entrèrent dans la cour construite devant la tombe du vieux scribe, le traître crut qu'il serait de nouveau déçu ; mais il vit Paneb grimper sur la plate-forme où avait été érigée une petite pyramide pointue. Le maître d'œuvre ôta le voile, et la lumière de la pierre illumina furtivement les ténèbres avant qu'il ne l'enfonçât dans la lucarne ouverte à la base du monument.

Cette pyramide, symbole du rayon de lumière primordial qui avait créé l'univers... Quelle parfaite cachette ! À l'aube, la pierre recevait la clarté du nouveau soleil, de même nature qu'elle. Comme les autres villageois, le traître avait souvent regardé le tombeau de Kenhir sans se douter de rien !

Les deux hommes redescendirent vers le village.

À présent, le traître savait.

– Tu devrais rester couché, dit Claire à Paneb.

– Tu sais bien que c'est impossible... Ma tâche n'est pas encore achevée.

Toute la magie de la femme sage ne suffirait pas à convaincre Paneb de se ménager. Elle se contenta donc de soigner la profonde blessure avec des onguents, de refaire le bandage imprégné de miel et de lui administrer des calmants sous forme de cachets.

Étant donné la gravité des lésions, personne d'autre que le colosse n'aurait pu mettre un pied devant l'autre.

En se levant, il évita de déranger Charmeur qui, sentant son maître malade, avait dormi sur son lit.

– Acceptes-tu que je t'aide ?

Cette voix... N'était-ce pas celle de Turquoise ? Turquoise, chez lui !

– C'est toi... C'est bien toi ?

– Je te prépare un solide petit déjeuner. Tu dois reprendre des forces.

Les policiers nubiens jubilaient. Enfin, l'état d'alerte permanent était levé ! Comme aux temps heureux, on revenait aux tours de garde réglementaires et l'on bénéficiait de permissions. De surcroît, le scribe de la Tombe leur avait offert nourriture, vêtements et onguents pour les remercier de leur conduite héroïque.

Il ne restait plus qu'à connaître le nom du nouveau pharaon, mais les rumeurs provenant de la capitale devenaient préoccupantes. Certes, le fils aîné de Seth-Nakht avait les faveurs du grand conseil comme celles du peuple, mais à supposer qu'il triomphât des factions, quel nom de couronnement adopterait-il afin de révéler son programme de gouvernement ?

– Aujourd'hui, service minimum quand la livraison d'eau sera terminée, annonça Sobek ; les artisans et les auxiliaires sont en congé, et vous aussi.

Les ânes repartis, le village ne se réveilla pas comme d'habitude. Après la tourmente qui avait failli l'emporter, il s'accordait une grasse matinée, même si Ouâbet la Pure et deux autres prêtresses d'Hathor avaient honoré les ancêtres au nom de l'ensemble des villageois.

Pour le traître, c'était le moment d'agir.

# 73.

Sans la magie de Turquoise qui n'avait pas quitté le chevet de Paneb pendant les heures douloureuses au cours desquelles il avait erré entre la vie et la mort, le colosse n'aurait pas survécu. À présent, la femme sage était rassurée et elle avait posé son diagnostic avec assurance : un mal que je connais et que je guérirai.

– Turquoise... Pourquoi ne restes-tu pas ici, avec moi ? Aujourd'hui, je suis un homme libre.

– Oublierais-tu mon vœu ? Si je le brisais, je ne serais plus digne de ton amour.

– Moi, affirma Claire, je suis autorisée à te délier de cette promesse.

Paneb serra plus fort la main de Turquoise.

– Personne, et surtout pas une prêtresse d'Hathor, ne saurait s'opposer à une décision de la femme sage ! déclara le maître d'œuvre avec enthousiasme.

Au sourire de Turquoise et à la clarté nouvelle qui animait son regard, Paneb sut qu'il passerait enfin chaque nuit avec la femme de sa vie.

C'est un Kenhir rajeuni qui fit irruption dans la chambre.

– Deux excellentes nouvelles ! J'ai enfin terminé ma « Clé des songes », dont Niout fera plusieurs copies. Certains pisse-froid auront beau critiquer mon œuvre littéraire, elle passera quand même à la postérité.

– Et la deuxième nouvelle ? demanda Claire.

– Ah, la deuxième ! Elle n'est pas moins importante, je dois bien l'admettre : un décret officiel vient de nous apprendre le nom du nouveau pharaon.

Tous furent suspendus aux lèvres du vieux scribe.

– Ramsès, troisième du nom.

Paneb se mit aussitôt debout.

– Ramsès... Ramsès règne à nouveau !

Un jappement inhabituel alerta l'assemblée. L'œil vif, la queue battant à vive allure, Noiraud se tenait sur le seuil.

– Il nous reste un grave problème à résoudre, constata le maître d'œuvre.

Bien sûr, le traître prenait des risques. Mais la surveillance policière était réduite au minimum, le village assoupi, et il ne trouverait pas meilleure occasion pour s'emparer de la pierre de lumière. Son épouse, qui faisait le guet devant la petite porte de l'ouest, s'enfuirait avec lui en empruntant un sentier qui longeait la Vallée des Reines.

Il atteignit la nécropole et se faufila entre les tombes jusqu'à l'étroite plate-forme où se dressait la pyramide dominant la dernière demeure de Kenhir.

Un coup de griffe lui déchira la main.

– Charmeur... Va-t'en d'ici, sale bête !

Feulant, le dos en crête de dragon, l'énorme félin ne recula qu'à contrecœur. Afin d'éviter un mauvais coup, il sauta sur un muret.

Indifférent à sa blessure, le traître sortit la pierre cubique de sa cachette. Elle était lourde, mais il aurait bien assez de force pour la porter jusqu'à la ferme la plus proche où il louerait un âne. Il enveloppa son trésor dans une toile de lin et redescendit vers le village, ivre d'une joie perverse.

Paneb avait observé toute la scène.

Ainsi, c'était lui... Lui, l'artisan de l'équipe de droite qui, dans le local de confrérie, avait déclaré : « On ne peut ôter le poison du crocodile, du serpent et de l'homme mauvais » ; lui, qui n'avait cessé de pousser Aperti vers le mal ; lui, le dessinateur qui avait falsifié des documents pour égarer le maître d'œuvre et faire accuser ses compagnons ; lui, que la femme sage avait soigné et que ses frères avaient aimé ; lui, qui avait tué Néfer le Silencieux ; lui, l'homme froid au visage laid, au nez trop long et à la grande carcasse un peu molle qui n'avait cessé de se parjurer en jouant une comédie diabolique.

Lui, Gaou le Précis.

Devant la petite porte de l'ouest, ce n'était pas son épouse qui attendait le traître, mais le maître d'œuvre en personne.

– Ta complice a été arrêtée, Gaou. Que portes-tu de si précieux ?

– Des... des objets personnels.

– Ne serait-ce pas plutôt la pierre de lumière ?

– Tu divagues !

– Pourquoi as-tu assassiné mon père spirituel ?

Gaou eut un sourire dédaigneux.

– Personne d'autre que moi n'était digne de prendre sa place ! Alors, il valait mieux qu'il disparaisse... Et comme j'ai eu raison de prendre le général Méhy pour allié ! Grâce à lui, je pouvais devenir riche et puissant.

– Lâche, hypocrite, avide et criminel... Le monstre qui

dévore les fils des ténèbres, au pied de la balance du jugement, va se régaler.

Gaou recula d'un pas.

– Tu n'oserais pas... me tuer ? Maât te l'interdit !

– Et toi, comment oses-tu encore prononcer le nom de la déesse de la rectitude ?

La fureur du colosse effraya Gaou. Sans nul doute, il allait lui fracasser le crâne !

Une seule issue : le sentier qui grimpait en direction de la cime.

Le traître s'engagea dans la pente en serrant contre lui la pierre de lumière. Lorsqu'il éprouva une sensation de brûlure aux mains, il crut aux conséquences de la griffure ; mais la douleur devint vite insupportable, et il dut poser la pierre sur le sol. La souffrance s'intensifia, comme si ses extrémités étaient plongées dans le feu.

Soudain, sa vue se brouilla. Les roches alentour se dilatèrent jusqu'à perdre toute consistance et se noyer dans un épais brouillard, alors que le soleil du matin régnait en maître absolu dans un ciel bleu.

– Qu'est-ce qui m'arrive ? geignit Gaou le Précis. Je... je deviens aveugle !

Portant les mains à ses yeux, il les brûla lui-même et poussa un cri d'épouvante. Espérant échapper au supplice, il gravit le sentier en courant aussi vite qu'il le pouvait.

De toute sa hauteur, un cobra royal se dressa devant lui.

Et le reptile, incarnation de la déesse du silence, se précipita sur le traître pour lui planter ses crocs dans la gorge.

Nakht le Puissant et Didia le Généreux ouvrirent la porte principale du village afin de laisser le passage à Ramsès dont la stature impressionna les villageois.

Le torse bandé, Paneb parvint néanmoins à s'incliner devant le maître du village.

– Vos prérogatives sont maintenues, déclara le pharaon, et

les grands travaux que je projette exigeront l'initiation de jeunes artisans qui auront entendu l'appel. Charge-toi de cette tâche, maître d'œuvre.

S'avança vers Ramsès une femme d'une telle autorité et d'une telle noblesse qu'il reconnut aussitôt en elle la souveraine de la confrérie.

Claire offrit au monarque un rameau de perséa prélevé sur le grand arbre qui ombrageait la tombe de Néfer le Silencieux, toujours présent parmi les siens.

En contemplant la femme sage, Ramsès sut que c'était bien en ce lieu unique, la Place de Vérité placée sous la protection de la cime, que continuait à se tracer un chemin de lumière.

# DU MÊME AUTEUR

## *Romans*

*L'Affaire Toutankhamon*, Grasset et Pocket (prix des Maisons de la Presse 1992).
*Barrage sur le Nil*, Robert Laffont et Pocket.
*Champollion l'Égyptien*, Le Rocher et Pocket.
*L'Empire du pape blanc* (épuisé).
*Le Juge d'Égypte*, Plon et Pocket :
  * *La Pyramide assassinée.*
  ** *La Loi du désert.*
  *** *La Justice du vizir.*
*Maître Hiram et le roi Salomon*, Le Rocher et Pocket.
*Le Moine et le Vénérable*, Robert Laffont et Pocket.
*Le Pharaon noir*, Robert Laffont et Pocket.
*La Pierre de lumière*, Éditions XO :
  * *Néfer le Silencieux.*
  ** *La Femme sage.*
  *** *Paneb l'Ardent.*
*Pour l'amour de Philae*, Grasset et Pocket.
*La Prodigieuse Aventure du lama Dancing* (épuisé).
*Ramsès*, Robert Laffont et Pocket :
  * *Le Fils de la lumière.*
  ** *Le Temple des millions d'années.*
  *** *La Bataille de Kadesh.*
  **** *La Dame d'Abou Simbel.*
  ***** *Sous l'acacia d'Occident.*
*La Reine Soleil*, Julliard et Pocket (prix Jeand'heurs 1989).

## *Nouvelles*

*Le Bonheur du Juste*, Le Grand Livre du Mois.
« La Déesse dans l'arbre », dans *Histoires d'Enfance* (SolEnSi), Robert Laffont.

## *Ouvrages pour la jeunesse*

*Contes et légendes du temps des pyramides*, Nathan.
*La Fiancée du Nil*, Magnard (prix Saint-Affrique 1993).
*Les Pharaons racontés par...* Perrin.

## *Essais sur l'Égypte ancienne*

*L'Égypte ancienne au jour le jour*, Perrin.
*L'Égypte des grands pharaons*, Perrin (couronné par l'Académie française).
*Les Égyptiennes. Portraits de femmes de l'Égypte pharaonique*, Perrin.
*L'Enseignement du sage égyptien Ptahhotep. Le plus ancien livre du monde*, La Maison de Vie.
*Les Grands Monuments de l'Égypte ancienne*, Perrin.
*Initiation à l'égyptologie*, La Maison de Vie.
*Le Monde magique de l'Égypte ancienne*, Le Rocher.
*Néfertiti et Akhénaton, le couple solaire*, Perrin.
*Le Petit Champollion illustré. Les hiéroglyphes à la portée de tous ou Comment devenir scribe amateur tout en s'amusant*, Robert Laffont et Pocket.
*La Sagesse égyptienne*, Pocket.
*La Sagesse vivante de l'Égypte ancienne*, Robert Laffont.
*La Tradition primordiale de l'Égypte ancienne selon les Textes des Pyramides*, Grasset et Pocket.
*La Vallée des Rois. Histoire et découverte d'une demeure d'éternité*, Perrin.
*Le Voyage dans l'autre monde selon l'Égypte ancienne* (épuisé).

## *Albums*

*Karnak et Louxor*, Pygmalion.
*Sur les pas de Champollion, l'Égypte des hiéroglyphes* (épuisé).
*La Vallée des Rois. Images et mystères*, Perrin.
*Le Voyage aux Pyramides*, Perrin.
*Le Voyage sur le Nil*, Perrin.

*Cet ouvrage a été composé*
*par l'***Imprimerie Bussière**
*et imprimé sur presse Cameron*
*par* ***Bussière Camedan Imprimeries***
*à Saint-Amand-Montrond (Cher)*
*en décembre 2000*

Édition exclusivement réservée aux adhérents du Club
Le Grand Livre du Mois
15, rue des Sablons
75116 Paris
réalisée avec l'aimable autorisation des éditions XO

N° d'impression : 005524/4.
Dépôt légal : novembre 2000.
ISBN 2-7028-6251-9

*Imprimé en France*